应用技能型院校"十四五"规划教材
立体化校企合作财经教材

企业财务会计

王　靖　郑　菁　张　梅◎主　编
肖琳静　王虹茜◎副主编

立信会计出版社
LIXIN ACCOUNTING PUBLISHING HOUSE

图书在版编目（CIP）数据

企业财务会计 / 王靖，郑菁，张梅主编. -- 上海：立信会计出版社，2025.4. -- ISBN 978-7-5429-7794-6
Ⅰ. F275.2
中国国家版本馆 CIP 数据核字第 2025W3E839 号

策划编辑　　王斯龙
责任编辑　　郭　光
助理编辑　　周　诠
美术编辑　　吴博闻

企业财务会计
QIYE CAIWU KUAIJI

出版发行	立信会计出版社			
地　　址	上海市中山西路 2230 号	邮政编码	200235	
电　　话	(021)64411389	传　真	(021)64411325	
网　　址	www.lixinph.com	电子邮箱	lixinph2019@126.com	
网上书店	http://lixin.jd.com		http://lxkjcbs.tmall.com	
经　　销	各地新华书店			
印　　刷	浙江天地海印刷有限公司			
开　　本	787 毫米×1092 毫米	1/16		
印　　张	15.5			
字　　数	366 千字			
版　　次	2025 年 4 月第 1 版			
印　　次	2025 年 4 月第 1 次			
书　　号	ISBN 978-7-5429-7794-6/F			
定　　价	49.00 元			

如有印订差错，请与本社联系调换

前　言

"企业财务会计"是一门实践性和系统性较强的会计专业核心课程,既注重培养学生的会计理念和职业思维,又强化学生财务会计工作岗位的操作能力。为此,我们将本书分为12个项目,每个项目分为若干会计工作任务。本书从岗位需求出发,符合学生学习规律,理论与实践相统一。本书每个项目均设置"学习目标""知识脉络""任务发布""知识准备""任务实施""思政学堂""学以致用"和"项目评价"等板块,融入行业前沿技术,较好地达到会计教育中"理实一体"的学习要求。

本书系统介绍了会计要素确认、计量、记录和报告的基本原理,包括资产、负债、所有者权益、收入、费用和利润的核算方法;同时详细讲解了财务报表编制,旨在培养学生规范的会计核算和财务信息披露能力。

本书具有以下特色。

1. 深化课程思政建设

本书贯彻落实党的二十大精神,坚持"育人的根本在于立德。全面贯彻党的教育方针,落实立德树人根本任务,培养德智体美劳全面发展的社会主义建设者和接班人",坚持为党育人、为国育才。本书融入思政元素,从个人层面、社会层面、国家层面深度挖掘、提炼"企业财务会计"课程所蕴含的思想价值和精神内涵,帮助学生了解会计行业的国家战略、法律法规和相关政策,培育学生诚信服务、德法兼修的职业素养。

2. "岗课赛证"综合育人

本书对标财务会计岗位职业能力要求,结合高等职业院校课程育人标准,融入大赛专业技能点,以赛促教、以赛促学,并将会计专业技术资格(初级)考试知识点融入课程知识体系,实现"岗课赛证"综合育人。

3. 数字教学资源丰富

本书备有丰富的数字化教学资源,如视频微课、案例讲解等数字资源。数字资源以二维码形式嵌入本书,学生扫描知识点旁的二维码即可获取,便于自主学习和教师教学;配套的"企业财务会计"省级优质课程(精品课程)资源可以用于线上线下混合式教学,为教学改革提供依据。

本书既可以作为高等职业教育财务会计课程教学用书，又可以作为财务工作人员的参考用书。

本书由王靖、郑菁、张梅担任主编，由肖琳静、王虹茜担任副主编，新道科技股份有限公司张俊德参与编写。王靖编写项目一、项目二，郑菁编写项目三、项目四，张梅编写项目五、项目六，肖琳静编写项目七、项目八，王虹茜编写项目九、项目十，张俊德编写项目十一、项目十二。

由于编者水平有限，本书难免有疏漏之处，敬请广大师生与读者提出宝贵意见。

编　者

2025 年 3 月

目　录

项目一　财务会计认知 ··· 1
　　任务一　财务会计信息处理程序认知 ································· 2
　　任务二　财务会计基本假设和计量属性认知 ························ 3
　　任务三　会计信息质量要求认知 ······································· 6

项目二　货币资金业务核算 ·· 13
　　任务一　库存现金核算 ··· 14
　　任务二　银行存款核算 ··· 15
　　任务三　其他货币资金核算 ··· 21

项目三　应收及预付款项核算 ··· 32
　　任务一　应收票据核算 ··· 33
　　任务二　应收账款核算 ··· 35
　　任务三　预付账款核算 ··· 37
　　任务四　其他应收款核算 ·· 39
　　任务五　应收股利和应收利息核算 ·································· 40
　　任务六　应收账款减值核算 ··· 42

项目四　金融资产业务核算 ·· 49
　　任务一　以公允价值计量且其变动计入当期损益的金融资产的核算 ······ 50
　　任务二　以摊余成本计量的金融资产的核算 ······················· 53
　　任务三　以公允价值计量且其变动计入其他综合收益的金融资产的核算 ······ 55

项目五　存货业务核算 ·· 60
　　任务一　存货成本 ··· 61
　　任务二　原材料核算 ·· 65
　　任务三　周转材料核算 ··· 70
　　任务四　委托加工物资核算 ··· 75
　　任务五　库存商品核算 ··· 77
　　任务六　存货清查与减值核算 ·· 80

项目六　在建工程及固定资产业务核算 …… 91
任务一　在建工程核算 …… 92
任务二　固定资产核算 …… 93

项目七　无形资产与其他资产业务核算 …… 110
任务一　无形资产核算 …… 111
任务二　其他资产业务核算 …… 116

项目八　流动负债业务核算 …… 124
任务一　短期借款核算 …… 125
任务二　应付款项核算 …… 126
任务三　应付职工薪酬核算 …… 131
任务四　应交税费核算 …… 136

项目九　非流动负债业务核算 …… 150
任务一　长期借款核算 …… 151
任务二　应付债券核算 …… 153
任务三　长期股权投资核算 …… 155
任务四　投资性房地产核算 …… 160

项目十　所有者权益业务核算 …… 169
任务一　实收资本核算 …… 170
任务二　资本公积核算 …… 172
任务三　留存收益核算 …… 174

项目十一　收入、费用和利润业务核算 …… 182
任务一　收入核算 …… 183
任务二　费用核算 …… 192
任务三　利润核算 …… 196

项目十二　财务会计报告编制 …… 208
任务一　资产负债表编制 …… 209
任务二　利润表编制 …… 223
任务三　现金流量表编制 …… 227

项目一 财务会计认知

学习目标

知识目标

○ 了解财务会计。
○ 掌握财务会计基本假设。
○ 掌握会计计量属性。
○ 掌握会计信息质量要求。

项目一
行业前沿

能力目标

○ 能够根据会计信息质量要求鉴别账务处理的合规性。
○ 能够判断财务会计计量属性。

素质目标

○ 通过学习会计信息质量要求,增强学生会计职业自豪感。
○ 通过学习会计基本假设、会计计量属性,培养学生维护经济正常秩序的使命感。

知识脉络

财务会计认知
- 财务会计信息处理程序认知
  - 认识财务会计
  - 财务会计目标
  - 财务会计信息处理程序
- 财务会计基本假设和计量属性认知
  - 财务会计基本假设
  - 财务会计计量属性
- 会计信息质量要求认知
  - 可靠性
  - 相关性
  - 可理解性
  - 可比性
  - 实质重于形式
  - 谨慎性
  - 重要性
  - 及时性

任务一　财务会计信息处理程序认知

【任务发布1-1】

贵州新科技门业有限公司(简称新科门业)于2024年10月15日与贵州物资经贸有限公司(简称贵州物资)签订了一份销售合同。合同约定,新科门业向贵州物资销售1 000扇简易门,每扇售价为500元(不含税),增值税税率为13%。合同规定,贵州物资须在2024年10月20日支付50%的预付款,剩余50%在2024年11月10日支付。新科门业于2024年10月25日将货物发出,并承担运费2 000元。请问新科门业应在何时确认销售收入?并说明理由。

知识准备

一、认识财务会计

财务会计是以货币为主要计量单位,采用专门方法和程序,对企业和行政、事业单位的经济活动过程及其结果进行准确完整、连续系统的核算和监督,以如实反映受托责任履行情况和提供有用经济信息为主要目的的经济管理活动。

二、财务会计目标

微课1-1
财务会计
目标

在财务会计理论中,财务会计目标有两大学术观点——受托责任观和决策有用观,两者的产生都是以市场经济条件下资源所有权与经营权分离为背景。受托责任观认为,财务会计的目标就是反映受托者对委托者责任的履行情况;财务会计人员与委托者、受托者是双重关系,受会计准则的约束;只有提供准确、可靠的会计信息,才能有效地维护和协调双方的利益关系。因此,受托责任观更为注重对历史信息准确性和真实性的披露。决策有用观认为,财务会计的目标就是为投资人制定投资决策提供大量有用的财务信息。与受托责任观相比,其提供的信息更加注重未来的预测性,而不再仅仅是对过去信息的准确表达。2006年财政部颁布的《企业会计准则——基本准则》指出,会计目标是上述受托责任观和决策有用观的综合反映,具体包括两点。

动画1-1
财务会计
目标

(1)向财务会计报告使用者提供与企业财务状况、经营成果和现金流量等有关的会计信息(决策有用观)。财务会计报告使用者主要包括投资者、债权人、企业职工、政府及其他有关部门和社会公众等,其中最主要的使用者是投资者。因此,在提供财务会计报告时,企业应先考虑报告所涵盖的信息是否有利于投资者决策。

(2)反映企业管理层受托责任履行情况,有助于财务会计报告使用者作出经济决策(受托责任观)。在现代企业制度下,企业所有权和经营权相分离,企业管理层是受委托人之托经营管理企业,负有受托责任。因此,财务会计报告应当反映企业管理层受托责任的履行情况,以有助于评价企业的经营管理责任以及资源使用的有效性。

三、财务会计信息处理程序

(一) 会计确认

会计确认是指按一定的标准对发生的经济信息进行分析后所作出的判断的过程。符合会计标准的会计信息则确定其归属的会计对象,并纳入会计核算体系。会计确认可分为初次确认和再次确认两个方面。

初次确认的目的是排除不属于会计核算范围的经济信息,将属于会计核算范围的信息纳入会计信息处理程序中。再次确认的目的是对已纳入会计信息处理程序中的信息进行整理、分析,最终对外提供会计信息。初次确认和再次确认可以保证会计信息的真实性和可靠性。

(二) 会计计量

会计计量是指根据被计量对象的属性,选择一定的计量基础和计量单位,确定应记录项目金额的会计处理过程。会计计量包括计量单位和计量基础两个方面。计量单位是指计量尺度的量度单位。会计以货币为主要的计量单位,但不排除使用实物量和劳动量单位。计量基础是指所用量度的经济属性。会计常用的计量基础是历史成本,此外,在满足条件的基础上还可用可变现净值、现值、重置成本、公允价值。

(三) 会计记录

会计记录是对会计对象记录的手段。在会计核算过程中,会计确认和会计计量的环节并没有被单独划分出来,而是融合在会计核算的各种方法中。会计记录既可以体现会计的确认和计量,也可以对会计信息进行分类、汇总、描述与量化,使会计信息成为一种有用的、共享的经济资源。

(四) 会计报告

会计报告是以财务会计报告作为一种载体,对外提供会计信息的会计处理过程。会计报告是在会计记录的基础上,经过再确认并进行加工和整理后形成的会计信息最终产品。财务会计报告分为财务会计报表和其他应当在财务会计报告中披露的相关信息和资料。

【任务实施1-1】

根据财务会计信息处理程序内容分析,新科门业应在2024年10月25日(货物发出时)确认销售收入,因为此时商品控制权已转移给贵州物资。

任务二 财务会计基本假设和计量属性认知

【任务发布1-2】

(1) 新科门业是一家生产高端防盗门的企业。2024年11月1日,新科门业从供应商处购入一批钢板,数量为10吨,单价为5 000元(不含税),增值税税率为13%。运输费用为2 000元，由新科门业承担。钢板于2024年11月5日验收入库。根据财务会计基本假设，说明该业务涉及的会计主体和会计分期。

（2）新科门业于2024年12月1日购入一台新型激光切割设备，用于提高生产效率。设备价款为200 000元（不含税），增值税税率为13%。设备运输费用为5 000元，安装调试费用为3 000元。2024年12月31日，新科门业对该设备进行公允价值评估，评估结果为220 000元。根据持续经营假设，说明该设备在财务报表中的处理方式。

知识准备

一、财务会计基本假设

会计基本假设是对会计核算时间和空间范围以及所采用的主要计量单位等所作的合理假定，是企业会计确认、计量、记录和报告的前提。

（一）会计主体

会计主体是指会计工作服务的特定对象，是会计确认、计量、记录和报告的空间范围。在会计主体假设下，企业应当对其本身发生的交易或事项进行会计确认、计量、记录和报告，反映企业本身所从事的各项生产经营活动和其他相关活动。

会计主体不同于法律主体，一般来说，法律主体一定是会计主体，而会计主体不一定是法律主体，如生产车间、分公司、企业集团可以是会计主体，但不是法律主体。

（二）持续经营

持续经营是指在可以预见的将来，企业将会按当前的规模和状态继续经营下去，不会停业，也不会大规模削减业务。

在持续经营假设下，企业会计确认、计量、记录和报告应当以持续经营为前提。

（三）会计分期

会计分期是指将一个企业持续经营的生产经营活动划分为一个个连续的、长短相同的期间。会计期间通常分为会计年度和中期。中期是指短于一个完整的会计年度的报告期间，如月度、季度、半年度。会计分期产生了当期与以前期间、以后期间的差别，才使不同类型的会计主体有了记账的基准，进而出现了折旧、摊销等会计处理方法。

（四）货币计量

货币计量是指会计主体在会计确认、计量、记录和报告时主要以货币作为计量单位，来反映会计主体的生产经营活动过程及其结果。我国会计核算以人民币为记账本位币。业务收支以外币为主的企业可以选定某种外币作为记账本位币，但是在编报的财务会计报告中应折算为人民币。

二、财务会计计量属性

会计计量是指为了将符合确认条件的会计要素登记入账，并列报于财务报表而确定其金额的过程。会计计量的关键是计量属性的选择。计量属性是指所计量的某一要素的特性。从财务会计角度来看，计量属性反映的是会计要素金额的确定基础，主要包括历史成本、重置成本、可变现净值、现值及公允价值。

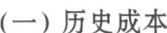

(一) 历史成本

历史成本又称实际成本,是指取得或制造某项财产物资时所实际支付的现金或现金等价物。在历史成本计量下,资产按照其购置时支付的现金或现金等价物的金额计量,或者按照购置时所付出对价的公允价值计量;负债按照其因承担现时义务而实际收到的款项或者资产的金额承担现时义务的合同金额计量,或者按照日常活动中为偿还负债预期需要支付的现金或现金等价物的金额计量。历史成本是会计计量中最重要、最基本的计量属性。

在历史成本计量下,资产按照历史成本入账后,除《企业会计准则》规定外,企业不得随意调整资产的账面价值。

(二) 重置成本

重置成本又称现行成本,是指按照当前市场条件下,重新取得同样一项资产所必须支付的现金或现金等价物的金额。在重置成本计量下,资产按照现在购买相同或者相似资产所必须支付的现金或现金等价物的金额计量。负债按照现在偿付该项债务所必须支付的现金或现金等价物的金额计量。实务中,重置成本应用于盘盈固定资产的计量。

(三) 可变现净值

可变现净值是指在日常活动中,以预计售价减去进一步加工成本和预计销售费用以及相关税费后的净值。在可变现净值计量下,资产按照其正常对外销售所能收到现金或者现金等价物的金额扣减该资产至完工时估计将要发生的成本、估计的销售费用,以及相关税费后的金额计量。实务中,可变现净值通常用于存货发生减值后的后续计量。

(四) 现值

现值又称折现值、贴现值、资本化价值。会计计量中的现值是指对未来现金流量以恰当的折现率折现后的价值,是考虑货币时间价值等因素的一种计量属性。在现值计量下,资产按照预计从其持续使用和最终处置中所产生的未来净现金流入量折现的金额计量,负债按照预计期限内需要偿还的未来净现金流出量折现的金额计量。实务中,现值通常应用于非流动资产可回收金额和以摊余成本计量的金融资产价值的确定。

(五) 公允价值

公允价值又称公允市价、公允价格,是财务会计中的一个重要计量属性,指在公平交易中,熟悉情况的交易双方自愿进行资产交换或负债清偿的金额。公允价值反映了市场参与者在计量日对资产或负债的定价,是一种动态的、市场化的计量方式。实务中,公允价值通常应用于以公允价值计量的金融资产。

【任务实施 1-2】

(1) 会计主体与会计分期:

会计主体:新科门业是该业务的会计主体,需独立核算钢板的采购成本。

会计分期:该业务发生在 2024 年 11 月,属于 2024 年会计年度内的一个会计期间。

(2) 持续经营假设:

根据持续经营假设,设备将在未来多个会计期间内使用,因此其成本应通过折旧分摊到各期,而不是一次性计入当期费用。

任务三　会计信息质量要求认知

【任务发布1-3】

（1）新科门业于2024年10月10日与客户签订了一份销售合同，合同约定公司向客户销售500扇防盗门，每扇售价为1 000元（不含税），增值税税率为13%。合同规定客户需在2024年10月15日支付30%的预付款，剩余70%在2024年11月5日支付。公司于2024年10月20日将货物发出，并承担运费5 000元。根据可靠性和实质重于形式的会计信息质量要求，说明公司应在何时确认销售收入。

（2）新科门业于2023年1月1日购入一台生产设备，入账价值为300 000元，预计使用年限为10年，预计净残值为30 000元，采用直线法计提折旧。2024年12月31日，公司发现由于技术更新，该设备的市场价值大幅下降，公允价值为180 000元，预计未来现金流现值为190 000元。根据谨慎性和重要性的会计信息质量要求，判断该设备是否需要计提减值准备。

知识准备

会计信息质量要求是对企业财务会计报告所提供会计信息质量的基本要求，是使财务会计报告所提供会计信息对投资者等信息使用者决策有用应具备的基本特征。

会计信息质量要求主要包括可靠性、相关性、可理解性、可比性、实质重于形式、谨慎性、重要性和及时性等。

微课1-4
会计信息
质量要求

一、可靠性

可靠性要求应当以实际发生的交易或者事项为依据进行确认、计量、记录和报告，如实反映符合确认和计量要求的会计要素及其他相关信息，保证会计信息真实可靠、内容完整。

可靠性是高质量会计信息的重要基础和关键所在。保持会计信息可靠性还要求企业会计信息应当是中立的、无偏的，不得为了达到某种事先设定的结果或效果，通过选择或列示有关会计信息以影响决策和判断。例如，迫于股东或管理层压力，通过确认、计量、记录和报告信用减值损失而达到操纵当期利润的目的，是不符合可靠性的。

动画1-2
会计信息
质量要求

二、相关性

相关性要求企业提供的会计信息应当与投资者等财务会计报告使用者的经济决策需要相关，有助于投资者等财务会计报告使用者对企业过去、现在或未来的情况作出评价或者预测。

三、可理解性

可理解性要求企业提供的会计信息应当清晰明了、易于理解，便于投资者等财务会计报告使用者理解和使用。不得含有含糊其词、夸大或者缩小等性质的词句,不得有误导性陈述。例如,对于财务会计报表中计提减值准备的资产项目,在财务会计报表的正表中采用净额列示的,应在附注中说明相应已计提减值准备的金额;财务会计报表中汇总合计列报的项目,如资产负债表中货币资金、存货等项目,应在附注中逐项列示说明明细核算信息。

四、可比性

可比性要求企业提供的会计信息应当相互可比。

(1) 纵向可比:同一企业不同时期相同或者相似的交易或者事项可比(应当采用一致的会计政策,不得随意变更;特殊情况应当在附注中予以说明)。

(2) 横向可比:不同企业相同会计期间相同或者相似的交易或者事项可比(应当采用规定的会计政策,确保会计信息口径一致、相互可比)。

五、实质重于形式

实质重于形式要求企业应当按照交易或者事项的经济实质进行会计确认、计量、记录和报告,不仅仅以交易或者事项的法律形式为依据。例如,企业租入的资产(短期租赁和低值资产租赁除外),售后回购(符合条件时)。

六、谨慎性

谨慎性要求企业对交易或者事项进行会计确认、计量、记录和报告应当保持应有的谨慎,不应高估资产或者收益、低估负债或者费用。例如,计提减值准备、固定资产加速折旧、确认预计负债等。

七、重要性

重要性要求企业提供的会计信息应当反映与企业财务状况、经营成果和现金流量有关的所有重要交易或者事项。重要性的应用需要依赖职业判断,企业应当根据其所处环境和实际情况,从项目的性质和金额大小两方面加以判断。

企业发生的某些可能需要在若干会计期间进行分摊的支出金额较小,但根据重要性要求,可以一次性计入当期损益。例如,低值易耗品尚未摊销的部分作为周转材料合并列入资产负债表存货项目,而不作为单独项目列报。又如,企业发生的研发支出中属于研究阶段的支出,尽管多数情况下其金额较大,但是,从其功能看尚未形成预期会给企业带来经济利益的资源,在发生期作为期间费用计入当期损益核算并列报。

八、及时性

及时性要求企业对于已经发生的交易或者事项,应当及时进行确认、计量、记录和报告,不得提前或延后。及时性贯穿会计确认、计量、记录和报告全过程,要求及时收集信息、及时处理信息、及时传递信息。

【任务实施1-3】

(1) 收入确认时点:

根据可靠性和实质重于形式的要求,公司应在2024年10月20日(货物发出时)确认销售收入,因为此时商品控制权已转移给客户,收入确认的条件已满足。

(2)减值准备判断:

根据谨慎性和重要性的要求,公司应对设备进行减值测试,因为其市场价值已显著低于账面价值。

思政学堂

会计人员职业道德规范

一、坚持诚信,守法奉公。牢固树立诚信理念,以诚立身、以信立业,严于律己、心存敬畏。学法知法守法,公私分明、克己奉公,树立良好职业形象,维护会计行业声誉。

二、坚持准则,守责敬业。严格执行准则制度,保证会计信息真实完整。勤勉尽责、爱岗敬业,忠于职守、敢于斗争,自觉抵制会计造假行为,维护国家财经纪律和经济秩序。

三、坚持学习,守正创新。始终秉持专业精神,勤于学习、锐意进取,持续提升会计专业能力。不断适应新形势新要求,与时俱进、开拓创新,努力推动会计事业高质量发展。

资料来源:财政部《关于印发〈会计人员职业道德规范〉的通知》(财会〔2023〕1号)

项目一
思政启示

微课1-5
会计人员
职业道德
规范

学以致用

项目一
初级精练

一、单项选择题

1. 下列各项关于谨慎性会计信息质量要求运用的表述中,正确的是(　　)。
   A. 计提秘密准备金
   B. 高估资产或收益
   C. 对可能发生的各项资产损失,按规定计提资产减值准备
   D. 少计负债或费用

2. 企业会计的确认、计量、记录和报告应当以(　　)为基础。
   A. 历史成本　　　B. 权责发生制　　　C. 复式记账　　　D. 收付实现制

3. 我国实行公历制会计年度是基于(　　)的会计基本假设。
   A. 会计主体　　　B. 货币计量　　　C. 会计分期　　　D. 持续经营

4. 企业固定资产可以按照其价值和使用情况,确定采用某一方法计提折旧,所依据的会计核算前提是(　　)。
   A. 会计主体　　　B. 持续经营　　　C. 会计分期　　　D. 货币计量

5. 界定从事会计工作和提供会计信息的空间范围的会计基本假设是(　　)。
   A. 会计职能　　　B. 会计主体　　　C. 会计内容　　　D. 会计对象

6. 某外商投资企业的业务收支以美元为主,也有少量的人民币,根据《中华人民共和国会计法》规定,为方便会计核算,该企业可以采用(　　)作为记账本位币。
   A. 美元　　　B. 人民币　　　C. 人民币或美元　　　D. 欧元

7. 下列各项中,不属于反映会计信息质量要求的是(　　)。
   A. 会计核算方法一经确定不得随意变更
   B. 会计核算应当注重交易和事项的实质
   C. 会计核算应当以权责发生制为基础
   D. 会计核算应当以实际发生的交易或事项为依据

8. 某企业2024年12月份发生下列支出：①年初支付本年度保险费2 400元,本月摊销200元。②支付下年第一季度房屋租金3 000元。③支付本月办公开支800元。按照权责发生制要求,本月费用为(　　)元。
   A. 1 000　　　　B. 800　　　　C. 3 200　　　　D. 3 000

9. 会计核算上所使用的一系列的会计处理方法和原则都是建立在(　　)的基础上。
   A. 会计主体　　B. 持续经营　　C. 会计分期　　D. 货币计量

10. 衡量不同企业经营业绩,最直接、最有效的方法是选取(　　)进行计量。
    A. 货币　　　　B. 实物　　　　C. 时间　　　　D. 劳动

11. 为了将本企业经济活动与其他企业经济活动加以区分,企业在核算时所建立的基本前提是(　　)。
    A. 会计主体　　B. 持续经营　　C. 会计分期　　D. 货币计量

12. 企业取得或生产制造某项财产物资时所实际支付的现金或者现金等价物属于(　　)。
    A. 现值　　　　B. 重置成本　　C. 历史成本　　D. 可变现净值

13. 在不同会计期间发生的相同的或相似的交易或事项,应当采用一致的会计政策,不得随意变更。下列各项中,对这一会计信息质量要求表述正确的是(　　)。
    A. 谨慎性　　　B. 重要性　　　C. 可比性　　　D. 可理解性

14. 下列各项中,能够体现谨慎性会计信息质量要求的是(　　)。
    A. 对已售商品的保修义务确认预计负债
    B. 提供的会计信息应当清晰明了,便于理解和使用
    C. 不同时期发生的相同交易,应采用一致的会计政策,不得随意变更
    D. 及时将编制的财务会计报告传递给使用者

二、多项选择题

1. 下列各项中,可确认为会计主体的有(　　)。
   A. 子公司　　　B. 销售部门　　C. 集团公司　　D. 母公司

2. 下列各项中,关于企业会计信息可靠性表述正确的有(　　)。
   A. 企业应当保持应有的谨慎,不高估资产或者收益、低估负债或费用
   B. 企业提供的会计信息应当相互可比
   C. 企业应当保证会计信息真实可靠、内容完整
   D. 企业应当以实际发生的交易或事项为依据进行确认、计量、记录和报告

3. 下列各项中,关于企业会计信息可靠性表述错误的有(　　)。
   A. 企业应当保持应有的谨慎,不高估资产或收益、低估负债或费用
   B. 企业提供的会计信息应当相互可比
   C. 企业应当保证会计信息真实可靠、内容完整

D. 企业应当以实际发生的交易或事项为依据进行确认、计量、记录和报告
4. 我国《企业会计准则》规定的会计信息质量要求包括( )。
    A. 可靠性　　　　B. 相关性　　　　C. 重要性　　　　D. 完整性
5. 本月收到上月销售产品的货款存入银行,下列各项中,正确的有( )。
    A. 收付实现制下,应当作为本月收入　　B. 权责发生制下,不能作为本月收入
    C. 收付实现制下,不能作为本月收入　　D. 权责发生制下,应当作为本月收入
6. 下列各项中,属于会计中期的有( )。
    A. 月度　　　　　B. 季度　　　　　C. 半年度　　　　D. 年度
7. 下列各项中,属于会计主体假设的意义的有( )。
    A. 明确了会计确认、计量、记录和报告的空间范围
    B. 使会计人员可以选择适用的会计原则和会计方法
    C. 为会计核算确定了时间范围
    D. 能够正确地反映一个经济实体所拥有的经济资源及所承担的义务
8. 下列各项中,属于企业的会计计量属性的有( )。
    A. 重置成本　　　B. 历史成本　　　C. 公允价值　　　D. 现值
9. 下列各项中,属于财务会计信息处理程序的有( )。
    A. 会计确认　　　B. 会计计量　　　C. 会计记录　　　D. 会计报告
10. 下列各项中,能够体现谨慎性会计信息质量要求的有( )。
    A. 固定资产按直线法计提折旧
    B. 低值易耗品金额较小的,在领用时一次性计入成本费用
    C. 对售出商品很可能发生的保修义务确认预计负债
    D. 当存货成本高于可变现净值时,计提存货跌价准备

三、判断题

1. 实质重于形式要求企业应当按照交易或者事项的经济实质进行会计确认、计量、记录和报告,而不仅仅以交易或者事项的法律形式为依据。　　　　　　( )
2. 企业为应对市场经济环境下生产经营活动面临的风险和不确定性,应高估负债和费用,低估资产和收益。　　　　　　　　　　　　　　　　　　　　　　( )
3. 如果企业所有者的经济交易或事项是属于企业所有者主体所发生的,则应纳入企业会计核算的范围。　　　　　　　　　　　　　　　　　　　　　　　　( )
4. 会计信息的相关性和可靠性是相对立的。　　　　　　　　　　　　　( )
5. 登记账簿是会计人员运用复式记账的原理,将数量繁多的会计凭证分门别类地在账簿上进行连续、完整地记录和反映各项经济业务的一种专门方法。账簿记录所提供的各种核算资料是编制财务报表的直接依据。　　　　　　　　　　　　( )
6. 甲企业2024年9月售出一批商品给乙企业,合同规定乙企业应于当年12月支付货款。乙企业信誉良好,甲企业确认该批商品销售收入的时间应为当年9月份。
　　　　　　　　　　　　　　　　　　　　　　　　　　　　　　　　( )
7. 会计中期是指短于一个完整的会计年度的报告期间,一般指半年度。　( )
8. 会计记录的文字应当使用中文。在中华人民共和国境内的外商投资企业、外国企业和其他外国组织的会计记录,可以同时使用一种外国文字。　　　　　( )

9. 凡是能够以数量表现的经济活动,都是会计核算和监督的内容,也就是会计对象。
（   ）

10. 会计核算和监督两项基本会计职能是相辅相成、辩证统一的关系,会计核算是会计监督的基础和保障,没有核算所提供的各种信息,监督就失去了依据。（   ）

四、业务题

1. 新科门业于2024年10月1日与客户签订了一份销售合同,合同约定公司向客户销售300扇防盗门,每扇售价为2 000元(不含税),增值税税率为13%。合同规定客户需在2024年10月5日支付50%的预付款,剩余50%在2024年10月20日支付。公司于2024年10月10日将货物发出,并承担运费5 000元。根据会计分期假设,说明该业务应归属于哪个会计期间。

2. 新科门业于2024年9月1日购入一台生产设备,设备价款为200 000元(不含税),增值税税率为13%,运输费用为6 000元,安装调试费用为4 000元。设备预计使用年限为10年,预计净残值为20 000元,采用直线法计提折旧。请根据历史成本计量属性,计算设备的入账价值。

3. 新科门业于2024年11月1日从供应商处购入一批钢板,数量为20吨,单价为4 000元(不含税),增值税税率为13%。运输费用为3 000元,由公司承担。钢板于2024年11月5日验收入库。请根据会计分期假设,说明该业务应归属于哪个会计期间。

4. 新科门业于 2024 年 1 月 1 日购入一批股票,作为交易性金融资产,购买成本为 150 000 元。2024 年 12 月 31 日,该批股票的公允价值为 180 000 元。请根据历史成本计量属性,说明公司应如何处理该金融资产。

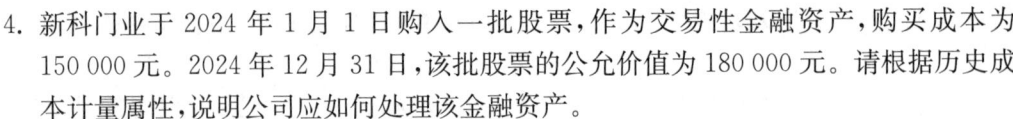

根据本项目学习情况,在表 1-1 中进行评价,"A"为优良,"B"为一般,"C"为需要帮助。

表 1-1　　　　　　　　　　项目一学习评价表

序号	学习重点	自我评价 (在方框内打钩)	教师反馈与评价
1	能够根据会计信息质量要求鉴别账务处理的合规性	A□ B□ C□	
2	能够判断财务会计计量属性	A□ B□ C□	
	总体评价	A□ B□ C□	

项目二 货币资金业务核算

学习目标

知识目标

○ 掌握库存现金的含义及核算。
○ 掌握银行存款的含义及核算。
○ 掌握其他货币资金的含义及核算。

项目二
行业前沿

能力目标

○ 能够根据库存现金业务填制相关凭证。
○ 能够进行库存现金和银行存款的清查。
○ 能够根据银行对账单编制银行存款余额调节表。

素质目标

○ 通过学习库存现金、银行存款的相关制度,培养学生对政策的理解能力。
○ 通过学习库存现金、银行存款、其他货币资金的核算的相关知识,培养学生资金管理能力。

知识脉络

货币资金业务核算
- 库存现金核算
  - 认识库存现金
  - 库存现金的账务处理与清查
- 银行存款核算
  - 认识银行存款
  - 银行存款开户的分类
  - 银行结算方式
  - 银行存款的账务处理
- 其他货币资金核算
  - 认识其他货币资金
  - 其他货币资金的账务处理

任务一 库存现金核算

【任务发布2-1】

2025年1月,新科门业(一般纳税人)的库存现金期初余额为1500元。本月发生库存现金业务及相关账务处理如下:
(1) 1月2日,从银行提取3500元现金备用。
(2) 1月5日,销售部业务员张涛出差,预借差旅费5000元,现金付讫。
(3) 1月10日,销售部业务员张涛出差回来报销差旅费4500元,剩余500元现金交回。
(4) 1月31日,新科门业月末盘点现金,发现现金短缺300元,经查,需由出纳员赔偿200元,其余100元短缺无法查明原因。
请为新科门业作以上业务的账务处理。

知识准备

货币资金是指企业生产经营过程中处于货币形态的资产,属于企业的一种金融资产。它是企业资产中流动性最强的一种资产,是企业资金运动的起点和终点,是企业生产经营的先决条件。货币资金包括库存现金、银行存款和其他货币资金。

一、认识库存现金

库存现金是指存放于企业财会部门,由出纳人员经管的货币。库存现金是企业流动性最强的资产,企业应当严格遵守国家有关现金管理制度,正确进行现金收支的核算,监督现金使用的合法性与合理性。

二、库存现金的账务处理与清查

(一) 库存现金的账务处理

为了加强库存现金的核算与管理,企业应当设置库存现金总账和库存现金日记账分别进行库存现金的总分类核算和明细分类核算。每日终了,应当在库存现金日记账上计算出当日的现金收入合计额、现金支出合计额和余额,并将库存现金日记账的余额与实际库存现金金额相核对,保证账款相符;月度终了,库存现金日记账的余额应当与库存现金总账的余额核对,做到账账相符。

库存现金收入包括银行提取的现金、职工出差报销交回的剩余借款、无法查明原因的现金溢余等。收取现金时,记入借方。余额在借方,表示库存现金的结存数额。

库存现金支出包括现金发放工资、奖金、职工借款、缴存现金等。企业支出现金要符合现金开支范围的相关规定。支付现金时,记入贷方。

(二) 库存现金的清查

为了保证现金的安全完整,企业应当按规定对库存现金进行定期和不定期的清查,一般采用实地盘点法,实际库存数额和现金日记账余额应当一致。如果不一致,需要对清查的结果编制现金盘点报告单。如果有挪用现金、白条顶库的情况,应及时予以纠正;对于超限额留存的现金应及时送存银行。如果账款不符,有溢余或短缺的,应先通过"待处理财产损溢"账户核算,经批准后再作处理。

出现现金溢余时,报经批准前,借记"库存现金"账户,贷记"待处理财产损溢"账户;报经批准后,借记"待处理财产损溢"账户,贷记"其他应付款"账户(应支付给有关人员或单位的部分)或"营业外收入"账户(无法查明原因的部分)。

出现现金短缺时,报经批准前,借记"待处理财产损溢"账户,贷记"库存现金"账户;报经批准后,借记"其他应收款"账户(应由责任方或保险公司赔偿的部分)或者"管理费用"账户(无法查明原因的,补缺时),贷记"待处理财产损溢"账户。

【任务实施2-1】

(1)1月2日,从银行提取3 500元现金备用时的会计分录为:

借:库存现金　　　　　　　　　　　　　　　　　　　　　　　3 500
　　贷:银行存款　　　　　　　　　　　　　　　　　　　　　　　　3 500

(2)1月5日,销售部业务员张涛出差,预借差旅费5 000元,现金付讫时的会计分录为:

借:其他应收款——张涛　　　　　　　　　　　　　　　　　　5 000
　　贷:库存现金　　　　　　　　　　　　　　　　　　　　　　　　5 000

(3)1月10日,销售部业务员张涛出差回来报销差旅费4 500元,剩余500元现金交回时的会计分录为:

借:销售费用　　　　　　　　　　　　　　　　　　　　　　　4 500
　　库存现金　　　　　　　　　　　　　　　　　　　　　　　　500
　　贷:其他应收款——张涛　　　　　　　　　　　　　　　　　　5 000

(4)1月31日,现金盘缺,批准前的会计分录为:

借:待处理财产损溢　　　　　　　　　　　　　　　　　　　　300
　　贷:库存现金　　　　　　　　　　　　　　　　　　　　　　　　300

批准后的会计分录为:

借:管理费用　　　　　　　　　　　　　　　　　　　　　　　100
　　其他应收款　　　　　　　　　　　　　　　　　　　　　　　200
　　贷:待处理财产损溢　　　　　　　　　　　　　　　　　　　　　300

任务二　银行存款核算

【任务发布2-2】

新科门业2025年2月发生下列有关银行存款的收付业务。

(1) 2月10日，存入银行现金10 000元。

(2) 2月11日，收到华阳商贸有限公司（简称华阳商贸）转账支票一张，为上月欠货款，金额为113 000元，办理入账。

(3) 2月15日，开出金额为22 600元的转账支票，用来支付上月购买原材料的货款。

(4) 2月16日，新科门业采用托收承付方式销售一批门给贵州机械有限公司（简称贵州机械），增值税专用发票上注明的价款为50 000元，增值税税额为6 500元，代垫运费3 500元，已向银行办妥托收手续。2月20日收到款项。

(5) 2月21日，新科门业购入钢板12吨，增值税专用发票上列示的价款为60 000元，增值税税额为7 800元，已通过电汇将款项汇出。

请为新科门业作以上业务的账务处理。

【任务发布2-3】

新科门业2024年12月31日银行存款日记账的余额为5 400 000元，银行转来对账单的余额为8 300 000元。

(1) 企业送存转账支票6 000 000元，并已登记银行存款增加，但银行尚未记账。

(2) 企业开出转账支票4 500 000元，并已登记银行存款减少，但持票单位尚未到银行办理转账，银行尚未记账。

(3) 企业委托银行代收某公司购货款4 800 000元，银行已收妥并登记入账，但企业尚未收到收款通知，尚未记账。

(4) 银行代企业支付电话费400 000元，银行已登记企业银行存款减少，但企业未收到银行付款通知，尚未记账。

经逐笔核对，发现以上未达账项，请根据以上资料编制如表2-1所示的银行存款余额调节表。

表2-1　　　　　　　　银行存款余额调节表

单位：元

项目	金额	项目	金额
企业银行存款日记账余额		银行对账单余额	
加：银行已收企业未收		加：企业已收银行未收	
减：银行已付企业未付		减：企业已付银行未付	
调节后的存款余额		调节后的存款余额	

知识准备

微课2-2
银行存款的管理与核算

一、认识银行存款

银行存款是企业除现金之外流动性最强的资产，企业应当根据日常经营业务和管理活动的需要合理确定银行存款规模。加强银行存款管理，有利于加速企业资金周转，提高企业资金效益。企业应当严格遵守支付结算法律法规和有关银行存款的管理制度,正确进行银行存款收支的核算,监督银行存款使用的合法性与合理性。

《人民币银行结算账户管理办法》将银行结算账户按用途分为四类,即基本存款账户、一般存款账户、临时存款账户和专用存款账户。一般企事业单位只能选择一家银行的一个营业机构开立一个基本存款账户,主要用于办理日常的转账结算和现金收付。正确开立和使用银行账户是做好资金结算工作的基础,企业只有在银行开立存款账户,才能通过银行同其他单位进行结算,办理资金的收付。企业应按规定在银行开设和使用存款账户。

二、银行存款开户的分类

我国银行存款包括人民币存款和外币存款两种。银行存款账户分为基本存款账户、一般存款账户、临时存款账户和专用存款账户。基本存款账户是企业办理日常结算和现金收付的账户。企业的工资、奖金等现金的支取,只能通过基本存款账户办理。一般存款账户是存款人因借款或其他结算需要,在基本存款账户以外的银行营业机构开立的用于办理借款转存、借款归还和其他结算业务的账户。企业可以通过该账户办理转账结算和现金缴存,但不能办理现金支取。临时存款账户是企业因临时经营活动需要开立的账户。企业可以通过该账户办理转账结算和根据国家现金管理的规定办理现金收付。专用存款账户是企业因特定用途需要开立的账户。企业可以自主选择银行,银行也可以自愿选择存款人。但是,一个企业只能选择一家银行的一个营业机构开立一个基本存款账户,不得在多家银行机构开立基本存款账户;不得在同一家银行的几个分支机构开立一般存款账户。

三、银行结算方式

结算方式是指用一定的形式和条件来实现企业间或企业与其他单位和个人间货币收付的程序和方法,分为现金结算和支付结算两种。企业除按规定的范围使用现金结算外,大部分货币收付业务应通过银行办理支付结算。支付结算是指单位、个人在社会经济活动中使用票据、信用卡和汇兑、托收承付、委托收款等结算方式进行货币给付及其资金清算的行为。中国人民银行发布的《支付结算办法》规定,国内人民币的支付结算方式包括银行汇票、商业汇票、银行本票、支票、信用卡、托收承付、委托收款、汇兑、信用证、网银支付;另外还有国内信用证结算方式等。企业采用上述结算方式办理结算,必须遵守国家的法律、法规等各项规定,遵守结算纪律,严格按照《人民币银行结算账户管理办法》的规定开立、使用科目,不准出租、出借科目。单位、个人和银行办理支付结算必须遵守的原则有:恪守信用,履约付款;谁的钱进谁的账,由谁支配;银行不垫款。

(一)银行汇票

银行汇票是汇款人将款项交存当地银行,由出票银行签发,出票银行在见票时按照实际结算金额无条件支付给收款人或者持票人款项的票据。银行汇票可以用于转账,填明"现金"字样的银行汇票可以用于支取现金,跨系统银行签发的转账银行汇票的付款,应通过同城票据交换将银行汇票和解讫通知提交给同城的跨系统签发行的代理付款行审核支付后抵用。银行汇票有使用灵活、票随人到、兑现性强等特点,适用于先收款后发货或钱货两清的商品交易,单位和个人均可以使用。

(二) 商业汇票

商业汇票是出票人签发的,委托付款人在指定日期无条件支付确定金额给收款人或者持票人的票据。使用商业汇票的交易双方必须要有真实的交易关系或债权债务关系。商业汇票的付款期限由交易双方商定,最长不超过6个月。商业汇票的提示付款期限为自商业汇票到期日起10日内。按承兑人划分,商业汇票可以分为商业承兑汇票和银行承兑汇票。

(三) 银行本票

银行本票是申请人将款项交存银行,由银行签发的承诺自己在见票时无条件支付确定的金额给收款人或者持票人的票据。银行本票按照其金额是否固定可分为不定额和定额两种。不定额银行本票是指凭证上金额栏是空白的,签发时根据实际需要填写金额(起点金额为100元),并用压数机压印金额的银行本票;定额银行本票是指凭证上预先印有固定面额的银行本票。定额银行本票面额为1 000元、5 000元、10 000元和50 000元,其提示付款期限为自出票日起最长不得超过2个月。银行本票见票即付,不予挂失,当场抵用,付款保证程度高。收款人可以将银行本票背书转让给被背书人。

(四) 支票

支票是出票人签发的,委托办理支票存款业务的银行在见票时无条件支付确定的金额给收款人或持票人的票据。支票的提示付款期限为10天,超过提示付款期限提示付款的,持票人开户银行不予受理,付款人不予付款。支票分为现金支票、转账支票和普通支票。现金支票是开户单位用于向开户银行提取现金的凭证,实务工作中一般在提取备用金时使用;转账支票是用于单位之间的商品交易、劳务供应或其他款项往来的结算凭证,只能用于转账不能用于提取现金;普通支票既可以用来支付现金,也可以用来转账。

支票上未印有"现金"或"转账"字样的为普通支票,普通支票可以用于支取现金,也可以用于转账,在普通支票左上角划两条平行线的,为划线支票,划线支票只能用于转账,不得支取现金,不划线时就可以作为现金支票使用。

(五) 信用卡

信用卡是指由商业银行或其他持牌金融机构(如消费金融公司)发行的,给予持卡人一定信用额度,持卡人可在信用额度内先消费后还款的电子支付工具。它可以记录持卡人账户相关信息,具备银行授信额度和透支功能,并为持卡人提供相关银行服务。

(六) 托收承付

托收承付是根据购销合同由收款人发货后,委托银行向异地付款人收取款项,由付款单位向银行承认付款的结算方式。托收承付只适用于异地订有经济合同的商品交易及相关劳务款项的结算。属于代销、寄销、赊销商品的款项,不得办理异地托收承付结算。

(七) 委托收款

委托收款是收款人委托银行向付款人收取款项的结算方式,单位和个人凭已承兑的商业汇票、债券、存单等付款人债务证明办理款项的结算,均可以使用委托收款结算方式,同城或异地均可以使用,同城和异地结算不受金额起点限制。

（八）汇兑

汇兑是汇款人委托银行将款项支付给收款人的结算方式。汇兑分为信汇和电汇两种，由汇款人自行选择。单位和个人的各种款项结算均可以使用汇兑结算方式。这种方式便于汇款人向异地的收款人主动付款，使用范围广。

信汇是汇款人向银行提出申请，同时交存一定金额及手续费用，汇出行将信汇委托书以邮寄方式寄给汇入行，授权汇入行向收款人解付一定金额的一种汇兑结算方式。

电汇是汇款人将一定款项交存汇款银行，汇款银行通过电报或电传给目的地的分行或代理行（汇入行），指示汇入行向收款人支付一定金额的一种汇兑结算方式。

（九）信用证

信用证是指付款单位将款项预先交给银行，并委托银行签收信用证，通知异地收款单位开户银行转知收款单位，收款单位按照合同和信用证规定的结算条件发货后，收款单位开户银行代付款单位立即支付货款的结算。信用证主要用于各单位之间的商品交易和劳务供应，具有安全性高、手续繁杂、费用高等特点。

（十）网银支付

网银支付即网上银行支付，是银联最为成熟的在线支付功能之一。其特点是银行卡需事先开通网银支付功能，且支付时完全是在银行网银页面输入银行卡信息并验证支付密码，具有稳定易用、安全可靠的特点。

四、银行存款的账务处理

企业应当设置银行存款总账和银行存款日记账，分别进行银行存款的总分类核算和序时、明细分类核算。企业可按开户银行和其他金融机构、存款种类等设置银行存款日记账，根据收付款凭证，按照业务的发生顺序逐笔登记。每日终了，银行存款日记账应结出余额。

企业将款项存入银行和其他金融机构时的会计分录为：

借：银行存款
　　贷：库存现金

提取或支付已存入银行和其他金融机构存款时的会计分录为：

借：库存现金
　　贷：银行存款

"银行存款日记账"应定期与"银行对账单"核对，至少每月核对一次。企业银行存款账面余额与银行对账单余额之间如有差额，应编制银行存款余额调节表来调节，如没有记账错误（前提），调节后的双方余额应相等。

微课 2-3
银行存款的清查

银行存款的清查是采用与开户银行核对账目的方法进行的，即将本单位银行存款日记账的账簿记录与开户银行转来的对账单逐笔进行核对，来查明银行存款的实有数额（一般月末进行）。将截止到清查日所有银行存款的收付业务都登记入账后，对发生的错账、漏账应及时清更正，再与银行的对账单逐笔核对。

如果两者余额不相符，则可能是企业或银行一方或双方记账过程有错误或者存在未达账项。

动画 2-2
银行存款的清查

未达账项是指企业与其开户银行之间，一方收到凭证并已入账，另一方未收到凭证

因而未能入账的账款。未达账项一般分为以下四种情况:

(1) 企业已收款记账,银行未收款未记账的款项。

(2) 企业已付款记账,银行未付款未记账的款项。

(3) 银行已收款记账,企业未收款未记账的款项。

(4) 银行已付款记账,企业未付款未记账的款项。

实操 2-2
银行存款
的核算

如果存在未达账项,就应当编制银行存款余额调节表,据以调解双方的账面余额,确定企业银行存款实有数。

银行存款余额调节表的编制,是以企业银行存款日记账余额和银行对账单余额为基础,各自分别加上对方已收款入账而己方尚未入账的数额,减去对方已付款入账而己方尚未入账的数额,计算公式如下:

$$\text{企业银行存款日记账余额} + \text{银行已收企业未收款} - \text{银行已付企业未付款} = \text{银行对账单存款余额} + \text{企业已收银行未收款} - \text{企业已付银行未付款}$$

【任务实施 2-2】

根据新科门业 2 月业务编制如下会计分录:

(1) 2 月 10 日,存入银行现金 10 000 元时的会计分录为:

借:银行存款　　　　　　　　　　　　　　　　　　　　　　　10 000
　　贷:库存现金　　　　　　　　　　　　　　　　　　　　　　　10 000

(2) 2 月 11 日,收到华阳商贸转账支票时的会计分录为:

借:银行存款　　　　　　　　　　　　　　　　　　　　　　　113 000
　　贷:应收账款——华阳商贸　　　　　　　　　　　　　　　　113 000

(3) 2 月 15 日,支付上月购买原材料货款时的会计分录为:

借:应付账款　　　　　　　　　　　　　　　　　　　　　　　22 600
　　贷:银行存款　　　　　　　　　　　　　　　　　　　　　　22 600

(4) 2 月 16 日,采用托收承付方式销售时的会计分录为:

借:应收账款——贵州机械　　　　　　　　　　　　　　　　　60 000
　　贷:主营业务收入　　　　　　　　　　　　　　　　　　　　50 000
　　　　应交税费——应交增值税(销项税额)　　　　　　　　　6 500
　　　　银行存款　　　　　　　　　　　　　　　　　　　　　　3 500

2 月 20 日,收到款项的会计分录为:

借:银行存款　　　　　　　　　　　　　　　　　　　　　　　60 000
　　贷:应收账款　　　　　　　　　　　　　　　　　　　　　　60 000

(5) 2 月 21 日,购入钢板时的会计分录为:

借:原材料——钢板　　　　　　　　　　　　　　　　　　　　60 000
　　应交税费——应交增值税(进项税额)　　　　　　　　　　　7 800
　　贷:银行存款　　　　　　　　　　　　　　　　　　　　　　67 800

【任务实施2-3】

新科门业2024年12月31日银行存款日记账的余额为5 400 000元,银行转来对账单的余额为8 300 000元。经逐笔核对,发现以下未达账项:

(1) 企业送存转账支票6 000 000元,并已登记银行存款增加,但银行尚未记账。(企业已收,银行未收)

(2) 企业开出转账支票4 500 000元,并已登记银行存款减少,但持票单位尚未到银行办理转账,银行尚未记账。(企业已付,银行未付)

(3) 企业委托银行代收某公司购货款4 800 000元,银行已收妥并登记入账,但企业尚未收到收款通知,尚未记账。(银行已收,企业未收)

(4) 银行代企业支付电话费400 000元,银行已登记企业银行存款减少,但企业未收到银行付款通知,尚未记账。(银行已付,企业未付)

根据以上资料,银行存款余额调节表如表2-2所示。

表2-2　　　　　　　　　　　银行存款余额调节表

单位:元

项目	金额	项目	金额
企业银行存款日记账余额	5 400 000	银行对账单余额	8 300 000
加:银行已收企业未收	4 800 000	加:企业已收银行未收	6 000 000
减:银行已付企业未付	400 000	减:企业已付银行未付	4 500 000
调节后的存款余额	9 800 000	调节后的存款余额	9 800 000

任务三　其他货币资金核算

【任务发布2-4】

新科门业有如下业务。

(1) 2025年1月1日,汇款100 000元开立采购专户。

(2) 1月10日,收到增值税专用发票上注明购入材料价款80 000元,增值税税额为10 400元。

(3) 1月15日,多余的外埠存款9 600元转回当地银行。

(4) 2024年4月份到贵州物资采购A材料,4月3日,填制银行汇票申请书38 000元,银行受理,银行收取手续费28元。根据银行汇票申请书存根联和手续费发票联,作会计分录。

(5) 4月7日,向贵州物资购进A材料一批,货款30 000元,增值税税额为5 100元,一并以面额35 100元的银行汇票付讫。余款尚未退回,作会计分录。

(6) 4月11日,银行转来多余款收账通知,金额为2 900元。

请为新科门业作以上业务的账务处理。

【任务发布2-5】

新科门业有如下业务：

(1) 2025年2月19日，新科门业向银行申请办理银行汇票用以向物资经贸公司购货，将款项50 000元转存银行转作银行汇票存款。

(2) 2月22日，新科门业购入原材料不锈钢入库，增值税专用发票注明价款40 000元，增值税税额为5 200元，用银行汇票办理结算。

(3) 2月25日，银行汇票多余款项退回开户银行。

请为新科门业作以上业务的账务处理。

【任务发布2-6】

新科门业有如下业务：

(1) 2025年3月1日，新科门业向供货单位购进一批进口生产设备，双方协商以信用证支付货款。公司向银行申请开具信用证400 000元。收到银行盖章退回的信用证申请书回单。

(2) 3月7日，公司收到供货单位信用证结算凭证及所附增值税专用发票账单，支付设备款300 000元，增值税税额为39 000元，经核对无误。

(3) 3月7日，公司将未用完的信用证保证金余额61 000元转回开户银行，收到银行收款通知单。

请为新科门业作以上业务的账务处理。

知识准备

一、认识其他货币资金

微课2-4
其他货币资金

其他货币资金是指企业除库存现金、银行存款以外的其他各种货币资金，主要包括银行汇票存款、银行本票存款、信用卡存款、信用证保证金存款、外埠存款和存出投资款等。

其他货币资金的存放地点分散，用途多样，存放、使用的手续制度要求各有不同，各部门应相互配合，会计部门应加强相应的明细核算和监督管理，避免不合理延期，防止债权债务纠纷发生而给企业造成损失等不利影响。

二、其他货币资金的核算

实操2-3
其他货币资金核算

（一）银行汇票存款

银行汇票存款是指企业为取得银行汇票按照规定存入银行的款项。

银行汇票是指由出票银行签发的，由其在见票时按照实际结算金额无条件支付给收款人或者持票人的票据。银行汇票的出票银行为银行汇票的付款人。

与银行汇票存款核算相关的会计分录如下。

购货企业填写银行汇票申请书、将款项交存银行时：

借：其他货币资金——银行汇票
　　贷：银行存款

购货企业持银行汇票购货、收到有关发票账单时：

借：材料采购、原材料、库存商品等
　　应交税费——应交增值税（进项税额）
　　贷：其他货币资金——银行汇票

购货企业采购完毕收回剩余款项时：

借：银行存款
　　贷：其他货币资金——银行汇票

销货企业收到银行汇票、填制进账单到开户银行办理款项入账手续时：

借：银行存款
　　贷：主营业务收入
　　　　应交税费——应交增值税（销项税额）

（二）银行本票存款

银行本票存款是指企业为了取得银行本票按规定存入银行的款项。

银行本票是指银行签发的，承诺自己在见票时无条件支付确定的金额给收款人或持票人的票据。

与银行本票存款核算相关的会计分录如下：

购货企业填写银行本票申请书、将款项交存银行时：

借：其他货币资金——银行本票
　　贷：银行存款

购货企业持银行本票购货、收到有关发票账单时：

借：材料采购、原材料、库存商品等
　　应交税费——应交增值税（进项税额）
　　贷：其他货币资金——银行本票

销货企业收到银行本票、填制进账单到开户银行办理款项入账手续时：

借：银行存款
　　贷：主营业务收入
　　　　应交税费——应交增值税（销项税额）

（三）信用卡存款

信用卡存款是指企业为取得信用卡按照规定存入银行信用卡专户的款项。信用卡是可以存入现金的，但标准信用卡存款没有利息，且存进的钱再取出来需要缴纳手续费。也有部分特殊卡种具有储蓄功能，所以在申请信用卡前必须看清楚条款，做到心中有数。

与信用卡存款核算相关的会计分录如下：

企业向银行申领信用卡、交存款项时填制信用卡申请表，连同支票和有关资料一并送存发卡银行，根据银行盖章退回的进账单第一联：

借：其他货币资金——信用卡
　　贷：银行存款

企业用信用卡购物或支付有关费用时：

借：管理费用等
　　贷：其他货币资金——信用卡

在使用过程中，向账户续存资金时：

借：其他货币资金——信用卡
　　贷：银行存款

办理销户销卡时，余额转入基本存款户，不得提取现金。此时：

借：银行存款
　　贷：其他货币资金——信用卡

（四）信用证保证金存款

信用证保证金存款是指采用信用证结算方式的企业为开具信用证而存入银行信用证保证金专户的款项。

与信用证保证金存款核算相关的会计分录如下：

委托银行开出信用证时：

借：其他货币资金——信用证保证金
　　贷：银行存款

购买商品时（进口增值税、关税）：

借：材料采购等
　　应交税费——应交增值税（进项税额）
　　贷：其他货币资金——信用证保证金

将未用完的信用证保证金存款余额转回开户银行时：

借：银行存款
　　贷：其他货币资金——信用证保证金

（五）外埠存款

外埠存款是指企业为了到外地进行临时或零星采购，而汇往采购地银行开立采购专户的款项。

与外埠存款核算相关的会计分录如下：

开设账户时：

借：其他货币资金——外埠存款
　　贷：银行存款

收到供货单位发票时：

借：材料采购等
　　应交税费——应交增值税（进项税额）
　　贷：其他货币资金——外埠存款

将多余的资金转回原开户银行时：

借：银行存款
　　贷：其他货币资金——外埠存款

（六）存出投资款

存出投资款是指企业为购买股票、债券、基金等根据有关规定存入在证券公司指定银行开立的投资款专户的款项。

与存出投资款核算相关的会计分录如下：

企业向证券公司划出资金时：

借：其他货币资金——存出投资款
　　贷：银行存款

购买股票、债券、基金等时：

借：交易性金融资产等
　　贷：其他货币资金——存出投资款

【任务实施2-4】

（1）2025年1月1日，汇款100 000元开立采购专户的会计分录为：

借：其他货币资金——外埠存款　　　　　　　　　　　　　　100 000
　　贷：银行存款　　　　　　　　　　　　　　　　　　　　　100 000

（2）1月10日，收到增值税专用发票上注明购入材料价款80 000元，增值税税额为10 400元，会计分录为：

借：材料采购　　　　　　　　　　　　　　　　　　　　　　 80 000
　　应交税费——应交增值税（进项税额）　　　　　　　　　　10 400
　　贷：其他货币资金——外埠存款　　　　　　　　　　　　　 90 400

（3）1月15日，多余的外埠存款9 600元转回当地银行，会计分录为：

借：银行存款　　　　　　　　　　　　　　　　　　　　　　　9 600
　　贷：其他货币资金——外埠存款　　　　　　　　　　　　　　9 600

（4）4月3日，填制银行汇票申请书38 000元，银行受理，银行收取手续费28元。根据银行汇票申请书存根联和手续费发票联，会计分录为：

借：其他货币资金——银行汇票　　　　　　　　　　　　　　38 000
　　财务费用　　　　　　　　　　　　　　　　　　　　　　　　28
　　贷：银行存款　　　　　　　　　　　　　　　　　　　　　38 028

（5）4月7日，向贵州物资购进A材料一批，货款为30 000元，增值税税额为5 100元，一并以面额35 100元的银行汇票付讫。余款尚未退回，会计分录为：

借：材料采购 30 000
　　应交税费——应交增值税(进项税额) 5 100
　　　贷：其他货币资金——银行汇票 35 100

(6) 4月11日，银行转来多余款收账通知，金额为2 900元，会计分录为：

借：银行存款 2 900
　　　贷：其他货币资金——银行汇票 2 900

【任务实施2-5】

(1) 2025年2月19日，将款项50 000元转存银行转作银行汇票存款。会计分录为：

借：其他货币资金——银行汇票 50 000
　　　贷：银行存款 50 000

(2) 2月22日，新科门业购入原材料不锈钢入库，用银行汇票办理结算。会计分录为：

借：原材料——1SS油漆 40 000
　　应交税费——应交增值税(进项税额) 5 200
　　　贷：其他货币资金——银行汇票 45 200

(3) 2月25日，银行汇票多余款项退回开户银行。会计分录为：

借：银行存款 4 800
　　　贷：其他货币资金——银行汇票 4 800

【任务实施2-6】

(1) 2025年3月1日，收到银行盖章退回的信用证申请书回单。会计分录为：

借：其他货币资金——信用证保证金 400 000
　　　贷：银行存款 400 000

(2) 3月7日，公司收到供货单位信用证结算凭证及所附增值税专用发票账单，支付设备款，会计分录为：

借：固定资产——生产设备 300 000
　　应交税费——应交增值税(进项税额) 39 000
　　　贷：其他货币资金——信用证保证金 339 000

(3) 3月7日，收到银行收款通知单。会计分录为：

借：银行存款 61 000
　　　贷：其他货币资金——信用证保证金 61 000

四柱清册结算法

四柱清册是中国古代官府办理钱粮报销或移交时编制的报表,又称"四柱册"。"四柱"分别指旧管、新收、开除、实在,相当于现代会计中的期初结存、本期收入、本期支出和期末结存。四柱之间的关系是:旧管+新收-开除=实在。

四柱清册源于唐代中后期的"四柱结算法",在宋代得到普遍运用并走向成熟,宋元明清时代得以发展和普及。开始时它仅适用于官府,后因方法科学被民间采用,逐渐成为中式会计方法的精髓。

宋代要求各级官吏按"四柱"格式向中央政府和皇帝编制会计报告,包括年报、季报和月报。到了清代,规定更为严格,凡各官仓、库之盘查核实、各官员离就任之交接等财政收支存储,均须在呈报奏销文书时,详列四柱清册附于其后。

四柱清册通过"旧管+新收=开除+实在"这一平衡公式,对一定时期内的财物收支记录加以总结。它既可以检查日常记账的正确性,又能系统、全面和综合地反映经济活动的全貌。"四柱结算法"的创立和运用,是我国唐宋时代在中式会计方法上的重大突破,为我国会计分析方法的产生创造了条件,也为我国由单式记账发展到复式记账奠定了基础。同时,它对世界上许多国家的会计核算也有着重要影响。

四柱清册可以清晰地记录每一期的收入、支出和结余,便于财务管理和监督。四柱清册的透明性有助于防止贪污和挪用公款。四柱清册为财政决策提供了准确的数据支持,提高了管理效率。

项目二
思政启示

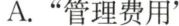

一、单项选择题

1. 下列各项中,企业现金清查发现的无法查明原因的短缺,经批准后应记入的会计账户是( )。
   A. "管理费用" B. "财务费用"
   C. "其他应收款" D. "营业外支出"

2. 下列各项中,企业已记入"待处理财产损溢"账户且无法查明原因的现金盘盈,按管理权限批准后应转入的会计账户是( )。
   A. "其他综合收益" B. "其他业务收入"
   C. "其他收益" D. "营业外收入"

3. 某企业现金盘点时发现库存现金短款351元,经批准需由出纳员赔偿200元,其余短缺无法查明原因,下列各项关于现金短款相关会计账户处理中,正确的是( )。
   A. 借记"财务费用"账户151元 B. 借记"其他应付款"账户200元
   C. 借记"管理费用"账户151元 D. 借记"营业外支出"账户151元

4. 下列各项中,企业向证券公司指定银行开立的投资款专户划出资金时,应借记的会计账户是( )。
   A. "其他货币资金" B. "交易性金融资产"

项目二
初级精练

C. "预付账款" D. "其他应收款"

5. 下列各项中,企业应借记的会计账户是(　　)。
   A. "其他货币资金" B. "其他应收款"
   C. "应收票据" D. "银行存款"

6. 下列各项中,企业应通过"其他货币资金"账户核算的经济业务是(　　)。
   A. 销售商品收到银行承兑汇票
   B. 委托银行代为支付电话费
   C. 开出转账支票支付购买办公设备款
   D. 为购买股票将资金存入证券公司指定投资款专户

7. 为了保证现金的安全完整,企业应按规定对库存现金进行定期和不定期的清查,一般采用实地盘点法,对于清查的结果应当编制(　　)。
   A. 往来款项对账单 B. 银行存款余额调节表
   C. 现金盘点报告单 D. 实存账存对比表

8. 下列关于其他货币资金业务的表述中,正确的是(　　)。
   A. 企业单位信用卡存款账户可以存取现金
   B. 企业信用证保证金存款余额不可以转存其开户行结算户存款
   C. 企业银行汇票存款的收款人不得将其收到的银行汇票背书转让
   D. 企业外埠存款除采购人员可以从中提取少量现金外,一律采用转账结算

9. 甲公司2023年2月盘亏库存现金2 000元,经调查发现,属于相关人员保管不善造成,应赔偿1 500元。假定不考虑其他因素,下列有关甲公司该盘亏净损失的处理,正确的是(　　)。
   A. 记入"营业外支出"账户2 000元
   B. 记入"营业外支出"账户500元
   C. 记入"管理费用"账户2 000元
   D. 记入"管理费用"账户500元

10. 银行存款的清查是将(　　)。
    A. 银行存款日记账与总账核对
    B. 银行存款日记账与银行存款收、付款凭证核对
    C. 银行存款日记账与银行对账单核对
    D. 银行存款总账与银行存款收、付款凭证核对

二、多项选择题

1. 下列各项中,企业应通过"其他货币资金"账户核算的有(　　)。
   A. 用银行本票支付采购办公用品的款项
   B. 存入证券公司指定账户的款项
   C. 汇往异地银行开立采购专户的款项
   D. 存入银行信用证保证金专户的款项

2. 下列各项中,应通过"其他货币资金"账户核算的有(　　)。
   A. 销售商品收到购货方交来的商业汇票
   B. 为购买有价证券向证券公司指定账户划出的资金

C. 申请银行本票向银行转存的款项
D. 申请开具信用证向银行交存的信用证保证金
3. 下列各项中,能够导致企业银行存款账面余额减少的有(　　)。
A. 签发支票支付货款　　　　B. 银行代扣水电费
C. 收到客户转账　　　　　　D. 银行结息
4. 下列各项中,应记入"银行存款"账户借方的有(　　)。
A. 将款项存入银行　　　　　B. 销售原材料收到转账支票
C. 将款项汇往外地采购专用账户　D. 提供劳务收到银行承兑汇票
5. 下列各项业务中,需要通过"库存现金"账户核算的有(　　)。
A. 从银行提取备用金　　　　B. 用现金支付办公费
C. 收到客户银行转账　　　　D. 职工归还预借差旅费余款

三、判断题

1. 企业收到退回的银行汇票多余款项时,记入"其他货币资金"账户的借方。(　　)
2. "库存现金"账户借方登记企业库存现金的减少,贷方登记企业库存现金的增加,期末贷方余额反映期末企业实际持有的库存现金的金额。(　　)
3. 银行存款日记账应定期与银行对账单核对,至少每年核对一次。(　　)
4. 根据承兑人不同,"应收票据"账户核算的内容包括银行汇票和商业汇票。(　　)
5. 某企业收到对方以转账支票形式支付的货款,记入"其他货币资金"账户。(　　)

四、业务题

1. 新科门业为一般纳税人,2025年2月1日,公司签发现金支票一张,提取现金30 000元备用。请编制会计分录。

2. 新科门业为一般纳税人,2025年2月2日,公司销售部零星销售给杨某1扇门,取得含税现金收入565元,并开具增值税专用发票。请编制会计分录。

3. 新科门业为一般纳税人,发生如下事项。请编制会计分录。
   (1) 2025 年 2 月 15 日,会计张景预借差旅费 2 000 元,以现金支付。

   (2) 2 月 19 日,张景出差归来,凭差旅费报销凭证实际报销 1 500 元,将多余款 500 元退回财会部门。

   (3) 若张景实际报销 2 200 元,财会部门审核后予以报销,并以现金 200 元补足。

4. 2025 年 2 月 26 日,新科门业在不定期现金清查中发现现金短款 500 元。3 月 8 日,查明原因后,由杨文交纳现金赔偿。请编制会计分录。

5. 2025年2月28日,新科门业银行存款日记账余额为285 600元。同日,银行对账单余额为218 000元。经银行存款日记账与银行对账单逐笔核对,发现两者不符是由下列原因造成的(未达账项):

(1) 2月28日公司的开户银行代公司收进一笔托收的货款28 250元,银行已记账,但收款通知尚未送达公司。

(2) 2月28日开户银行代公司支付当月的水电费5 450元,银行已记账,但付款通知单未送达公司,因而公司未记账。

(3) 公司于2月28日以转账支票支付供应商货款,金额22 600元。公司根据支票存根已记账,但收款人尚未到银行办理进账。

(4) 公司于2月28日收到客户荣升股份转账支票一张,系上月所欠货款,金额为113 000元。支票已送交银行办理进账,但因跨行结算,所以银行未记账。

请根据以上资料编制银行存款余额调节表。

项目评价

根据本项目学习情况,在表2-3中进行评价,"A"为优良,"B"为一般,"C"为需要帮助。

表2-3　　　　　　　　　　项目二学习评价表

序号	学习重点	自我评价 (在方框内打钩)	教师反馈与评价
1	能够进行库存现金的清查	A□ B□ C□	
2	能够进行银行存款的清查	A□ B□ C□	
3	能够根据银行对账单编制银行存款余额调节表	A□ B□ C□	
	总体评价	A□ B□ C□	

项目三 应收及预付款项核算

 学习目标

知识目标

○ 了解应收票据的内容和核算。
○ 了解应收账款的内容和核算。
○ 了解预付账款的内容和核算。

能力目标

○ 能够进行应收票据的核算。
○ 能够进行应收账款的核算。
○ 能够进行预付账款等的核算。

素质目标

○ 通过学习应收账款相关知识,提高学生对政策的理解能力。
○ 通过学习应收票据等相关知识,培养学生珍惜个人信用的良好习惯。

知识脉络

应收及预付款项核算
- 应收票据核算
  - 认识应收票据
  - 应收票据的账务处理
- 应收账款核算
  - 认识应收账款
  - 应收账款的账务处理
- 预付账款核算
  - 认识预付账款
  - 预付账款的账务处理
- 其他应收款核算
  - 认识其他应收款
  - 其他应收款的账务处理
- 应收股利和应收利息核算
  - 认识应收股利和应收利息
  - 应收股利和应收利息的账务处理
- 应收账款减值核算
  - 认识应收账款减值
  - 坏账准备计提或冲回的核算
  - 坏账转销的核算
  - 收回已确认坏账并转销应收款项的核算

任务一 应收票据核算

【任务发布 3-1】

新科门业于 2024 年 10 月 1 日销售一批产品给贵州机械,货已发出,增值税专用发票上注明的销售收入为 20 000 元,增值税税额为 2 600 元。公司收到一张贵州机械交来的商业承兑汇票,期限 6 个月,票面利率为 5%,请为新科门业作以上业务的账务处理。

【任务发布 3-2】

新科门业于 2024 年 8 月份向贵州物资购入一批产品,货款为 20 000 元,增值税税额为 2 600 元,共计 22 600 元。双方商定新科门业将所拥有的贵州机械的一张无息、3 个月到期面值为 22 000 元,商业汇票背书转让给贵州物资,并支付现金 600 元。请为新科门业作以上业务的账务处理。

【任务发布 3-3】

新科门业于 2024 年 8 月 1 日取得一张贵州机械开出的面值为 10 000 元、期限为 3 个月、不带息银行承兑汇票,持有 1 个月后向银行申请贴现,贴现率为 6%,计算贴现净额并进行账务处理。请为新科门业作以上业务的账务处理。

知识准备

一、认识应收票据

应收票据是指企业因销售商品、提供劳务等而收到的商业汇票。在我国,应收票据是指商业汇票,不包括支票、银行本票、银行汇票。

商业汇票是出票人签发的,委托付款人在指定日期无条件支付确定的金额给收款人或者持票人的票据。商业汇票的付款期限最长为 6 个月。根据承兑人的不同,商业汇票可分为商业承兑汇票和银行承兑汇票。商业承兑汇票是由银行以外的付款人签发并承兑,或收款人签发交由付款人承兑的汇票。银行承兑汇票是由在承兑银行开立存款账户的存款人(也是出票人)签发,由承兑银行承兑的汇票。企业申请使用银行承兑汇票时,应向其承兑银行支付手续费,具体费率由银行自主确定(现行市场费率通常为票面金额的 0.5‰~0.1‰)。

微课 3-1
应收票据
概述

二、应收票据的账务处理

为了反映和监督应收票据取得、票款收回等情况,企业应当设置"应收票据"账户。企业同时还需要设置应收票据备查簿,逐笔登记商业汇票的种类、号数、金额、交易合同

实操 3-1
应收票据
的核算

号,付款人、承兑人、背书人的姓名或单位名称,到期日,背书转让日,贴现日,贴现率及贴现净额以及收款日和收款金额、退票情况等资料。商业汇票到期结清票款或退票后,应在备查中予以注销。应收票据相关的基本账务处理如下:

(1) 取得应收票据时的会计分录为:

微课 3-2
应收票据
的核算

企业销售商品或提供劳务而取得商业汇票时:

借:应收票据
　　贷:主营业务收入
　　　　应交税费——应交增值税(销项税额)

(2) 因债务人抵偿前欠货款而取得商业汇票(欠钱变欠票)时:

借:应收票据
　　贷:应收账款

微课 3-3
应收票据
的转让与
贴现

提示:

应收票据取得时按其票面金额入账。

应收票据到期时的会计分录为:

到期收回款项时:

借:银行存款
　　贷:应收票据

到期未收回款项(欠票变欠钱)时:

借:应收账款
　　贷:应收票据

应收票据转让时的会计分录为:

借:原材料/在途物资/库存商品等
　　应交税费——应交增值税(进项税额)
　　贷:应收票据
　　　　银行存款(差额,也有可能在借方)

应收票据贴现时的会计分录为:

借:银行存款(实际收到的金额)
　　财务费用(差额,手续费)
　　贷:应收票据(票面金额)

【任务实施3-1】

该公司应作账务处理如下:

(1) 2024 年 10 月 1 日收到票据时,会计分录为:

借:应收票据——贵州机械　　　　　　　　　　　　　　　　22 600
　　贷:主营业务收入　　　　　　　　　　　　　　　　　　　20 000
　　　　应交税费——应交增值税(销项税额)　　　　　　　　2 600

(2) 2024年12月31日年度终了计提票据利息时,会计分录为:

票据利息=22 600×5%÷12×3=282.50(元)

借:应收票据　　　　　　　　　　　　　　　　　282.50
　　贷:财务费用　　　　　　　　　　　　　　　　　　282.50

(3) 票据到期收回款项时,会计分录为:

收款金额=22 600+22 600×5%÷12×6=23 165(元)
2024年未计提的票据利息=22 600×5%÷12×3=282.50(元)

借:银行存款　　　　　　　　　　　　　　　　　23 165.00
　　贷:应收票据　　　　　　　　　　　　　　　　　22 882.50
　　　　财务费用　　　　　　　　　　　　　　　　　　282.50

【任务实施3-2】

2024年8月,购入一批产品,会计分录为:

借:库存商品　　　　　　　　　　　　　　　　　20 000
　　应交税费——应交增值税(进项税额)　　　　　　2 600
　　贷:应收票据——贵州机械　　　　　　　　　　22 000
　　　　库存现金　　　　　　　　　　　　　　　　　600

【任务实施3-3】

票据到期值=面值+利息=10 000(元)
贴现利息=10 000×6%÷12×2=100(元)
贴现净额=10 000-100=9 900(元)

根据上述计算结果,会计分录为:

借:银行存款　　　　　　　　　　　　　　　　　9 900
　　财务费用　　　　　　　　　　　　　　　　　　100
　　贷:应收票据——贵州机械　　　　　　　　　　10 000

任务二　应收账款核算

【任务发布3-4】

2024年9月1日,新科门业向贵州房产有限公司(简称贵州房产)销售门150扇,开具的增值税专用发票上注明的价款为100 000元,增值税税额为13 000元,款项尚未收到。请为新科门业作以上业务的账务处理。

【任务发布3-5】

2024年9月15日,新科门业收到贵州房产前欠货款113 000元,存入工商银行。请为新科门业作以上业务的账务处理。

知识准备

一、认识应收账款

应收账款是指企业因销售商品、提供劳务等经营活动,应向购货单位和接受服务单位收取的款项,入账价值包括企业销售商品、提供劳务等应从购货方或接受劳务方收取的合同或协议价款(不公允的除外)、增值税销项税额,以及代购货单位垫付的包装费、运杂费等。

二、应收账款的账务处理

微课3-4
应收账款

为了核算应收账款的发生、结算和结存情况,企业设置"应收账款"账户,不单独设置"预收账款"账户的企业,预收的账款应在"应收账款"账户核算。如果应收账款期末余额在贷方,则反映企业预收的账款。在确认应收账款的入账价值时,还应考虑商业折扣、现金折扣等因素。

商业折扣是指在出售商品时从商品价目单规定的价格中扣减一定的数额,扣减后的金额是实际的销售价格,是企业最常用的促销方式之一。企业为了扩大销售、占领市场,采用销量越多、价格越低的促销策略,通常以百分比来表示,其特点是折扣在实现销售的同时发生。因此,存在商业折扣的情况下,企业的应收账款入账金额应按扣除商业折扣后的实际售价确认。

现金折扣是企业为了鼓励债务人在规定期限内早日付款而向债务人提供的债务扣除。现金折扣通常发生在以赊销方式销售商品、提供劳务的交易中,通常债权人与债务人双方达成协议,债务人在不同期限内还款可以享受不同比例的折扣。

现金折扣一般用"折扣率/付款期限"来表示。例如,"2/10,1/20,N/30"表示债务人在10天内付款给予2%的折扣,在20天内付款给予1%的折扣,30天内付款不给予折扣。现金折扣的情况决定了企业与客户的合同中约定的对价属于可变对价,若合同中存在可变对价,企业应当对计入交易价格的可变对价进行估计。企业应当按照期望值或最可能发生金额确定可变对价的最佳估计数。但是,企业不能在两种方法之间随意进行选择。期望值是按照各种可能发生的对价金额及相关概率计算确定的金额;最可能发生金额是一系列可能发生的对价金额中最可能发生的单一金额。此外,需要注意的是,企业确定可变对价金额之后,计入交易价格的可变对价金额还应满足限制条件,即包含可变对价的交易价格,应当不超过在相关不确定性消除时,累计已确认的收入极可能不会发生重大转回的金额。

实操3-2
应收账款
账务处理

(1)因销售商品、提供服务等而确认应收账款时的会计分录为:

借:应收账款
　　贷:主营业务收入等(扣除商业折扣后)
　　　　应交税费——应交增值税(销项税额)

借：主营业务成本等
　　贷：库存商品

（2）收回应收账款时的会计分录为：

借：银行存款
　　贷：应收账款

（3）垫付包装费、运杂费时的会计分录为：

借：应收账款
　　贷：银行存款

（4）改用应收票据结算时的会计分录为：

借：应收票据
　　贷：应收账款

【任务实施3-4】

9月1日，根据业务活动内容，新科门业会计分录为：

借：应收账款——贵州房产　　　　　　　　　　　　113 000
　　贷：主营业务收入——门　　　　　　　　　　　100 000
　　　　应交税费——应交增值税（销项税额）　　　 13 000

【任务实施3-5】

9月15日，根据业务活动内容，新科门业会计分录为：

借：银行存款——工商银行　　　　　　　　　　　　113 000
　　贷：应收账款——贵州房产　　　　　　　　　　113 000

任务三　预付账款核算

【任务发布3-6】

2024年10月8日，新科门业向贵州物资采购钢铁5吨，不含税单价为4 000元/吨。根据合同规定，新科门业通过银行转账预付贵州物资订购的材料款10 000元，验货后补付剩余款项。请为新科门业作以上业务的账务处理。

【任务发布3-7】

2024年10月10日，新科门业向贵州物资采购的钢铁已验收入库，取得的增值税专用发票上注明的价款为20 000元，增值税税额为2 600元。同时，新科门业以银行存款补付剩余货款。请为新科门业作以上业务的账务处理。

知识准备

一、认识预付账款

预付账款是指企业按照合同规定预付的款项,如预付的购货款、材料款、工程款等。

预付账款不多的企业也可不设置"预付账款"账户,通过"应付账款"账户进行核算,但在期末编制会计报表时,仍应将"应付账款"和"预付账款"分开列示。预付账款如有确凿证据表明其不符合预付账款的性质,或者供货单位因破产、撤销等已无望再收到所购货物的,应将原计入预付账款的金额转入其他应收款。

微课3-5
预付账款

二、预付账款的账务处理

企业根据购货合同的规定向供应商预付款项时,借记"预付账款"账户,贷记"银行存款"账户;企业收到所购货物,应计入所购货物成本的金额,借记"材料采购""原材料""库存商品"账户,按可抵扣的增值税进项税额借记"应交税费——应交增值税(进项税额)"等账户,贷记"预付账款"账户;当预付账款小于采购物资所需支付的款项时,应将不足部分补付,借记"预付账款"账户,贷记"银行存款"账户;当预付账款大于采购物资所需支付的款项时,对于收回的多余款,借记"银行存款"账户,贷记"预付账款"账户。

实操3-3
预付账款
账务处理

企业应当定期或者至少每年年度终了时,对预付账款进行检查,预计其可能发生的坏账损失,并计提坏账准备。

(1)向供应单位预付款项时的会计分录为:

借:预付账款
　　贷:银行存款

(2)收到所购物资时的会计分录为:

借:材料采购、原材料、库存商品等
　　应交税费——应交增值税(进项税额)
　　贷:预付账款

(3)预付款与所需支付款有差额时,补付不足部分款项时的会计分录为:

借:预付账款
　　贷:银行存款等

(4)收回多余款项时的会计分录为:

借:银行存款等
　　贷:预付账款

【任务实施3-6】

10月8日,根据业务活动内容,会计分录为:

借:预付账款——贵州物资　　　　　　　　　　　　　　　　　10 000
　　贷:银行存款　　　　　　　　　　　　　　　　　　　　　　　　10 000

【任务实施3-7】

10月10日,根据业务活动内容,会计分录为:

(1) 收到购买的原材料。

借:原材料——钢铁　　　　　　　　　　　　　　　　20 000
　　应交税费——应交增值税(进项税额)　　　　　　　2 600
　　贷:预付账款——贵州物资　　　　　　　　　　　　　　22 600

(2) 补付货款。

借:预付账款——贵州物资　　　　　　　　　　　　　12 600
　　贷:银行存款　　　　　　　　　　　　　　　　　　　　12 600

任务四　其他应收款核算

【任务发布3-8】

2024年11月8日,新科门业向贵州物资租入一批包装物,以银行存款支付包装物的押金6 000元。请为新科门业作以上业务的账务处理。

【任务发布3-9】

2024年12月1日,新科门业将租入的包装物按期归还,收到贵州物资退还的押金6 000元并存入银行。请为新科门业作以上业务的账务处理。

知识准备

一、认识其他应收款

其他应收款是指企业除应收票据、应收账款、预付账款、应收股利和应收利息以外的其他各种应收及暂付款项。

其主要内容包括:①应收的各种赔款、罚款,如因企业财产等遭受意外损失而应向有关保险公司收取的赔款等。②应收的出租包装物租金。③应向职工收取的各种垫付款项,如为职工垫付的水电费、应由职工负担的医药费、房租费等。④存出保证金,如租入包装物支付的押金。⑤其他各种应收、暂付款项。

微课 3-6
其他应收
款核算

二、其他应收款的账务处理

为了反映和监督其他应收款的增减变动及其结存情况,企业应当设置"其他应收款"账户进行核算。该账户借方登记其他应收款的增加,贷方登记其他应收款的收回,期末余额一般在借方,反映企业尚未收回的其他应收款项。

动画 3-1
其他应收
款核算

企业发生各种其他应收款项时,借记"其他应收款"账户,贷记"银行存款"等账户,收回其他应收款项时,借记"库存现金""银行存款"等账户,贷记"其他应收款"账户。

(1)企业发生各种其他应收款项时的会计分录为:

借:其他应收款
　　贷:库存现金/银行存款/固定资产清理/待处理财产损溢等

(2)收回其他各种应收款项时的会计分录为:

借:库存现金/银行存款/应付职工薪酬等
　　贷:其他应收款

实操3-4
其他应收
款核算

【任务实施3-8】

11月8日,根据业务活动内容,会计分录为:

借:其他应收款——贵州物资　　　　　　　　　　　　　　6 000
　　贷:银行存款　　　　　　　　　　　　　　　　　　　　6 000

【任务实施3-9】

12月1日,根据业务活动内容,会计分录为:

借:银行存款　　　　　　　　　　　　　　　　　　　　　6 000
　　贷:其他应收款——贵州物资　　　　　　　　　　　　　6 000

任务五　应收股利和应收利息核算

【任务发布3-10】

新科门业持有上市公司的股票,并将其作为交易性金融资产核算。2025年3月1日,上市公司宣告发放2024年的现金股利,新科门业可得80 000元。3月10日,收到上述股利。请为新科门业作以上业务的账务处理。

【任务发布3-11】

新科门业持有某公司债券,2024年年底计提债券利息200 000元。2025年1月30日,收到上述利息存入银行。请为新科门业作以上业务的账务处理。

知识准备

一、认识应收股利和应收利息

应收股利是指企业因对外进行股权投资而应收取的现金股利和应收取其他单位分

配的利润,包括购买股票的价款中所含的已宣告但尚未发放的现金股利或利润和被投资单位新宣告发放的现金股利或利润,但不包括应收股票股利。

应收利息是指企业因债券投资而应收取的利息,包括购入债券的价款中已到付息期但尚未领取的债券利息和分期付息到期还本的债券在持有期间产生的利息,不包括企业购入到期一次还本付息的长期债券应收取的利息。

二、应收股利和应收利息的账务处理

为了反映和监督应收股利的增减变动及其结存情况,企业应当设置"应收股利"账户。"应收股利"账户应当按照被投资单位设置的明细科目核算。

为了反映和监督应收利息的增减变动及其结存情况,企业应当设置"应收利息"账户。

应收股利和应收利息的相关账务处理如下:

(1) 被投资单位宣告发放现金股利(主要为交易性金融资产)时:

借:应收股利
  贷:投资收益

(2) 企业实际收到现金股利和利润时:

借:其他货币资金——存出投资款(上市公司)/银行存款(非上市公司)
  贷:应收股利

(3) 企业确定应当收取的利息时:

借:应收利息
  贷:投资收益

(4) 企业实际收到利息时:

借:银行存款
  贷:应收利息

【任务实施3-10】

(1) 3月1日,宣告发放股利时的会计分录为:

借:应收股利　　　　　　　　　　　　　　　　　　　　　　　80 000
  贷:投资收益　　　　　　　　　　　　　　　　　　　　　　　　　80 000

(2) 3月10日,收到股利时的会计分录为:

借:其他货币资金——存出投资款　　　　　　　　　　　　　　80 000
  贷:应收股利　　　　　　　　　　　　　　　　　　　　　　　　　80 000

【任务实施3-11】

(1) 2024年年底,计算利息时的会计分录为:

借:应收利息　　　　　　　　　　　　　　　　　　　　　　　200 000
  贷:投资收益　　　　　　　　　　　　　　　　　　　　　　　　　200 000

（2）2025年1月30日，收到利息时的会计分录为：

借：银行存款　　　　　　　　　　　　　　　　　　　　　　　200 000
　　贷：应收利息　　　　　　　　　　　　　　　　　　　　　　　　　200 000

任务六　应收账款减值核算

【任务发布3-12】

（1）2022年12月31日，新科门业应收绿城物流有限公司（简称绿城物流）的账款余额为50 000元，新科门业根据坏账准备计提政策确定应计提坏账准备的金额为5 000元，且以前未计提过坏账准备。

（2）2023年12月31日，新科门业应收绿城物流的账款余额为30 000元，新科门业根据坏账准备计提政策对该应收账款应计提3 000元坏账准备。

（3）2024年2月5日，新科门业应收绿城物流的货款实际发生坏账损失1 200元。

（4）2025年1月20日，新科门业收回2023年已作坏账转销的绿城物流应收账款1 200元，存入银行。

请为新科门业作以上业务的账务处理。

知识准备

一、认识应收账款减值

应收款项减值又称坏账，是指企业无法收回或收回的可能性极小的应收款项。应收款项减值有两种核算方法，即直接转销法和备抵法。我国《企业会计准则》规定，应收款项减值的核算应采用备抵法。《小企业会计准则》规定，应收款项减值采用直接转销法。

动画3-2
应收款项
减值确认
与核算

企业的各项应收账款，如应收账款、其他应收款等可能会因购货人拒付、破产、死亡等而无法收回。这类收回的可能性极小或无法收回的应收款项就叫坏账，包括应收账款和其他应收款等。因发生坏账而产生的损失，称为坏账损失或减值损失。

一般来讲，应收账款和其他应收款符合下列条件之一的，应确认为坏账：

（1）债务人破产，以其破产财产清偿后，确实无法追回的部分。

（2）债务人死亡，以其遗产清偿后，确实无法追回的部分。

（3）债务人较长时期内未履行其偿债义务，并有足够的证据表明无法收回或收回的可能性极小。

（一）备抵法

备抵法是指期末在检查应收款项收回的可能性的前提下，预计可能发生的坏账损失，并计提坏账准备，当某一应收款项全部或部分被确认为坏账时，将其金额冲减坏账准备并相应转销应收款项的方法。

备抵法的优点有：①通过合理估计，将不能收回的应收款项作为坏账损失及时计入当期损益，避免了企业的虚盈实亏。②符合权责发生制和会计谨慎性要求，使财务报表使用者能了解企业应收款项预期可收回的金额和谨慎的财务状况。③使应收账款实际占用资金接近实际，消除虚列的应收账款，有利于加快企业资金周转，提高经济效益。备抵法的缺点在于账务处理相对复杂。

（二）直接转销法

直接转销法是指企业实际发生坏账损失时，将其损失直接计入当期损益的方法。直接转销法相对简单、实用。在直接转销法下，企业不需设置"坏账准备"账户。当坏账损失实际发生时，直接按其损失金额借记"信用减值损失"账户，同时冲减已确认为坏账的应收账款，贷记"应收账款"账户。

微课3-7
应收款项
减值确认
与核算

直接转销法的优点是账务处理简单易懂；缺点是不符合权责发生制及收入与费用配比的会计原则，在转销坏账损失的前期，对于坏账的情况不做任何处理，只有在坏账实际发生时才将其确认为当期费用，虚增了企业的利润。

二、坏账准备计提或冲回的核算

企业计提坏账准备时，按照应收款项应减记的金额，借记"信用减值损失——计提的坏账准备"账户，贷记"坏账准备"账户。冲减多计提的坏账准备时，借记"坏账准备"账户，贷记"信用减值损失——计提的坏账准备"账户。

三、坏账转销的核算

企业确实无法收回的应收款项按管理权限报经批准后作为坏账转销时，应当冲减已计提的坏账准备。企业实际发生坏账损失时，借记"坏账准备"账户，贷记"应收账款""其他应收款"等账户。

四、收回已确认坏账并转销应收款项的核算

已确认并转销的应收款项以后又收回的，应当按照实际收到的金额增加坏账准备的账面余额。已确认并转销的应收款项以后又收回时，借记"应收账款""其他应收款"等账户，贷记"坏账准备"账户；同时，借记"银行存款"账户，贷记"应收账款""其他应收款"等账户。

【任务实施3-12】

(1) 2022年12月31日，根据业务活动内容，会计分录为：

借：信用减值损失——计提的坏账准备　　　　　　　　　　　　5 000
　　贷：坏账准备　　　　　　　　　　　　　　　　　　　　　　5 000

(2) 2023年12月31日，根据业务活动内容，会计分录为：

借：坏账准备　　　　　　　　　　　　　　　　　　　　　　　2 000
　　贷：信用减值损失——计提的坏账准备　　　　　　　　　　　2 000

(3) 2月5日,根据业务活动内容,会计分录为:

借:坏账准备　　　　　　　　　　　　　　　　　　　　　　　　1 200
　　贷:应收账款——绿城物流　　　　　　　　　　　　　　　　　　　　1 200

(4) 1月20日,根据业务活动内容,会计分录为:

按照实际收到的金额增加坏账准备的账面余额时:

借:应收账款——绿城物流　　　　　　　　　　　　　　　　　　1 200
　　贷:坏账准备　　　　　　　　　　　　　　　　　　　　　　　　　1 200

收到货款,存入银行时:

借:银行存款　　　　　　　　　　　　　　　　　　　　　　　　1 200
　　贷:应收账款——绿城物流　　　　　　　　　　　　　　　　　　　　1 200

思政学堂

丝绸之路上的"赊卖"制度与信用文化

项目三
思政启示

自汉代张骞"凿空"西域至唐代丝路鼎盛时期,横跨欧亚的商队贸易催生了独特的信用交易模式——"赊卖"制度。商旅因长途跋涉携带现金风险极高,加之货币种类繁杂、兑换不便,逐渐形成"先货后款"的赊销惯例。卖方将货物交付买方时仅作口头或书面约定,买方承诺在一定期限(如货物转售或抵达下一贸易节点后)以金银、丝绸或其他等价物结算。敦煌莫高窟藏经洞出土的唐代《敦煌契约文书》(收录于《敦煌社会经济文献真迹释录》第一辑)中,明确记载了"某年某月,胡商安某赊购绢帛百匹,约至来年秋偿钱五十贯"的条款,佐证了赊卖制度的规范化运作。

资料来源:《敦煌社会经济文献真迹释录》

学以致用

一、单项选择题

1. 企业将持有的不带息商业汇票向银行申请贴现,支付给银行的贴现息应记入(　　)账户。
   A. "财务费用"　　B. "管理费用"　　C. "投资收益"　　D. "营业外支出"

2. 甲公司为增值税一般纳税人,向乙公司销售商品一批,商品价款20万元、增值税税额为2.60万元;以银行存款支付代垫运费1万元、增值税税额0.09万元。上述业务均已开具增值税专用发票,全部款项尚未收到。不考虑其他因素,甲公司应收账款的入账金额为(　　)万元。
   A. 21　　　　B. 22.60　　　　C. 23.69　　　　D. 20

3. 下列各项中,企业应通过"其他应收款"账户核算的是(　　)。
   A. 应收债券投资产生的利息
   B. 为购货单位垫付的运杂费
   C. 应向职工收取的代垫医药费

D. 应收被投资单位分配的现金股利
4. 下列各项中,企业应通过"其他应收款"账户核算的是(　　)。
　　A. 为职工垫付的水电费　　　　B. 销售商品应收取的价款
　　C. 销售商品应收取的增值税　　D. 为购货单位垫付的运杂费
5. 下列各项中,企业计提坏账准备应记入(　　)账户。
　　A. "资产减值损失"　　　　　　B. "管理费用"
　　C. "营业外支出"　　　　　　　D. "信用减值损失"
6. 2025年年初,某企业"坏账准备"账户贷方余额为10万元,当期实际发生坏账损失5万元。经减值测试,2025年年末"坏账准备"账户应保持的贷方余额为16万元。不考虑其他因素,年末该企业应计提坏账准备的金额为(　　)万元。
　　A. 11　　　　　　B. 6　　　　　　C. 16　　　　　　D. 1
7. 应收票据贴现时,贴现利息计入(　　)。
　　A. 银行存款　　B. 财务费用　　C. 原材料　　D. 材料采购
8. 甲公司为增值税一般纳税人,2025年6月1日对外销售一批商品,开具的增值税专用发票上注明的金额为500 000元,增值税税额为65 000元。代购货方垫付相关的运费为30 000元,增值税税额为2 700元。甲公司因销售该批货物收取的包装物押金为100 000元,款项尚未收到。甲公司因销售该批商品确认的应收账款的金额为(　　)元。
　　A. 530 000　　B. 597 700　　C. 565 000　　D. 595 000
9. 企业未设置"预付账款"账户,发生预付贷款业务时应借记(　　)账户。
　　A. "预收账款"　　　　　　　　B. "其他应付款"
　　C. "应收账款"　　　　　　　　D. "应付账款"

二、多项选择题
1. 下列各项中,应记入"应收票据"账户借方的有(　　)。
　　A. 销售商品收到银行汇票(银行存款)
　　B. 销售原材料收到商业承兑汇票(应收票据)
　　C. 提供服务收到的银行承兑汇票(应收票据)
　　D. 销售原材料收到的转账支票(银行存款)
2. 下列各项中,能引起应收账款账面价值发生变动的有(　　)。
　　A. 结转到期不能收回款项的商业承兑汇票
　　B. 收回已作为坏账转销的应收账款
　　C. 计提应收账款坏账准备
　　D. 收回应收账款
3. 根据《小企业会计准则》,下列各项描述的情形发生时,应收账款可以直接确认坏账损失的有(　　)。
　　A. 债务人逾期1年以上未清偿,且有确凿证据证明已无力清偿债务的
　　B. 与债务人达成债务重组协议或法院批准破产重整计划后,无法追偿的
　　C. 债务人资金链断裂,无法支付欠款的
　　D. 因自然灾害、战争等不可抗力而无法收回的

4. 下列各项中,属于"其他应收款"账户核算内容的有( )。
   A. 租入包装物支付的押金
   B. 出差人员预借的差旅费
   C. 被投资单位已宣告但尚未发放的现金股利
   D. 应收取的罚款
5. 甲公司收回上年度已作为坏账转销的丁公司应收账款 40 000 元,款项存入银行。下列各项会计处理中,正确的有( )。
   A. 借:坏账准备   40 000
       贷:信用减值损失   40 000
   B. 借:银行存款   40 000
       贷:应收账款   40 000
   C. 借:信用减值损失   40 000
       贷:坏账准备   40 000
   D. 借:应收账款   40 000
       贷:坏账准备   40 000

三、判断题

1. 企业应收票据贴现,应按实际收到的金额与其票面金额的差额,借记或贷记"管理费用"账户。( )
2. 不单独设置"预付账款"账户的企业,预付的款项可以通过"应收账款"账户核算。( )
3. 企业应向保险公司收取的财产损失赔款,应通过"应收账款"账户核算。( )
4. 备抵法下,转销无法收回的应收账款,应冲减坏账准备和应收账款。( )
5. 直接转销法更符合权责发生制要求。( )
6. 考虑到应收款项的流动性特征,实务中通常按照应收款项的预计可收回金额确定预计信用减值损失。( )

四、业务题

1. 新科门业 2025 年 3 月 1 日销售 20 000 元门给华阳贸易有限公司,增值税专用发票上注明的销售金额为 20 000 元,增值税税额为 2 600 元,同日收到一张期限为 6 个月、面值为 22 600 元的不带息银行承兑汇票。请根据以上业务编制会计分录。

2. 8月27日,新科门业将快到期的22 600元不带息银行承兑汇票送交银行,9月1日票据到期,收到银行票款22 600元。请根据以上业务编制会计分录。

3. 如果上题中的承兑汇票为商业承兑汇票,到期出票企业无法兑现,未能正常收到票款。请根据以上业务编制会计分录。

4. 3月15日,新科门业向华阳商贸销售一批门,开具的增值税专用发票注明价款为60 000元,增值税税额为7 800元,同时银行代华阳商贸垫付运费1 200元,款项尚未收到。请根据以上业务编制会计分录。

5. 2025年3月1日,新科门业根据合同规定,通过网银转账向智能家居科技有限公司(简称智能科技)预付购买甲材料的货款30 000元。4月5日,新科门业收到甲材料,取得的增值税专用发票注明货款金额为50 000元,增值税税额为6 500元,通过网银转账补付26 500元。请根据以上业务编制会计分录。

项目评价

根据本项目学习情况,在表 3-1 中进行评价,"A"为优良,"B"为一般,"C"为需要帮助。

表 3-1　　　　　　　　　　项目三学习评价表

序号	学习重点	自我评价 (在方框内打钩)	教师反馈与评价
1	能够进行应收票据的核算	A□ B□ C□	
2	能够进行应收账款的核算	A□ B□ C□	
3	能够进行预付账款等的核算	A□ B□ C□	
	总体评价	A□ B□ C□	

项目四 金融资产业务核算

 学习目标

 知识目标

○ 了解金融资产的划分依据及种类。
○ 了解以公允价值计量且其变动计入当期损益的金融资产的核算原理。
○ 了解以摊余成本计量的金融资产的核算原理。
○ 了解以公允价值计量且其变动计入其他综合收益的金融资产的核算原理。
○ 了解长期股权投资的核算原理。

项目四
行业前沿

能力目标

○ 能够填制审核金融资产的原始凭证。
○ 能够根据相关凭证登记账簿。

素质目标

○ 培养爱岗敬业、主动参与、团结协作的意识,树立风险意识。
○ 通过学习金融资产相关知识培养学生对政策的理解能力。

 知识脉络

```
                              ┌─ 认识金融资产
             以公允价值计量且其变动计入  ├─ 取得交易性金融资产业务的核算
             当期损益的金融资产的核算   ├─ 持有交易性金融资产的核算
                              ├─ 处置交易性金融资产业务核算
                              └─ 转让金融商品应交增值税的处理

                              ┌─ 认识以摊余成本计量的金融资产
金融资产业务核算 ─ 以摊余成本计量的金融资产的核算 ├─ 取得以摊余成本计量的金融资产核算
                              ├─ 持有以摊余成本计量的金融资产核算
                              └─ 处置以摊余成本计量的金融资产核算

                              ┌─ 认识以公允价值计量且其变动计入
                              │    其他综合收益的金融资产
             以公允价值计量且其变动计入其他 ├─ 取得以公允价值计量且其变动计入
             综合收益的金融资产的核算       │    其他综合收益的金融资产核算
                              ├─ 持有以公允价值计量且其变动计入
                              │    其他综合收益的金融资产核算
                              └─ 处置以公允价值计量且其变动计入
                                   其他综合收益的金融资产核算
```

任务一 以公允价值计量且其变动计入当期损益的金融资产的核算

【任务发布4-1】

新科门业有如下业务：

（1）2024年4月1日，新科门业购入荣升股份有限公司（简称荣升股份）股票，将其划分为公允价值计量且变动计入当期损益的金融资产，支付价款101万元，其中含已宣告尚未发放的现金股利1万元，另支付交易费用5万元，取得增值税专用发票上注明的增值税税额0.3万元。荣升股份股权登记日为4月2日，股利发放日为4月20日。

（2）6月30日，荣升股份股票公允价值为110万元。

（3）8月5日，荣升股份宣告分派现金股利，新科门业应收现金股利2万元。该股利于10月15日发放。

（4）12月31日，荣升股份股票公允价值为70万元。2025年1月10日新科门业出售所持有荣升股份全部股票，总售价为120万元，转让金融商品适用的增值税税率为6%。

请为新科门业作以上业务的账务处理。

知识准备

一、认识金融资产

（一）金融资产的概念

金融资产是指企业持有的现金、其他方的权益工具以及符合下列条件之一的资产。

（1）有从其他方收取现金或其他金融资产的合同权利。例如，银行存款、应收账款等。预付账款不属于金融资产。

（2）在潜在有利条件下，有与其他方交换金融资产或金融负债的合同权利。例如，买入看涨期权或看跌期权。

（二）金融资产分类的标准

企业应当根据其管理金融资产的业务模式和金融资产的合同现金流量特征，将金融资产进行分类。

1. 企业管理金融资产的业务模式

企业管理金融资产的业务模式是指企业如何管理其金融资产以产生现金流量。业务模式决定企业所管理金融资产现金流量的来源是收取合同现金流量、出售金融资产，还是两者兼有。

2. 金融资产的合同现金流量特征

金融资产的合同现金流量特征是指金融工具合同约定的、反映相关金融资产经济特征的现金流量属性。如果一项金融资产在特定日期产生的合同现金流量仅为对本金和以未偿付本金金额为基础的利息的支付(即符合本金加利息的合同现金流量特征),则该金融资产的合同现金流量特征与基本借贷安排一致。

(三) 金融资产的具体分类

1. 以摊余成本计量的金融资产

金融资产同时符合下列条件的,应当分类为以摊余成本计量的金融资产。

(1) 企业管理该金融资产的业务模式是以收取合同现金流量为目标。

(2) 该金融资产的合同条款规定,在特定日期产生的现金流量,仅为以本金和未偿付本金金额为基础的利息支付,如银行向企业客户发放的固定利率贷款;普通债券;企业正常商业往来形成的应收账款。

动画4-1
交易性金融资产的处置

2. 以公允价值计量且其变动计入其他综合收益的金融资产

以公允价值计量且其变动计入其他综合收益的金融资产同时满足下列条件:

(1) 企业管理该金融资产的业务模式既以收取合同现金流量为目标又以出售该金融资产为目标。

(2) 该金融资产的合同条款规定,在特定日期产生的现金流量,仅为对本金和未偿付本金金额为基础的利息的支付。

微课4-1
交易性金融资产的取得

3. 以公允价值计量且其变动计入当期损益的金融资产

除前两种金融资产以外的金融资产,应当分类为以公允价值计量且其变动计入当期损益的金融资产。例如,企业持有的股票、基金等投资产品通常应当分类为以公允价值计量且其变动计入当期损益的金融资产(以下简称交易性金融资产)。

二、取得交易性金融资产业务的核算

企业取得交易性金融资产,应当按照该金融资产取得时的公允价值,借记"交易性金融资产——成本"账户,按照发生的交易费用,借记"投资收益"账户,发生交易费用取得增值税专用发票的,按其注明的增值税进项税额,借记"应交税费——应交增值税(进项税额)"账户,按照实际支付的金额,贷记"银行存款"等账户。

实操4-1
交易性金融资产的取得

企业取得交易性金融资产所支付价款中如果包含已宣告但尚未发放的现金股利或已到付息期但尚未领取的债券利息,应当单独确认为应收项目。

三、持有交易性金融资产的核算

企业持有交易性金融资产期间对于被投资单位宣告发放的现金股利或已到付息期但尚未领取的债券利息,应当确认为应收项目,借记"应收股利"或"应收利息"账户,贷记"投资收益"账户;实际收到款项时作为冲减应收项目处理,借记"其他货币资金"等账户,贷记"应收股利"或"应收利息"账户。

微课4-2
交易性金融资产的持有

企业只有在同时满足以下3个条件时,才能确认交易性金融资产所取得的股利或利息收入并计入当期损益:①企业收取股利或利息的权利已经确立(如被投资单位已宣告发放股利或利息)。②与股利或利息相关的经济利益很可能流入企业。③股利或利息的金额能够可靠计量。

在资产负债表日,交易性金融资产应当按照公允价值计量,公允价值与账面余额之间的差额计入当期损益。

企业应当在资产负债表日按照交易性金融资产公允价值高于其账面余额的差额,借记"交易性金融资产——公允价值变动"账户,贷记"公允价值变动损益"账户;公允价值低于其账面余额的差额作相反的会计分录,借记"公允价值变动损益"账户,贷记"交易性金融资产——公允价值变动"账户。

四、处置交易性金融资产业务核算

企业出售交易性金融资产,应当按照实际收到的金额,借记"银行存款"等账户,按照该金融资产的账面余额的成本部分,贷记"交易性金融资产——成本"账户,按照该金融资产的账面余额的公允价值变动部分,贷记或借记"交易性金融资产——公允价值变动"账户,按照其差额,贷记或借记"投资收益"账户。

五、转让金融商品应交增值税的处理

金融商品转让按照卖出价扣除买入价(不需要扣除已宣告未发放现金股利和已到付息期未领取的利息)后的余额作为销售额计算增值税,即转让金融商品按盈亏相抵后的余额为销售额。

转让金融资产当月月末,如产生转让收益,则按应纳税额,借记"投资收益"等账户,贷记"应交税费——转让金融商品应交增值税"账户;如产生转让损失,则按可结转下月抵扣税额,借记"应交税费——转让金融商品应交增值税"账户,贷记"投资收益"等账户。

年末,如果"应交税费——转让金融商品应交增值税"账户有借方余额,应借记"投资收益"等账户,贷记"应交税费——转让金融商品应交增值税"账户,将"应交税费——转让金融商品应交增值税"账户的借方余额转出(本年度的金融资产转让损失不可转入下年度继续抵减转让金融资产的收益)。

【任务实施4-1】

(1)购入股票时的会计分录为:

借:交易性金融资产——成本	1 000 000
应收股利	10 000
投资收益	50 000
应交税费——应交增值税(进项税额)	3 000
贷:银行存款	1 063 000

4月20日,收到股利时的会计分录为:

借:银行存款	10 000
贷:应收股利	10 000

(2)6月30日,荣升股份股票公允价值为110万元,编制的会计分录为:

借:交易性金融资产——公允价值变动	100 000
贷:公允价值变动损益	100 000

(3) 8月5日,宣告分派现金股利时的会计分录为:

借:应收股利　　　　　　　　　　　　　　　　　　　　　　　20 000
　　贷:投资收益　　　　　　　　　　　　　　　　　　　　　　　20 000

8月15日,收到股利时的会计分录为:

借:银行存款　　　　　　　　　　　　　　　　　　　　　　　20 000
　　贷:应收股利　　　　　　　　　　　　　　　　　　　　　　　20 000

2024年12月31日,确认荣升股份股票公允价值变动时的会计分录为:

借:公允价值变动损益　　　　　　　　　　　　　　　　　　　400 000
　　贷:交易性金融资产——公允价值变动　　　　　　　　　　　　400 000

2025年1月10日,出售股票:

借:银行存款　　　　　　　　　　　　　　　　　　　　　　1 200 000
　　交易性金融资产——公允价值变动　　　　　　　　　　　　300 000
　　贷:交易性金融资产——成本　　　　　　　　　　　　　　1 000 000
　　　　投资收益　　　　　　　　　　　　　　　　　　　　　500 000

(4) 2025年1月10日转让交易性金融资产应交增值税为10 755元{[售价—买价(不得剔除包含的已宣告未发放股利及已到期未收到的利息)]÷(1+6%)×6%=(120—101)÷(1+6%)×6%}。

借:投资收益　　　　　　　　　　　　　　　　　　　　　　　10 755
　　贷:应交税费——转让金融商品应交增值税　　　　　　　　　　10 755

任务二　以摊余成本计量的金融资产的核算

【任务发布4-2】

(1) 2023年12月31日,新科门业将闲置资金3 000万元存入工商银行理财专户。

(2) 2024年1月1日,新科门业从公开市场以2 000万元(含交易费用)购入荣升股份同日发行的5年期公司债券25 000份,债券票面价值总额为2 500万元,票面年利率为4%,实际利率为9.16%,于次年初支付2022年债券利息,本金在债券到期时一次性偿还,新科门业拟持有该债券到期。

(3) 2024年12月31日,新科门业确认投资荣升股份2024年度债券实际利息收入。

(4) 2025年1月12日,新科门业收到债券利息100万元。

请为新科门业作以上业务的账务处理。

知识准备

一、认识以摊余成本计量的金融资产

以摊余成本计量的金融资产所产生的利得或损失,应当在终止确认、按照规定重分类、按照实际利率法摊销或确认减值时,计入当期损益。实际利率法是指计算金融资产或金融负债的摊余成本以及将利息收入或利息费用分摊计入各会计期间的方法。

金融资产或金融负债的摊余成本,应当以该金融资产或金融负债的初始确认金额经下列调整后的结果确定:

(1) 扣除已偿还的。

(2) 加上或减去采用实际利率法将该初始确认金额与到期日金额之间的差额进行摊销形成的累计摊销额。

(3) 扣除计提的累计信用减值准备(仅适用于金融资产)。

二、取得以摊余成本计量的金融资产核算

企业取得的以摊余成本计量的金融资产,应当按照公允价值计量,相关交易费用应当计入其初始确认金额。按该投资的面值,借记"债权投资——成本"账户,按支付的价款中包含的已宣告但尚未领取的利息,借记"应收利息"账户;按实际支付的金额,贷记"银行存款"等账户;按其差额,借记或贷记"债权投资——利息调整"账户。

三、持有以摊余成本计量的金融资产核算

在资产负债表日,以摊余成本计量的金融资产为分期付息、一次还本债券投资的,应按票面利率计算确定的应收未收利息,借记"应收利息"账户;按该金融资产摊余成本和实际利率计算确定的利息收入,贷记"投资收益"账户;按其差额借记或贷记"债权投资——利息调整"账户。

以摊余成本计量的金融资产为一次还本付息债券投资的,应按票面利率计算确定的应收未收利息,借记"债权投资——应计利息"账户;按该金融资产摊余成本和实际利率计算确定的利息收入,贷记"投资收益"账户;按其差额,借记或贷记"债权投资——利息调整"账户。

四、处置以摊余成本计量的金融资产核算

以摊余成本计量的债权投资到期,应按实际收到的金额,借记"银行存款"等账户;按其账面余额,贷记"债权投资——成本""债权投资——应计利息"账户。已计提减值准备的,还应同时结转"债权投资减值准备"账户。

【任务实施4-2】

(1) 2023年12月31日,存入工商银行理财专户时的会计分录为:

借:其他货币资金——存出投资款　　　　　　　　　　　　30 000 000
　　贷:银行存款——工商银行理财专户　　　　　　　　　　　　30 000 000

(2) 2024 年 1 月 1 日,购入债券 25 000 份时的会计分录为:

借:债权投资——成本　　　　　　　　　　　　　　25 000 000
　　贷:其他货币资金——存出投资款　　　　　　　　20 000 000
　　　　债权投资——利息调整　　　　　　　　　　　 5 000 000

(3) 2024 年 12 月 31 日,确认债券实际利息收入时的会计分录为:

借:应收利息——荣升股份　　　　　　　　　　　　 1 000 000
　　债权投资——利息调整　　　　　　　　　　　　　 832 000
　　贷:投资收益　　　　　　　　　　　　　　　　　1 832 000

(4) 2025 年 1 月 12 日,收到债券利息时的会计分录为:

借:其他货币资金——存出投资款　　　　　　　　　 1 000 000
　　贷:应收利息——荣升股份　　　　　　　　　　　 1 000 000

任务三　以公允价值计量且其变动计入其他综合收益的金融资产的核算

【任务发布 4-3】

(1) 2023 年 12 月 31 日,新科门业将闲置资金 2 000 万元存入工商银行理财专户。

(2) 2024 年 1 月 1 日,新科门业以 1 300 万元(含交易费用)从公开市场购入荣升股份同日发行的 5 年期公司债券 12 000 份,债券票面价值总额为 1 200 万元,票面年利率为 8%,实际利率为 6.03%,于年末支付本年度债券利息(即每年利息为 96 万元),本金在债券到期时一次性偿还。双方约定新科门业可随时出售该债券。

(3) 2024 年 12 月 31 日,新科门业收到荣升股份支付的 2024 年度债券利息 96 万元,该债权年末公允价值为 1 400 万元,确认荣升股份 2024 年末债券实际利息收入、公允价值变动,收到债券利息。

(4) 2024 年 12 月 31 日,新科门业收到荣升股份支付的 2024 年度债券利息 96 万元,该债权年末公允价值为 1 300 万元,确认荣升股份 2024 年末债券实际利息收入、公允价值变动,收到债券利息。

请为新科门业作以上业务的账务处理。

知识准备

一、认识以公允价值计量且其变动计入其他综合收益的金融资产

以公允价值计量且其变动计入其他综合收益的金融资产的会计处理,与以公允价值计量且其变动计入当期损益的金融资产的会计处理存在类似之处,如均要求按公允价值进行后续计量。但是,也有一些不同之处。以公允价值计量且其变动计入其他综合收益的金融资产所产生的利得或损失,除减值损失或利得和汇兑损益外,均应当计入其他综合收益,直至该金融资产终止确认或被重分类。采用实际利率法计算的该金融资产的利

微课 4-5
以公允价值计量且其变动计入其他综合收益的金融资产的核算

息应当计入当期损益。终止确认时之前计入其他综合收益的累计利得或损失应当从其他综合收益中转出,计入当期损益。

二、取得以公允价值计量且其变动计入其他综合收益的金融资产核算

取得以公允价值计量且其变动计入其他综合收益的金融资产,应当按照公允价值计量,相关交易费用应当计入其初始确认金额。按该金融资产投资的面值,借记"其他债权投资——成本"账户;按支付的价款中包含的已宣告但尚未领取的利息,借记"应收利息"账户;按实际支付的金额,贷记"银行存款"等账户;按其差额,借记或贷记"其他债权投资——利息调整"账户。

三、持有以公允价值计量且其变动计入其他综合收益的金融资产核算

资产负债表日,以公允价值计量且其变动计入其他综合收益的金融资产为分期付息、一次还本债券投资的,应按票面利率计算确定的应收未收利息,借记"应收利息"账户;按债券的摊余成本和实际利率计算确定的利息收入,贷记"投资收益"账户;按其差额,借记或贷记"其他债权投资——利息调整"账户。

以公允价值计量且其变动计入其他综合收益的金融资产为一次还本付息债券投资的,应按票面利率计算确定的应收未收利息,借记"其他债权投资——应计利息"账户;按债券的摊余成本和实际利率计算确定的利息收入,贷记"投资收益"账户;按其差额,借记或贷记"其他债权投资——利息调整"账户。

资产负债表日,以公允价值计量且其变动计入其他综合收益的金融资产的公允价值高于其账面余额的差额,借记"其他债权投资——公允价值变动"账户,贷记"其他综合收益——其他债权投资公允价值变动"账户;公允价值低于其账面余额的差额作相反的会计分录。确定以公允价值计量且其变动计入其他综合收益的金融资产发生减值的,应按减记的金额,借记"信用减值损失"账户;按从其他综合收益中转出的累计损失金额,贷记"其他综合收益——信用减值准备"账户。

四、处置以公允价值计量且其变动计入其他综合收益的金融资产核算

出售以公允价值计量且其变动计入其他综合收益的金融资产,应按实际收到的金额,借记"银行存款"等账户,按其账面余额,贷记"其他债权投资——成本""其他债权投资——应计利息"账户,贷记或借记"其他债权投资——公允价值变动""其他债权投资——利息调整"账户;按应从其他综合收益中转出的公允价值累计变动额,借记或贷记"其他综合收益——其他债权投资公允价值变动"账户;按应从其他综合收益转出的信用减值准备累计金额,贷记或借记"其他综合收益信用减值准备"账户,按其差额,贷记或借记"投资收益"账户。

【任务实施4-3】

(1) 2023年12月31日,存入工商银行理财专户时的会计分录为:

借:其他货币资金——存出投资款　　　　　　　　　　　20 000 000
　　贷:银行存款——工商银行理财专户　　　　　　　　　　　　20 000 000

(2) 购入荣升股份同日发行的 5 年期公司债券时的会计分录为：

借：其他债权投资——成本　　　　　　　　　　　　　　12 000 000
　　　　　　　　——利息调整　　　　　　　　　　　　 1 000 000
　　贷：其他货币资金——存出投资款　　　　　　　　　 13 000 000

(3) 2024 年 12 月 31 日，新科门业确认荣升股份 2024 年末债券实际利息收入、公允价值变动，收到债券利息。会计分录为：

借：其他货币资金——存出投资款　　　　　　　　　　　　960 000
　　贷：投资收益　　　　　　　　　　　　　　　　　　　 783 900
　　　　其他债权投资——利息调整　　　　　　　　　　　 176 100

借：其他债权投资——公允价值变动　　　　　　　　　　 1 176 100
　　贷：其他综合收益——其他债权投资公允价值变动　　　 1 176 100

(4) 2024 年 12 月 31 日，新科门业确认荣升股份 2024 年末债券实际利息收入、公允价值变动，收到债券利息。会计分录为：

借：其他货币资金——存出投资款　　　　　　　　　　　　960 000
　　贷：投资收益　　　　　　　　　　　　　　　　　　　 773 300
　　　　其他债权投资——利息调整　　　　　　　　　　　 186 700

借：其他综合收益——其他债权投资公允价值变动　　　　　 813 300
　　贷：其他债权投资——公允价值变动　　　　　　　　　 813 300

思政学堂

社会治理之绿色金融

《中共中央关于坚持和完善中国特色社会主义制度 推进国家治理体系和治理能力现代化若干重大问题的决定》中特别指出：完善绿色生产和消费的法律制度和政策导向，发展绿色金融，推进市场导向的绿色技术创新，更加自觉地推动绿色循环低碳发展。绿色金融并不仅仅是某种金融产品的"绿色化"，如绿色信贷、绿色债券等；也不是某些金融机构的"绿色化"，如赤道银行等，而是金融体系和金融制度的"绿色化"。要从环境保护和资源节约的角度出发，对包括资本市场在内的整个金融体系进行绿色再造，将其引向可持续发展的人类终极发展目标。

资料来源：中国政府网

项目四
思政启示

学以致用

一、单项选择题

1. 甲公司购入乙公司股票并划分为交易性金融资产，共支付价款 3 600 000 元（其中包含已宣告但尚未发放的现金股利 200 000 元），另支付相关交易费用 10 000 元，取得并经税务机关认证的增值税专用发票上注明的增值税税额为 600 元。不考虑其他因素，甲公司取得乙公司股票时应借记"交易性金融资产"账户的金额为（　　）元。

项目四
初级精练

A. 3 600 000　　　B. 3 400 000　　　C. 3 510 000　　　D. 3 500 000

2. 甲公司2024年12月25日支付价款2 060万元(含已宣告但尚未发放的现金股利60万元)取得一项债券投资,另支付交易费用10万元,划分为以公允价值计量且其变动计入其他综合收益的金融资产。2024年12月28日,收到利息60万元。2024年12月31日,该项债券投资的公允价值为2 105万元。假定债券票面利率与实际利率相等,不考虑所得税等其他因素。甲公司2024年因该项金融资产应直接计入其他综合收益的金额为(　　)万元。

A. 95　　　　　　B. 105　　　　　　C. 115　　　　　　D. 125

二、多项选择题

1. 下列各项企业交易性金融资产业务中,应通过"投资收益"账户核算的有(　　)。
   A. 持有期间被投资单位宣告分派的现金股利
   B. 资产负债表日发生的公允价值变动
   C. 取得时支付的交易费用
   D. 出售时公允价值与其账面余额的差额

2. 企业根据管理金融资产的业务模式和金融资产的合同现金流量特征,将金融资产分为(　　)。
   A. 以摊余成本计量的金融资产
   B. 以公允价值计量且其变动计入其他综合收益的金融资产
   C. 以公允价值计量且其变动计入当期损益的金融资产
   D. 以公允价值计量且其变动计入综合收益的金融资产

3. 对于以摊余成本计量的金融资产,下列各项中,影响摊余成本的有(　　)。
   A. 已偿还的本金
   B. 初始确认金额与到期日金额之间的差额按实际利率法摊销形成的累计摊销额
   C. 已计提的累计信用减值准备
   D. 取得时所付价款中包含的应收未收利息

三、判断题

1. 企业出售交易性金融资产时,应将原计入公允价值变动损益的该金融资产的公允价值变动转出,由公允价值变动损益转为投资收益。　　　　　　　　　　　　(　　)

2. 企业转让金融商品应按照卖出价扣除买入价(需要扣除已宣告但尚未发放的现金股利或已到付息期但尚未领取的债券利息)后的余额作为销售额计算增值税。
　　　　　　　　　　　　　　　　　　　　　　　　　　　　　　　　　(　　)

3. 企业初始确认以摊余成本计量的金融资产时,相关交易费用应当直接计入当期损益。
　　　　　　　　　　　　　　　　　　　　　　　　　　　　　　　　　(　　)

4. 企业取得以计公允价值量且其变动计入其他综合收益的金融资产时,所支付的对价中包含的已宣告但尚未领取的债券利息,应当单独确认为应收项目进行处理。
　　　　　　　　　　　　　　　　　　　　　　　　　　　　　　　　　(　　)

5. 处置其他债权投资时,应按取得的价款与原直接计入所有者权益的公允价值变动累计额对应处置部分的金额,与该金融资产账面价值之间的差额,确认为投资收益。
　　　　　　　　　　　　　　　　　　　　　　　　　　　　　　　　　(　　)

四、业务题

1. 新科门业为增值税一般纳税人。2024年11月7日,新科门业从上海证券交易所购入 H 上市公司股票10万股,支付价款10 000 000元。其中包括已宣告但尚未发放的现金股利600 000元。另支付相关交易费用25 000元,取得的增值税专用发票上注明的增值税税额为1 500元。新科门业将该持有股票划分为交易性金融资产进行管理和核算。请编制相关业务的会计分录。

2. 新科门业于2025年2月1日以2 500万元从公开市场购入贵州机械同日发行的5年期公司债券,该债券面值为3 000万元,票面年利率为4%,期限5年,分期付息到期一次还本。甲公司将该债券分类为以摊余成本计量的金融资产。请处理新科门业购入债券时的账务。

项目评价

根据本项目学习情况,在表4-1中进行评价,"A"为优良,"B"为一般,"C"为需要帮助。

表4-1　　　　　　　　　项目四学习评价表

序号	学习重点	自我评价（在方框内打钩）	教师反馈与评价
1	能以公允价值计量且其变动计入当期损益的金融资产的核算	A□ B□ C□	
2	能以摊余成本计量的金融资产的核算	A□ B□ C□	
3	能以公允价值计量且其变动计入其他综合收益的金融资产的核算	A□ B□ C□	
	总体评价	A□ B□ C□	

项目五 存货业务核算

学习目标

知识目标

- 了解存货内容及其成本构成。
- 掌握发出存货计价方法。
- 熟悉周转材料的分类。
- 了解委托加工物资的相关概念。
- 了解库存商品的概念及内容。

项目五
行业前沿

能力目标

- 能够计算发出存货的成本。
- 能够采用实际成本法和计划成本法对原材料进行核算。
- 能够根据包装物的相关原始凭证编制记账凭证。
- 能够根据委托加工物资相关原始凭证编制记账凭证。
- 能够根据库存商品相关原始凭证编制记账凭证。
- 能够根据存货清查和减值相关原始凭证编制记账凭证。

素质目标

- 通过学习原材料实际成本法和计划成本法相关知识,培养学生求真务实、刻苦钻研的品质。
- 通过学习存货清查和减值的账务处理相关知识,培养学生关于存货风险防控的职业素养。

项目五　存货业务核算

知识脉络

存货业务核算
- 存货成本
  - 认识存货
  - 发出存货的计价方法
- 原材料核算
  - 认识原材料
  - 实际成本法下原材料的核算
  - 计划成本法下原材料的核算
- 周转材料核算
  - 认识周转材料
  - 包装物的核算
  - 低值易耗品的核算
- 委托加工物资核算
  - 认识委托加工物资
  - 委托加工物资的账务处理
- 库存商品核算
  - 认识库存商品
  - 库存商品的账务处理
  - 商品流通企业发出商品的核算
- 存货清查与减值核算
  - 认识存货清查与减值
  - 存货减值的核算

任务一　存货成本

【任务发布 5-1】

新科门业在 2024 年 2 月 1 日存货为 0 件,2 月 5 日购入 100 件商品,每件成本为 60 元。2 月 10 日又购入 50 件商品,每件成本为 65 元。2 月 15 日销售了 80 件商品。请用先进先出法计算 2 月 15 日销售商品的成本。

知识准备

一、认识存货

(一) 存货的内容

存货是指企业在日常活动中持有以备出售的产品或商品、处在生产过程中的在产品、在生产过程或提供劳务过程中储备的材料或物料等。它包括原材料、在产品、半成品、产成品、商品以及包装物、低值易耗品、委托代销商品等。

微课 5-1
存货概述

1. 原材料

原材料是指企业在生产过程中经加工将改变其形态或性质并构成产品主要实体的各种原料及主要材料、辅助材料、外购半成品(外购件)、修理用备件、包装材料、燃料等。

2. 在产品

在产品是指企业正在制造尚未完工的生产物,包括正在各个生产工序加工的产品和已加工完毕但尚未检验或已检验但尚未办理入库手续的产品。

3. 半成品

半成品是指经过一定生产过程并已检验合格交付半成品仓库保管,但尚未制造完工,仍需进一步加工的中间产品。

4. 产成品

产成品是指企业已经完成全部生产过程并已验收入库,可以按照合同规定的条件送交订货单位,或者可以作为商品对外销售的产品。企业接受来料加工制造的代制品和为其他企业加工修理的代修品,制造和修理完成验收入库后,应视同企业的产成品。

5. 商品

商品是指商品流通企业外购或委托加工完成验收入库用于销售的各种商品。

6. 包装物

包装物是指为了包装本企业的商品而储备的各种包装容器,如桶、箱、瓶、坛、袋等。包装物的主要作用是盛装、装饰产品或商品。

7. 低值易耗品

低值易耗品是指不能作为固定资产核算的各种用具物品,如工具、管理用具、玻璃器皿、劳动保护用品以及在经营过程中周转使用的容器等。低值易耗品的特点是单位价值较低,使用期限相对于固定资产较短,在使用过程中能保持其原有实物形态基本不变。

8. 委托代销商品

委托代销商品是指企业委托其他单位代销的商品。

(二) 存货成本的确定

1. 存货成本的内容

存货成本包括存货采购成本、存货加工成本和存货其他成本。

(1) 存货采购成本。存货采购成本包括购买价款、相关税费、运输费、装卸费、保险费以及其他可归属于存货采购成本的费用。其中,存货的购买价款是指企业购入的材料或商品的发票账单上列明的价款,但不包括按照规定可以抵扣的增值税进项税额。存货的相关税费是指企业购买存货发生的进口关税、消费税、资源税和不能抵扣的增值税进项税额,以及相应的教育费附加等应计入存货采购成本的税费。

商品流通企业在采购商品过程中发生的运输费、装卸费、保险费以及其他可归属于存货采购成本的费用等进货费用,应当计入存货采购成本,也可以先进行归集,期末根据所购商品的存销情况进行分摊。对于已售商品的进货费用,计入当期损益;对于未售商品的进货费用,计入期末存货成本。企业采购商品的进货费用金额较小的,可以在发生时直接计入当期损益。

(2) 存货加工成本。存货的加工成本是指在存货加工过程中发生的追加费用,包括直接人工以及按照一定方法分配的制造费用。直接人工是指企业在生产产品过程中发生的直接从事产品生产人员的职工薪酬等。制造费用是指企业为生产产品而发生的各项间接费用。

(3) 存货其他成本。存货的其他成本是指除采购成本、加工成本以外的,使其到达目前场所和状态所发生的其他支出。为特定客户设计产品所发生的、可直接确定的设计费用应计入存货的成本,但是企业设计产品发生的设计费用通常应计入当期损益。

2. 存货成本的构成

原材料、商品、低值易耗品等通过购买而取得存货的成本主要由采购成本构成,产成品、在产品、半成品等自制或需委托其他企业加工完成的存货成本由采购成本、加工成本以及使存货达到目前场所和状态所发生的其他支出构成。

(1) 购入存货的成本包括买价、运杂费(包含运输费、装卸费、保险费、包装费、仓储费等)、运输途中的合理损耗、入库前的挑选整理费用以及按规定应计入存货成本的税费和其他费用。

(2) 自制的存货包括自制原材料、自制包装物、自制低值易耗品、自制半成品及库存商品等,自制存货的成本包括直接材料、直接人工和制造费用等各项实际支出。

(3) 委托外单位加工完成的存货包括加工后的原材料、包装物、低值易耗品、半成品、产成品等,其成本包括实际耗用的原材料或者半成品、加工费、装卸费、保险费、委托加工的往返运输费等费用以及按规定应计入存货成本的税费。非正常消耗的直接材料、直接人工和制造费用、仓储费,不能归属于使存货到达目前场所和状态的其他支出,应在发生时计入当期损益,不得计入存货成本。但是,在生产过程中为达到下一个生产阶段所必需的仓储费用应计入存货成本。

二、发出存货的计价方法

企业应当根据各类存货的实物流转方式、企业管理的要求、存货的性质等实际情况,合理地确定发出存货成本的计算方法,以及当期发出存货的成本。对于性质和用途相同的存货,应当采用相同的成本计算方法确定发出存货的成本。实务中企业发出的存货可以按实际成本核算,也可以按计划成本核算,如采用计划成本核算,会计期末应调整为实际成本。在实际成本法下,企业可以采用个别计价法、先进先出法、月末一次加权平均法和移动平均法等发出存货的计价方法。

实操 5-1 存货发出计价方法

(一) 个别计价法

个别计价法是假设存货具体项目的实物流转与成本流转相一致,按照各种存货逐一辨认各批发出存货和期末存货所属的购进批别或生产批别,分别按其购入或生产时所确定的单位成本计算各批发出存货和期末存货成本的方法。在这种方法下,把每一种存货的实际成本作为计算发出存货成本和期末存货成本的基础。

个别计价法的成本计算准确,符合实际情况,但在存货收发频繁的情况下,其发出成本计算的工作量较大。因此,这种方法适用于一般不能替代使用的存货、为特定项目专门购入或制造的存货以及提供的劳务,如珠宝、名画等贵重物品。

(二) 先进先出法

先进先出法是指以先购入的存货应先发出的一种存货实物流转假设为前提,对发出存货进行计价的一种方法。采用这种方法,先购入的存货在后购入存货成本之前转出,据此确定发出存货和期末存货的成本。具体方法是:购入存货时,逐笔登记收入存货的数量、单价和金额;发出存货时,按照先进先出的原则逐笔登记存货的发出成本和结存金额。

先进先出法可以随时结转存货发出成本,但较烦琐。当存货收发业务较多且存货单价不稳定时,其工作量较大。在物价持续上升时,期末存货成本接近于市价,而发出成本偏低,会高估企业当期利润和期末存货价值;反之,会低估企业当期利润和期末存货价值。先进先出法下材料的收入、发出和结存明细如表5-1所示。

表 5-1　　　　　　　　　先进先出法下的收入、发出、结存明细

数量单位:件
金额单位:元

微课 5-2
存货发出
计价方法

2025年		摘要	收入			发出			结存		
月	日		数量	单价	金额	数量	单价	金额	数量	单价	金额
7	1	结存							100	10	1 000
	10	购入	300	12	3 600				100 300	10 12	4 600
	13	发出				100 80	10 12	1 960	220	12	2 640
	18	购入	200	13	2 600				220 200	12 13	5 240
	27	发出				220 50	12 13	3 290	150	13	1 950
	31	合计	500		6 200	450		5 250			1 950

(三) 月末一次加权平均法

月末一次加权平均法是指月初结存存货成本加上本月进货成本,除以月初结存存货数量加上本月各批进货数量之和,计算出存货加权平均单位成本,以此为基础计算本月发出存货的成本和月末结存存货成本的一种方法。相关计算公式如下:

$$加权平均单价 = \frac{月初结存存货成本 + 本月收入存货成本}{月初结存存货数量 + 本月收入存货数量}$$

$$本月发出存货成本 = 本月发出存货数量 \times 加权平均单价$$

$$月末库存存货成本 = 月末库存存货数量 \times 加权平均单价$$

或:

$$月末结存存货成本 = 月初结存存货成本 + 本月收入存货成本 - 本月发出存货成本$$

月末一次加权平均法下的收入、发出和结存明细如表5-2所示。

表 5-2　　　　　　　月末一次加权平均法下的收入、发出、结存明细

数量单位:件
金额单位:元

2025年		摘要	收入			发出			结存		
月	日		数量	单价	金额	数量	单价	金额	数量	单价	金额
7	1	结存							100	10	1 000
	10	购入	300	12	3 600						
	13	发出				180					
	18	购入	200	13	2 600						
	27	发出				270					
	31	合计	500		6 200	450	12	5 400	150	12	1 800

根据表 5-2 可以计算材料平均单位成本：

材料平均单位成本＝（月初结存金额＋本月入库金额）÷（月初结存数量＋本月入库数量）
　　　　　　　　＝（1 000＋3 600＋2 600）÷（100＋300＋200）＝12(元)

（四）移动平均法

移动平均法又称移动加权平均法，指本次收货的成本加原库存的成本，除以本次存货的数量加原存货的数量，据以计算加权单价，并对发出存货进行计价的一种方法。移动加权平均单价计算公式如下：

$$移动加权平均单价 = \frac{本次购入前结存成本＋本次购入成本}{本次购入前结存量＋本次购入量}$$

移动平均法下的收入、发出和结存明细如表 5-3 所示。

表 5-3　　　　　　　移动平均法下的收入、发出、结存明细

数量单位：件
金额单位：元

2025 年		摘要	收入			发出			结存		
月	日		数量	单价	金额	数量	单价	金额	数量	单价	金额
7	1	结存							100	10	1 000
	10	购入	300	12	3 600				400	11.5	4 600
	13	发出				180	11.5	2 070	220	11.5	2 530
	18	购入	200	13	2 600				420	12.21	5 130
	27	发出				270	12.21	3 297	150	12.21	1 833
	31	合计	500		6 200	450		5 367	150	12.21	1 833

根据表 5-3 可以计算材料每批入库后平均单位成本：

材料每批入库后平均单位成本＝（入库前结存＋本批入库）金额÷（入库前结存＋本批入库）数量
　　　　　　　　　　　　　＝（1 000＋3 600）÷（100＋300）＝11.5(元)

采用移动加权平均法能够使企业管理层及时了解存货的结存情况，计算的存货加权平均单位成本以及发出和结存的存货成本比较客观。但由于每次收货都要计算一次存货加权平均单位成本，计算工作量较大，对收发货较频繁的企业不太适用。

【任务实施 5-1】

2 月 5 日购入的 100 件商品成本为 6 000 元(100×60)。
2 月 15 日销售了 80 件商品，所以销售成本为 4 800 元(80×60)。

任务二　原材料核算

【任务发布 5-2】

新科门业 2025 年 1 月 1 日原材料期初余额如下：

A材料500千克,单位成本为50元,总成本为25 000元;B材料2 000千克,计划单位成本为55元,计划总成本110 000元。"在途物资——A材料"账户期初余额为82 500元。"材料成本差异"账户期初贷方余额为1 200元,本月发生有关材料收入和发出业务如下:

(1) 3日,收到上月采购的A材料1 650千克,成本为82 500元,材料已验收入库。A材料采用实际成本法核算。

(2) 5日接到通知,从外地采购B材料一批共计5 000千克,增值税专用发票上注明材料价款为260 000元,增值税税额为33 800元,取得的铁路运输增值税发票上注明:运费为5 000元,增值税税额为450元,款项及运费已通过银行支付,材料尚未收到。B材料采用计划成本法核算。

(3) 12日,从华阳商贸购入A材料一批共计1 500千克,增值税专用发票上注明材料价款为75 000元,增值税税额为9 750元,根据货款及增值税的金额签发为期3个月的无息商业承兑汇票一张,材料尚在运输途中。

(4) 15日,5日从外地采购的B材料运到,验收入库,计划单位成本为55元。

(5) 22日,接到材料保管部门通知,从华阳商贸购入A材料1 500千克已经到达,验收入库时发现短缺300千克,原因待查。

(6) 25日,从华阳商贸购入A材料短缺300千克经调查其中100千克属于运输途中合理损耗,另外200千克原因不明,经与运输单位、保险公司协商,运输单位、保险公司各承担50%。

(7) 31日,本月发出材料的情况如下:基本生产车间生产产品直接领用A材料1 500千克、B材料5 500千克;基本生产车间一般耗用A材料200千克、B材料300千克;管理部门领用B材料300千克。

请为新科门业作以上业务的账务处理。

知识准备

一、认识原材料

微课5-3
原材料按
实际成本
计价

原材料是指企业在生产过程中经过加工改变其形态或性质并构成产品主要实体的各种原料、主要材料和外购半成品,以及不构成产品实体但有助于产品形成的辅助材料。原材料具体包括原料及主要材料、辅助材料、外购半成品(外购件)、修理用备件、包装材料、燃料等。原材料的日常收入、发出及结存可以采用实际成本核算,也可以采用计划成本核算。

二、实际成本法下原材料的核算

原材料的会计核算分为购入和发出环节的会计核算,其中购入材料分为材料已验收入库,货款已经支付;货款已经支付,材料尚未到达或尚未验收入库;材料已验收入库,货款尚未支付;货款已经预付,材料尚未验收入库等不同情况的会计核算。

企业发出材料主要有以下几种情形:生产经营领用材料,企业按照领用材料的用途,借记"生产成本""制造费用""销售费用""管理费用"等账户,贷记"原材料"账户;出售材料结转成本,借记"其他业务成本"账户,贷记"原材料"账户;发出委托外单位加工的材料,借记"委托加工物资"账户,贷记"原材料"账户。

企业采用实际成本法进行材料日常核算,发出材料的实际成本,可以采用个别计价法、先进先出法、月末一次加权平均法或移动加权平均法确定。

企业各生产单位及有关部门具有领用的材料种类多、业务频繁等特点。为了简化核算,企业可以在月末根据"领料单"或"限额领料单"中有关领料的单位、部门等加以归类,编制"领料凭证汇总表",据以编制记账凭证并登记入账。发出材料实际成本的确定,可以由企业从上述个别计价法、先进先出法、月末一次加权平均法和移动加权平均法等方法中选择。计价方法一经确定,不得随意变更。如需变更,应在附注中予以说明。

三、计划成本法下原材料的核算

材料采用计划成本法核算时,材料的收入、发出及结存,无论总分类核算还是明细分类核算,均按照计划成本计价。企业应设置"原材料""材料采购""材料成本差异"等账户。材料实际成本与计划成本的差异,通过"材料成本差异"账户核算。月末计算本月发出材料应负担的成本差异并进行分摊,根据领用材料的用途计入相关资产的成本或者当期损益,将发出材料的计划成本调整为实际成本。原材料按计划成本核算涉及的主要会计账户及对应关系如图5-1所示。

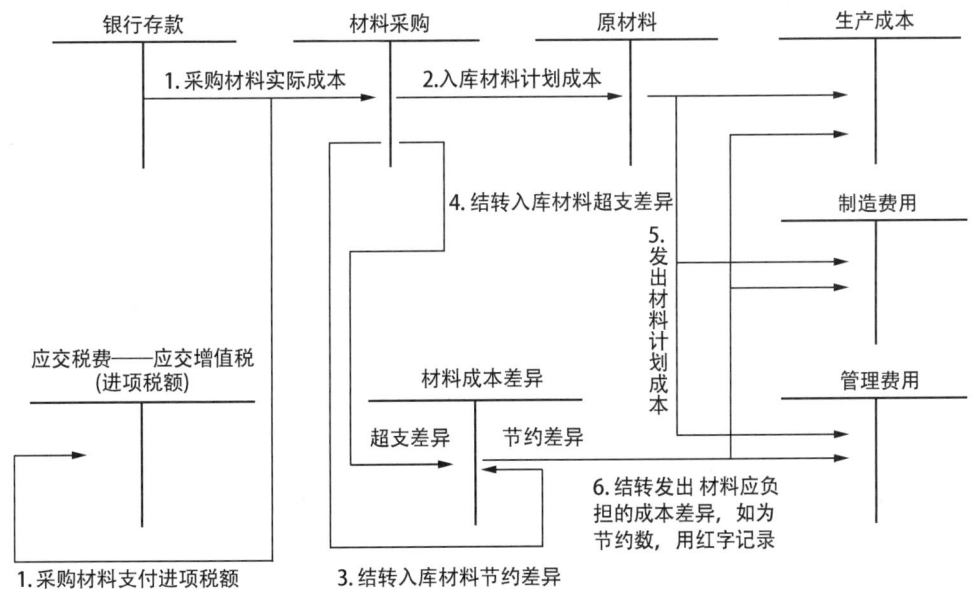

图5-1 原材料按计划成本核算涉及的主要会计账户及对应关系

在计划成本法下,购入的材料无论是否验收入库,都要先通过"材料采购"账户进行核算,以反映企业所购材料的实际成本,从而与"原材料"账户相比较,计算确定材料成本差异。

企业购入验收入库的材料,按计划成本,借记"原材料"账户,贷记"材料采购"账户;

按实际成本大于计划成本的差异,借记"材料成本差异"账户,贷记"材料采购"账户;实际成本小于计划成本的差异,借记"材料采购"账户,贷记"材料成本差异"账户。企业也可以集中在月末一次性对本月已付款的入库材料汇总核算,记入"原材料"账户,同时结转材料成本差异。

在企业采用计划成本法对材料进行日常核算的情况下,企业发出材料同样也主要有以下几种情形:生产经营领用材料,企业按照领用材料的用途和计划成本,借记"生产成本""制造费用""销售费用""管理费用"等账户,贷记"原材料"账户。出售材料结转成本,按出售材料计划成本,借记"其他业务成本"账户,贷记"原材料"账户。发出委托外单位加工的材料,按发出委托加工材料计划成本,借记"委托加工物资"账户,贷记"原材料"账户。

根据《企业会计准则第1号——存货》的规定,企业日常采用计划成本法核算的,发出的材料成本应由计划成本调整为实际成本,通过"材料成本差异"账户进行结转,按照所发出材料的用途,分别记入"生产成本""制造费用""销售费用""管理费用""其他业务成本""委托加工物资"等账户。发出材料应负担的成本差异应当按期(月)分摊,不得在季末或年末一次计算,本期材料成本差异率的计算公式如下:

$$材料成本差异率 = \frac{期初结存材料的成本差异 + 本期验收入库材料的成本差异}{期初结存材料的计划成本 + 本期验收入库材料的计划成本} \times 100\%$$

$$发出材料应负担的成本差异 = 发出材料的计划成本 \times 本期材料成本差异率$$

如果企业的材料成本差异率各期之间是比较均衡的,也可以采用期初材料成本差异率分摊本期的材料成本差异,年度终了应对材料成本差异率进行核实调整,具体计算公式如下:

$$期初材料成本差异率 = \frac{期初结存材料的成本差异}{期初结存材料的计划成本} \times 100\%$$

$$发出材料应负担的成本差异 = 发出材料的计划成本 \times 期初材料成本差异率$$

为了简化核算,企业平时发出原材料可以不编制会计分录,通常在月末,根据领料单等编制"领料凭证汇总表"结转发出材料的计划成本,按计划成本分别借记"生产成本""制造费用""销售费用""管理费用""其他业务成本""委托加工物资"等账户,贷记"原材料"账户,同时结转材料成本差异。

【任务实施5-2】

新科门业上述业务的会计分录为:

(1) 1月3日,材料验收入库时的会计分录为:

借:原材料——A材料　　　　　　　　　　　　　　　82 500
　　贷:在途物资——A材料　　　　　　　　　　　　82 500

(2) 进项税额=33 800+450=34 250(元)

1月5日,接到通知时的计算及会计分录为:

借:材料采购——B材料　　　　　　　　　　　　　265 000
　　应交税费——应交增值税(进项税额)　　　　　 34 250
　　贷:银行存款　　　　　　　　　　　　　　　　299 250

(3) 1月12日,购入A材料的会计分录为:

借:在途物资——A材料　　　　　　　　　　　　　　　　75 000
　　应交税费——应交增值税(进项税额)　　　　　　　　　9 750
　　贷:应付票据——NH公司　　　　　　　　　　　　　　　84 750

(4) 1月15日,购入B材料的会计分录为:

借:原材料——B材料　　　　　　　　　　　　　　　　　275 000
　　贷:材料采购——B材料　　　　　　　　　　　　　　　265 000
　　　　材料成本差异　　　　　　　　　　　　　　　　　10 000

(5) 1月22日,A材料验收入库时的计算及会计分录为:

入库A材料实际成本＝1 200×(75 000÷1 500)＝60 000(元)
短缺A材料实际成本＝300×(75 000÷1 500)＝15 000(元)
短缺A材料应承担的进项税额＝15 000×13％＝1 950(元)

借:原材料——A材料　　　　　　　　　　　　　　　　　60 000
　　贷:在途物资——A材料　　　　　　　　　　　　　　　60 000
借:待处理财产损溢——待处理流动资产损溢　　　　　　　16 950
　　贷:在途物资——A材料　　　　　　　　　　　　　　　15 000
　　　　应交税费——应交增值税(进项税额转出)　　　　　1 950

(6) 1月25日,发现A材料短缺的会计分录为:

借:在途物资——A材料　　　　　　　　　　　　　　　　5 000
　　应交税费——应交增值税(进项税额)　　　　　　　　　650
　　贷:待处理财产损溢——待处理流动资产损溢　　　　　　5 650
借:原材料——A材料　　　　　　　　　　　　　　　　　5 000
　　贷:在途物资——A材料　　　　　　　　　　　　　　　5 000
借:其他应收款——保险公司　　　　　　　　　　　　　　5 650
　　　　　　　　——运输单位　　　　　　　　　　　　　5 650
　　贷:待处理财产损溢——待处理流动资产损溢　　　　　　11 300

(7) 1月31日,本月发出材料的计算及会计分录为:

B材料成本差异率＝(－1 200－10 000)÷(110 000＋275 000)×100％＝－3％

借:生产成本　　　　　　　　　　　　　　　　　　　　　75 000
　　制造费用　　　　　　　　　　　　　　　　　　　　　10 000
　　贷:原材料——A材料　　　　　　　　　　　　　　　　85 000
借:生产成本　　　　　　　　　　　　　　　　　　　　　302 500
　　制造费用　　　　　　　　　　　　　　　　　　　　　16 500
　　管理费用　　　　　　　　　　　　　　　　　　　　　16 500
　　贷:原材料——B材料　　　　　　　　　　　　　　　　335 500
借:材料成本差异　　　　　　　　　　　　　　　　　　　10 065
　　贷:生产成本　　　　　　　　　　　　　　　　　　　9 075
　　　　制造费用(55×300×3％)　　　　　　　　　　　　495
　　　　管理费用(55×300×3％)　　　　　　　　　　　　495

任务三　周转材料核算

【任务发布5-3】

新科门业2025年5月1日周转材料库存资料如下：

A包装物，单价为100元，380件共计38 000元；B工具，单价为10元，3 500支共计35 000元。2025年5月份发生周转材料业务如下：

(1) 1日，某生产车间领用A包装物120件，成本为12 000元，该包装物是产品的一部分。

(2) 3日，销售某产品时，有随产品出售但不单独计价的A包装物30件，成本共计3 000元。

(3) 5日，基本生产车间领用B工具200支，成本为2 000元，采用一次摊销法。4个月后上述工具不能继续使用，公司决定将上述工具报废。残料已入库，价值100元。

(4) 8日，销售某产品时，随产品出售单独计价的A包装物一批有40件，增值税专用发票注明的价款为5 000元，增值税销项税额为650元，款项已通过银行收回。

(5) 10日，生产车间领用2 000支B工具，共计20 000元。使用一段时间后报废，残料作价800元入库。采用分次摊销法进行摊销。该批工具估计使用次数为2次。

(6) 12日，出租新A包装物10件，总计1 000元，收取押金1 200元，租金为每月1 500元，采用一次摊销法核算（不考虑税费）。

(7) 15日，出借新A包装物60件，总计6 000元，收取押金7 000元，采用分次摊销法进行摊销。A包装物估计使用次数为2次。

(8) 22日，生产车间领用B工具1 000支，成本为10 000元，采用分次摊销法进行摊销。B工具估计使用次数为2次。

请为新科门业作以上业务的账务处理。

知识准备

一、认识周转材料

（一）周转材料的概念

周转材料是指企业能够多次使用，不符合固定资产定义，逐渐转移其价值但仍保持原有形态的材料物品。企业的周转材料包括包装物和低值易耗品等。

（二）周转材料的内容

1. 包装物

包装物是指为了包装商品而储备的各种包装容器，如桶、箱、瓶、坛、袋等，具体包括：

(1) 生产过程中用于包装产品作为产品组成部分的包装物。

(2) 随同商品出售而不单独计价的包装物。
(3) 随同商品出售单独计价的包装物。
(4) 出租或出借给购买方使用的包装物。

2. 低值易耗品

低值易耗品是指单项价值在规定限额以下或使用期限不满1年,能多次使用且基本保持其实物形态的劳动资料。作为存货核算和管理的低值易耗品,一般划分为一般工具、专用工具、替换设备、管理用具、劳动保护用品和其他用具等。

二、包装物的核算

为了反映和监督包装物的增减变动及其价值损耗、结存等情况,企业应当设置"周转材料——包装物"账户进行核算,借方登记包装物的增加,贷方登记包装物的减少,期末余额在借方,反映企业期末结存包装物的金额。多次使用的包装物应当根据使用次数分次进行摊销。

(一) 生产领用包装物的核算

生产领用包装物,应按照领用包装物的实际成本,借记"生产成本"账户,按照领用包装物的计划成本,贷记"周转材料——包装物"账户,按照其差额,借记或贷记"材料成本差异"账户。

(二) 随同商品出售包装物的核算

1. 随同商品出售不单独计价的包装物

随同商品出售不单独计价的包装物,应按其实际成本计入销售费用,借记"销售费用"账户,按其计划成本,贷记"周转材料——包装物"账户,按其差额,借记或贷记"材料成本差异"账户。

2. 随同商品出售而单独计价的包装物

随同商品出售而单独计价的包装物,按照实际取得的金额,借记"银行存款"等账户,按照其销售收入,贷记"其他业务收入"账户,按照增值税专用发票上注明的增值税税额,贷记"应交税费——应交增值税(销项税额)"账户;同时,结转所销售包装物的成本,应按其实际成本计入其他业务成本,借记"其他业务成本"账户,按其计划成本,贷记"周转材料——包装物"账户,按其差额,借记或贷记"材料成本差异"账户。

(三) 出租或出借包装物的核算

企业因销售产品或商品、将包装物以出租或出借的形式,租给或借给客户暂时使用,并与客户约定一定时间内收回包装物。

1. 出租或出借包装物发出的核算

企业出租、出借包装物时,应根据包装物出库等凭证列明的金额,借记"周转材料——包装物——出租包装物(或出借包装物)"账户,贷记"周转材料——包装物——库存包装物"账户。包装物如按计划成本计价,还应同时结转材料成本差异。

2. 出租或出借包装物押金和租金的核算

为了保证及时返还和承担妥善保管包装物的经管责任,企业出租或出借包装物时,一般要向客户收取一定数额的押金,即存入保证金。企业归还包装物时将押金退还给客户。收取包装物押金时,借记"库存现金""银行存款"等账户,贷记"其他应付款——存入

保证金"账户;退还押金时,编制相反的会计分录。

出租包装物是企业(专门经营包装物租赁除外)的一项其他业务活动。出租期间,企业按约定收取的包装物租金。企业借记"库存现金""银行存款""其他应收款"等账户,贷记"其他业务收入"账户。

3. 出租或出借包装物发生相关费用的核算

出租或出借包装物发生的相关费用包括包装物的摊销费用和包装物的维修费用两方面。

企业按照规定的摊销方法,对包装物进行摊销时,借记"其他业务成本"(出租包装物)、"销售费用"(出借包装物)账户,贷记"周转材料——包装物——摊销"账户。

企业确认应由其负担的包装物修理费用等支出时,借记"其他业务成本"(出租包装物)、"销售费用"(出借包装物)账户,贷记"库存现金""银行存款""原材料""应付职工薪酬"等账户。

三、低值易耗品的核算

为了反映和监督低值易耗品的增减变动及其结存情况,企业应当设置"周转材料——低值易耗品"账户,该账户借方登记低值易耗品的增加,贷方登记低值易耗品的减少,期末余额在借方,通常反映企业期末结存低值易耗品的金额。

低值易耗品等企业的周转材料符合存货定义和条件的,按照使用次数分次计入成本费用。金额较小的,可在领用时一次计入成本费用,但为加强实物管理,应当在备查簿中进行登记。

采用分次摊销法摊销低值易耗品的,低值易耗品在领用时摊销其账面价值的单次平均摊销额。分次摊销法适用于可供多次反复使用的低值易耗品。在采用分次摊销法的情况下,需要单独设置"周转材料——低值易耗品——在用""周转材料——低值易耗品——在库""周转材料——低值易耗品——摊销"明细账户。

五五摊销法是指在低值易耗品领用时摊销其价值的一半,在报废时再摊销其价值的另一半并注销其总成本的一种摊销方法。领用时,按其账面价值,借记"周转材料——低值易耗品——在用"账户,贷记"周转材料——低值易耗品——在库"账户,并摊销一半的账面价值,借记"销售费用""管理费用""生产成本""其他业务成本"等账户,贷记"周转材料——低值易耗品——摊销"账户;报废时,摊销另一半账面价值,借记"销售费用""管理费用""生产成本""其他业务成本"等账户,贷记"周转材料——低值易耗品——摊销"账户,并转销全部的周转材料已计提在用的摊销额,借记"周转材料——低值易耗品——摊销"账户,贷记"周转材料——低值易耗品——在用"账户。

【任务实施5-3】

新科门业上述周转材料业务的会计分录如下:

(1) 5月1日,领用A包装物时的会计分录为:

借:生产成本　　　　　　　　　　　　　　　　　　　　　　　　　　12 000
　　贷:周转材料——包装物　　　　　　　　　　　　　　　　　　　　　　12 000

(2) 5月3日,销售某产品时的会计分录为:

借:销售费用　　　　　　　　　　　　　　　　　　　　　　　　3 000
　　贷:周转材料——包装物　　　　　　　　　　　　　　　　　　　　3 000

(3) 5月5日,领用B工具时的会计分录为:

借:制造费用　　　　　　　　　　　　　　　　　　　　　　　　2 000
　　贷:周转材料——低值易耗品　　　　　　　　　　　　　　　　　　2 000

4个月后报废,收回残料验收入库时的会计分录为:

借:原材料　　　　　　　　　　　　　　　　　　　　　　　　　　100
　　贷:制造费用　　　　　　　　　　　　　　　　　　　　　　　　　100

(4) 5月8日,销售某产品的会计分录为:

借:银行存款　　　　　　　　　　　　　　　　　　　　　　　　5 650
　　贷:其他业务收入　　　　　　　　　　　　　　　　　　　　　　5 000
　　　　应交税费——应交增值税(销项税额)　　　　　　　　　　　　650

结转销售成本时的会计分录为:

借:其他业务成本　　　　　　　　　　　　　　　　　　　　　　4 000
　　贷:周转材料——包装物　　　　　　　　　　　　　　　　　　　　4 000

(5) 5月10日,领用2 000只B工具的会计分录为:

借:周转材料——低值易耗品——在用　　　　　　　　　　　　　20 000
　　贷:周转材料——低值易耗品——在库　　　　　　　　　　　　　　20 000

第一次摊销时的会计分录为:

借:制造费用　　　　　　　　　　　　　　　　　　　　　　　10 000
　　贷:周转材料——低值易耗品——摊销　　　　　　　　　　　　　10 000

第二次摊销时的会计分录为:

借:制造费用　　　　　　　　　　　　　　　　　　　　　　　10 000
　　贷:周转材料——低值易耗品——摊销　　　　　　　　　　　　　10 000

同时冲销已报废低值易耗品留存在其明细账上的在用数和摊销数,此时的会计分录为:

借:周转材料——低值易耗品——摊销　　　　　　　　　　　　　20 000
　　贷:周转材料——低值易耗品——在用　　　　　　　　　　　　　20 000

报废的管理用具残料作价800元。

入废料仓库时的会计分录为:

借:原材料　　　　　　　　　　　　　　　　　　　　　　　　　800
　　贷:制造费用　　　　　　　　　　　　　　　　　　　　　　　　800

(6) 5月12日,出租新A包装物的会计分录为:

借:其他业务成本　　　　　　　　　　　　　　　　　　　　　　　　　1 000
　　贷:周转材料——包装物　　　　　　　　　　　　　　　　　　　　　　　1 000

收到押金时的会计分录为:

借:银行存款　　　　　　　　　　　　　　　　　　　　　　　　　　　1 200
　　贷:其他应付款——包装物押金　　　　　　　　　　　　　　　　　　　　1 200

收到押金时的会计分录为:

借:银行存款　　　　　　　　　　　　　　　　　　　　　　　　　　　1 500
　　贷:其他业务收入　　　　　　　　　　　　　　　　　　　　　　　　　1 500

退还押金时的会计分录为:

借:其他应付款——包装物押金　　　　　　　　　　　　　　　　　　　　1 200
　　贷:银行存款　　　　　　　　　　　　　　　　　　　　　　　　　　　1 200

(7) 5月17日,出借新A包装物的会计分录为:

借:周转材料——包装物——在用　　　　　　　　　　　　　　　　　　6 000
　　贷:周转材料——包装物——在库　　　　　　　　　　　　　　　　　　　6 000

第一次领用摊销其价值的一半时的会计分录为:

借:销售费用　　　　　　　　　　　　　　　　　　　　　　　　　　　3 000
　　贷:周转材料——包装物——摊销　　　　　　　　　　　　　　　　　　　3 000

收到押金时的会计分录为:

借:银行存款　　　　　　　　　　　　　　　　　　　　　　　　　　　7 000
　　贷:其他应付款——包装物押金　　　　　　　　　　　　　　　　　　　　7 000

退还押金时的会计分录为:

借:其他应付款——包装物押金　　　　　　　　　　　　　　　　　　　　7 000
　　贷:银行存款　　　　　　　　　　　　　　　　　　　　　　　　　　　7 000

第二次出借摊销其价值的一半时的会计分录为:

借:销售费用　　　　　　　　　　　　　　　　　　　　　　　　　　　3 000
　　贷:周转材料——包装物——摊销　　　　　　　　　　　　　　　　　　　3 000

同时冲销时的会计分录为:

借:周转材料——包装物——摊销　　　　　　　　　　　　　　　　　　6 000
　　贷:周转材料——包装物——在用　　　　　　　　　　　　　　　　　　　6 000

(8) 5月22日,领用1 000只B工具的会计分录为:

借:周转材料——低值易耗品——在用　　　　　　　　　　　　　　　　10 000
　　贷:周转材料——低值易耗品——在库　　　　　　　　　　　　　　　　　10 000

第一次领用时摊销其价值的一半时的会计分录为：

借：制造费用　　　　　　　　　　　　　　　　　　　　　　5 000
　　贷：周转材料——低值易耗品——摊销　　　　　　　　　　5 000

第二次领用时摊销其价值的一半时的会计分录为：

借：制造费用　　　　　　　　　　　　　　　　　　　　　　5 000
　　贷：周转材料——低值易耗品——摊销　　　　　　　　　　5 000

同时冲销已报废低值易耗品留存在其明细账上的在用数和摊销数时的会计分录为：

借：周转材料——低值易耗品——摊销　　　　　　　　　　　10 000
　　贷：周转材料——低值易耗品——在用　　　　　　　　　　10 000

任务四　委托加工物资核算

【任务发布5-4】

（1）2024年5月13日，新科门业委托贵州智能加工有限公司（简称智能加工）加工门把手，发出材料的计划成本为70 000元，材料成本差异率为4%。

（2）7月13日，智能加工将上述门把手运送到新科门业，增值税专用发票上注明的运费为2 000元，增值税税额为180元，款项以银行存款支付。

（3）7月23日，新科门业支付上述门把手的加工费用，增值税专用发票上注明的加工费为20 000元，增值税税额为2 600元，款项以银行存款支付。

（4）7月23日，新科门业收回代加工的钢丝，增值税专用发票上注明的运费为3 000元，增值税税额为270元，以银行存款支付。该钢丝已验收入库，其计划成本为98 000元。

请为新科门业作以上业务的账务处理。

知识准备

一、认识委托加工物资

委托加工物资是指企业委托外单位加工的各种材料、商品等物资。与材料或商品销售不同，委托加工材料发出后，虽然其保管地点发生变化，但材料或商品仍属于企业存货范畴。经过加工，材料或商品不仅实物形态、性能和使用价值可能发生变化，加工过程中也要消耗其他材料，产生加工费、税费，导致被加工材料或商品的成本增加。

企业委托外单位加工物资的成本包括加工实际耗用物资的成本、支付的加工费用及应负担的运杂费、支付的税费等。委托加工物资核算内容主要包括发出委托加工物资、

微课5-6
委托加工
物资

支付加工费用和税金、收回加工物资和剩余物资等。

二、委托加工物资的账务处理

为了反映和监督委托加工物资增减变动及其结存情况,企业应当设置"委托加工物资"账户,借方登记委托加工物资的实际成本,贷方登记加工完成验收入库物资的实际成本和剩余物资的实际成本,期末余额在借方,反映企业尚未完工的委托加工物资实际成本等。委托加工物资也可以采用计划成本法或售价金额核算法进行核算,其方法与库存商品相关业务会计处理基本相同。

企业向外单位发出加工物资时,一般应借记"委托加工物资"账户,贷记"原材料"等账户;如果采用计划成本法或售价金额核算法核算的,还应同时结转材料成本差异或商品进销差价,贷记或借记"材料成本差异"账户,或借记"商品进销差价"账户。企业向外单位发出加工物资支付的运费,一是计入委托加工物资成本,借记"委托加工物资"账户;二是将可抵扣的增值税进项税额,借记"应交税费——应交增值税(进项税额)"账户,贷记"银行存款"等账户。

需要缴纳消费税的委托加工物资,由受托方代收代缴的消费税,收回后用于直接销售,借记"委托加工物资"账户;收回后用于继续加工应税消费品,贷记"应交税费——应交消费税"账户。

委托加工物资收回时,借记"原材料"等账户,贷记"委托加工物资"账户;如果采用计划成本法核算,借记或贷记"材料成本差异"账户。

【任务实施5-4】

新科门业会计处理上述周转材料业务的会计分录为:

(1) 5月13日,委托加工门把手的会计分录为:

借:委托加工物资——门把手　　　　　　　　　　　　　　72 800
　　贷:原材料——门把手　　　　　　　　　　　　　　　　　　70 000
　　　　材料成本差异——门把手　　　　　　　　　　　　　　　2 800

(2) 7月13日,移交门把手的会计分录为:

借:委托加工物资——门把手　　　　　　　　　　　　　　2 000
　　应交税费——应交增值税(进项税额)　　　　　　　　　180
　　贷:银行存款——工商银行存款　　　　　　　　　　　　　2 180

(3) 7月23日,支付门把手的加工费用的会计分录为:

借:委托加工物资——门把手　　　　　　　　　　　　　　20 000
　　应交税费——应交增值税(进项税额)　　　　　　　　　2 600
　　贷:银行存款——工商银行存款　　　　　　　　　　　　　22 600

(4) 7月23日,收回代加工的钢丝的会计分录为:

支付运费时:

借:委托加工物资——钢丝　　　　　　　　　　　　　　　3 000
　　应交税费——应交增值税(进项税额)　　　　　　　　　270
　　贷:银行存款——工商银行存款　　　　　　　　　　　　　3 270

收回钢丝并入库时：

借：原材料——钢丝　　　　　　　　　　　　　　　　　　98 000
　　贷：委托加工物资——钢丝　　　　　　　　　　　　　　97 800
　　　　材料成本差异——钢丝　　　　　　　　　　　　　　　200

任务五　库存商品核算

【任务发布5-5】

（1）新科门业为增值税一般纳税人，本月购入A商品1 000件，增值税专用发票中注明的单价为300元、增值税税额为39 000元。发票等结算凭证与商品已同时到达货款已通过银行转账支付。

（2）新科门业采用毛利率法进行核算。2024年3月1日，科技门库存余额为18 000 000元，本月购进30 000 000元科技门，本月销售收入为34 000 000元，上季度该类商品毛利率为25%。

（3）新科门业采用售价金额核算法进行核算。2024年7月1日，期初库存商品的进价成本总额为1 000 000元，售价总额为1 100 000元；本月选购商品的进价成本总额为750 000元，售价总额为900 000元，本月销售收入共计为200 000元。

（4）新科门业2024年5月的月初库存商品的进价成本为150 000元，销售金额为180 000元。本月发生如下购销业务：1日，购进商品一批，进价300 000元（不含增值税），总售价为360 000元；15日，销售商品一批，不含税售价为240 000元，已开出增值税专用发票，款项收存银行，商品已发出；30日，结转本月已销售商品应分摊的进销差价。

请为新科门业作以上业务的账务处理。

知识准备

一、认识库存商品

库存商品是指企业完成全部生产过程并已验收入库、合乎标准规格和技术条件，可以按照合同规定的条件送交订货单位，或可以作为商品对外销售的产品以及外购或委托加工完成验收入库用于销售的各种商品。

库存商品包括库存产成品、外购商品、存放在门市部准备出售的商品、发出展览的商品、寄存在外的商品、接受来料加工制造的代制品和为外单位加工修理的代修品等。已完成销售手续但购买单位在月末未提取的产品，不应作为企业的库存商品，而应作为代管商品处理，单独设置"代管商品"备查簿进行登记。

为反映和监督库存商品的增减变动及其结存情况，企业应当设置"库存商品"账户，

微课5-7
库存商品

借方登记验收入库的库存商品成本,贷方登记发出的库存商品成本,期末余额在借方,反映各种库存商品的实际成本。"库存商品"账户应按库存商品的种类、品种和规格设置明细账户进行核算。

二、库存商品的账务处理

(一) 商品完工入库的核算

对于库存商品采用实际成本核算的企业,当产品完成生产并验收入库时,应按实际成本,借记"库存商品"账户,贷记"生产成本——基本生产成本"账户。

(二) 商品发出的核算

企业销售产成品按规定确认收入的同时,应计算、结转与收入相关的产成品成本。产成品销售成本的计算与结转,通常是在期(月)末进行。采用实际成本法进行产成品日常核算的,应根据本期(月)销售产品数量及其相应的单位生产成本(按个别计价法、先进先出法、月末一次加权平均法或移动加权平均法计算)计算确定本期产品销售成本总额,借记"主营业务成本"账户,贷记"库存商品"账户。

三、商品流通企业发出商品的核算

商品流通企业发出商品的核算,除采用上述方法外,还可以采用毛利率法和售价金额核算法。

(一) 毛利率法

毛利率法是指根据本期销售净额乘以上期实际(或本期计划)毛利率匡算本期销售毛利,并据以计算发出存货和期末存货成本的一种方法。相关计算公式如下:

$$毛利率 = \frac{销售毛利}{销售净额} \times 100\%$$

$$销售净额 = 商品销售收入 - 销售退回与折让$$

$$销售毛利 = 销售净额 \times 毛利率$$

$$销售成本 = 销售净额 - 销售毛利$$

$$期末存货成本 = 期初存货成本 + 本期购货成本 - 本期销售成本$$

这一方法是商品流通企业,尤其是商品批发企业常用的计算本期商品销售成本和期末库存商品成本的方法。商品流通企业由于经营商品的品种繁多,如果分品种计算商品成本,工作量将大大增加,而且一般来讲,商品流通企业同类商品的毛利率大致相同,采用这种存货计价方法既能减轻工作量,也能满足对存货管理的需要。

(二) 售价金额核算法

售价金额核算法是指平时商品的购入、加工收回、销售均按售价记账,售价与进价的差额通过"商品进销差价"账户核算,期末计算进销差价率和本期已销售商品应分摊的进销差价,并据以调整本期销售成本的一种方法。相关计算公式如下:

$$商品进销差价率 = \frac{期初库存商品进销差价 + 本期购入商品进销差价}{期初库存商品售价 + 本期购入商品售价} \times 100\%$$

$$本期销售商品应分摊的商品进销差价 = 本期商品销售收入 \times 商品进销差价率$$

$$本期销售商品的成本 = 本期商品销售收入 - 本期销售商品应分摊的商品进销差价$$

$$\text{期末结存商品的成本} = \text{期初库存商品的进价成本} + \text{本期购进商品的进价成本} - \text{本期销售商品的成本}$$

如果企业的商品进销差价率各期之间比较均衡，也可以采用上期商品进销差价率分摊本期的商品进销差价。年度终了，应对商品进销差价进行核实调整。

企业购入商品采用售价金额核算，按验收入库商品的售价，借记"库存商品"账户；按商品进价，贷记"银行存款""在途物资""委托加工物资"等账户；按商品售价与进价之间的差额，贷记"商品进销差价"等账户。

对外销售发出商品时，按售价结转销售成本，借记"主营业务成本"账户，贷记"库存商品"账户。期（月）末分摊已销商品的进销差价，借记"商品进销差价"账户，贷记"主营业务成本"账户。

百货公司、超市等从事商业零售业务的企业，经营的商品种类、品种、规格等繁多，而且要求按商品零售价格标价，采用其他成本计算结转方法均较困难，因此广泛采用售价金额核算法。

【任务实施5-5】

新科门业上述库存商品业务的会计分录为：

(1) 本月购入A商品时的会计分录为：

借：库存商品——A商品　　　　　　　　　　　　　　　　300 000
　　应交税费——应交增值税(进项税额)　　　　　　　　　39 000
　　贷：银行存款　　　　　　　　　　　　　　　　　　339 000

(2) 销售毛利＝34 000 000×25％＝8 500 000(元)

本月销售成本＝34 000 000－8 500 000＝25 500 000(元)

月末库存商品成本＝18 000 000＋30 000 000－25 500 000＝22 500 000(元)

借：主营业务成本——科技门　　　　　　　　　　　　　25 500 000
　　贷：库存商品——科技门　　　　　　　　　　　　　25 500 000

(3) 商品进销差价率＝(100 000＋150 000)÷(1 100 000＋900 000)×100％
　　　　　　　　　＝12.5％

本期销售商品应分摊的商品进销差价＝1 200 000×12.5％＝150 000(元)

本期销售商品的成本＝1 200 000－150 000＝1 050 000(元)

期末结存商品的成本＝1 000 000＋750 000－1 050 000＝700 000(元)

借：主营业务成本——科技门　　　　　　　　　　　　　1 050 000
　　贷：库存商品——科技门　　　　　　　　　　　　　1 050 000

(4) 1日，购进商品时的会计分录为：

借：在途物资　　　　　　　　　　　　　　　　　　　　300 000
　　应交税费——应交增值税(进项税额)　　　　　　　　　39 000
　　贷：银行存款　　　　　　　　　　　　　　　　　　339 000

入库时,按售价记账的会计分录为:

借:库存商品　　　　　　　　　　　　　　　　　　　　　　360 000
　　贷:在途物资　　　　　　　　　　　　　　　　　　　　　　300 000
　　　　商品进销差价　　　　　　　　　　　　　　　　　　　　60 000

15日,销售商品时的会计分录为:

借:银行存款　　　　　　　　　　　　　　　　　　　　　　271 200
　　贷:主营业务收入　　　　　　　　　　　　　　　　　　　　240 000
　　　　应交税费——应交增值税(销项税额)　　　　　　　　　　31 200

按售价结转商品销售成本的会计分录为:

借:主营业务成本　　　　　　　　　　　　　　　　　　　　240 000
　　贷:库存商品　　　　　　　　　　　　　　　　　　　　　　240 000

30日,结转本月已销售商品应分摊的进销差价:

进销差价率=(30 000+60 000)÷(180 000+360 000)×100%=16.67%
已销售商品应分摊的进销差价=240 000×16.67%=40 008(元)
本期销售商品的实际成本=240 000-40 008=19 992(元)

借:商品进销差价　　　　　　　　　　　　　　　　　　　　40 008
　　贷:主营业务成本　　　　　　　　　　　　　　　　　　　　40 008

任务六　存货清查与减值核算

【任务发布5-6】

(1) 2021年9月1日新科门业对甲材料进行盘点,盘亏甲材料200千克,实际单位成本为2元。15日收到调查报告和处理文件。甲材料损失属于当年夏天雨水造成的损毁,其中应由保管员林某赔偿160元;属于保险公司责任范围,应由保险公司赔偿200元;余额计入营业外支出(省略增值税)。

(2) 公司按照"成本与可变现净值孰低"对期末存货进行计价。2020年年末存货的账面成本为5 000万元,市场受国际大环境影响价格下跌,可变现净值为3 500万元。

(3) 2022年市场环境持续低迷,年末存货的可变现净值预计为3 000万元。

(4) 2023年市场环境开始有所好转,存货的可变现净值有所恢复,年末可变现净值为4 000万元。

(5) 2024年存货的可变现净值进一步恢复,年末可变现净值为5 100万元。

(6) 公司于2024年3月6日以3 050万元将该批存货出售,款项存入银行。

请为新科门业作以上业务的账务处理。

知识准备

一、认识存货清查与减值

存货清查是指通过对存货的实地盘点,确定存货的实有数量,并与账面结存数核对,从而确定存货实存数与账面结存数是否相符的一种专门方法。

由于存货种类繁多、收发频繁,在日常收发过程中可能发生计量错误、计算错误、自然损耗,还可能出现损坏、变质等情况,造成账实不符,形成存货的盘盈、盘亏。对于存货的盘盈、盘亏,应填写存货盘点报告,及时查明原因,按照规定程序报批处理。

微课 5-8
存货清查与减值核算

为反映和监督企业在财产清查中查明的各种存货盘盈、盘亏和毁损情况,企业应当设置"待处理财产损溢"账户,该账户借方登记存货的盘亏、毁损金额及盘盈转销金额,贷方登记存货盘盈金额及盘亏转销金额。企业清查的各种存货损溢,应在期末结账前处理完毕,期末处理后,"待处理财产损溢"账户应无余额。

实操 5-3
计提资产减值

(一)存货盘盈的核算

企业发生存货盘盈时,借记"原材料""库存商品"等账户,贷记"待处理财产损溢"账户;按管理权限报经批准后,借记"待处理财产损溢"账户,贷记"管理费用"账户。

(二)存货盘亏及毁损的核算

企业发生存货盘亏及毁损时,借记"待处理财产损溢"账户,贷记"原材料""库存商品"等账户。在按管理权限报经批准后,对于入库的残料价值,借记"原材料"等账户;对于应由保险公司或过失人支付的赔款,借记"其他应收款"账户;扣除残料价值或应由保险公司、过失人赔款后的净损失,属于一般经营损失的部分,借记"管理费用"账户,属于非常损失的部分,借记"营业外支出"等账户。

实操 5-4
原材料盘查

二、存货减值的核算

(一)存货跌价准备的计提和转回

资产负债表日,存货应当按照成本与可变现净值孰低计量。其中,成本是指期末存货的实际成本,如果企业在存货成本的日常核算中采用计划成本法、售价金额核算法等简化核算方法,则成本为经调整后的实际成本。可变现净值是指在日常活动中,存货的估计售价减去至完工时估计将要发生的成本、销售费用以及相关税费后的金额。可变现净值的特征表现为存货的预计未来净现金流量,而不是存货的售价或合同价。

实操 5-5
原材料盘盈处理

当存货成本低于可变现净值时,存货按成本计价;当存货成本高于可变现净值时,存货按可变现净值计价。当存货成本高于其可变现净值时,表明存货可能发生损失,应在存货销售之前确认这一损失,计入当期损益,并相应减少存货的账面价值。以前减记存货价值的影响因素已经消失的,减记的金额应当予以恢复,并在原已计提的存货跌价准备金额内转回,转回的金额计入当期损益。

(二)存货跌价准备的核算

为了反映和监督存货跌价准备的计提、转回和转销情况,企业应当设置"存货跌价准备"账户,贷方登记计提的存货跌价准备金额;借方登记实际发生的存货跌价损失金额和转回的存货跌价准备金额,期末余额一般在贷方,反映企业已计提但尚未转销的存货跌价准备。

当存货成本高于其可变现净值时,企业应当按照存货可变现净值低于账面价值的差额,借记"资产减值损失——计提的存货跌价准备"账户,贷记"存货跌价准备"账户。转回已计提的存货跌价准备金额时,按《企业会计准则》规定允许恢复增加的金额,借记"存货跌价准备"账户,贷记"资产减值损失——计提的存货跌价准备"账户。

企业结转存货销售成本时,对于已计提存货跌价准备的,应当一并结转,同时调整销售成本,借记"存货跌价准备"账户,贷记"主营业务成本""其他业务成本"等账户。

【任务实施5-6】

新科门业上述业务的会计分录如下。

(1) 9月1日,盘亏时的会计分录为:

借:待处理财产损溢——待处理流动资产损溢　　　　　400
　　贷:原材料——甲材料　　　　　　　　　　　　　　400

(2) 查明原因后的会计分录为:

借:其他应收款——林某　　　　　　　　　　　　　　160
　　　　　　　——保险公司　　　　　　　　　　　　200
　　营业外支出　　　　　　　　　　　　　　　　　　 40
　　贷:待处理财产损溢——待处理流动资产损溢　　　 400

(3) 2022年末应提取的存货跌价减值准备金额＝3 500－3 000＝500(万元)

借:资产减值损失——计提的存货跌价准备　　　 5 000 000
　　贷:存货跌价准备　　　　　　　　　　　　　 5 000 000

(4) 2023年末应冲减的存货跌价减值准备金额＝4 000－3 000＝1 000(万元)

借:存货跌价准备　　　　　　　　　　　　　　10 000 000
　　贷:资产减值损失——计提的存货跌价准备　 10 000 000

(5) 2024年年末,因此时存货可变现净值已高于账面成本,只能恢复到账面成本。

应冲减的存货跌价减值准备金额＝5 000－4 000＝1 000(万元)

借:存货跌价准备　　　　　　　　　　　　　　10 000 000
　　贷:资产减值损失——计提的存货跌价准备　 10 000 000

(6) 若2024年3月6日以3 050万元对外出售,则此时会计分录为:

借:银行存款　　　　　　　　　　　　　　　　34 465 000
　　贷:主营业务收入　　　　　　　　　　　　 30 500 000
　　　　应交税费——应交增值税(销项税额)　　3 965 000

借:主营业务成本　　　　　　　　　　　　　　30 000 000
　　存货跌价准备　　　　　　　　　　　　　　20 000 000
　　贷:存货　　　　　　　　　　　　　　　　 50 000 000

会计与中国经济：房地产去库存

2022年上半年据统计，重点企业的现房库存总量为13 566亿元，现房库存总量较2021年年底小幅下降4.2%，是5年来现货库存的首次回落。近年来，由于房企现货库存压力的不断增大，2023年上半年企业开始举办"现房节"，6月受停工风波的影响，"现房节"房企的参与热情进一步加大。

从2022年上半年已公布存货明细的重点企业数据来看，2022年上半年61.5%房企的现货库存规模较期初下降，其中现房去库存化较多、现房库存规模下降最快的10家房企的库存规模平均降幅为25.7%，远高于行业4.2%的降幅；而10家现房库存规模增速较大的房企平均增速达到31%，与行业现货库存下降的趋势截然相反。

部分房企的现房库存规模大幅下降主要有以下三个原因：第一，房企进行多维度、高频率营销，甚至开展具有针对性的"现房"活动。一方面，房企在营销活动上保持积极的态度，让利、造节、降首付门槛等促销手段不断更新；另一方面，受项目停工风波影响，为了让购房者放心，多家房企推出样板间参观活动，甚至主推现房销售，提高购房者信心。第二，房企从货量管控层面，对市场压力大的三、四线项目进行出清。刚需是支撑三、四线市场的主力，但随着棚改、返乡置业的消失，三、四线市场容量逐渐见底，2022年中期，多家房企在业绩发布会上表示，未来投资将于一、二线城市，甚至金茂表示将避免在三、四线拿地，美的置地表示将退出部分低能级城市，如柳州、岳阳等三、四线城市。第三，受"停工停贷潮"影响，市场对期房信心缺失，给现房去库存化提供了一定的机会。各地不断曝出的"停工停贷"新闻，加重部分购房者观望情绪。同时，对于近期置业动机强烈的购房者，尽管现房或许存在户型、采光以及其他方面的瑕疵，与期房存在的无法交付的风险相比，"看得见摸得着"的现房更让人放心。

从现房库存规模增幅较大的房企看，这种情况的发生主要有以下两个原因：第一，销售规模"腰斩"，2022年以来，行业下行压力增加，根据CRIC统计，百强房企2022年上半年销售规模平均下降50%，部分房企整体销售持续承压造成现房库存规模增加；第二，房企以在建或竣工抵押融资，在融资收紧的情况下抵押更多物业以待融资，项目竣工后仍处于受限制状态，因此，现房库存规模居高不下。

资料来源：中央经济工作会

项目五
思政启示

学以致用

一、单项选择题

1. A企业为增值税一般纳税人，增值税税率为13%。A企业购入甲材料600千克，每千克含税价为50元，发生运杂费2 000元、增值税税额为180元，运输途中发生合理损耗10千克，入库前发生挑选整理费用200元。该批甲材料的入账价值为（　　）元。

　　A. 30 000　　　　B. 28 749　　　　C. 32 000　　　　D. 32 200

2. A企业为增值税小规模纳税企业，购入甲材料600千克，每千克不含税价为50元，增

项目五
初级精练

值税税率为13%,发生运杂费200元、运输费增值税税额为18元,运输途中发生合理损耗10千克,入库前发生挑选整理费用450元。该批甲材料的单位实际成本为( )元。

    A. 50   B. 51.98   C. 57.62   D. 58.59

3. 下列税金中,不应计入存货成本的是( )。
    A. 一般纳税企业进口原材料支付的关税
    B. 一般纳税企业购进原材料支付的增值税
    C. 小规模纳税企业购进原材料支付的增值税
    D. 一般纳税企业进口应税消费品支付的消费税

4. 某企业采用先进先出法计算发出原材料的成本。2024年9月1日,甲材料结存200千克,每千克实际成本为300元;9月7日购入甲材料350千克,每千克实际成本为310元;9月21日购入甲材料400千克,每千克实际成本为290元;9月28日发出甲材料500千克。9月份甲材料发出成本为( )元。
    A. 145 000   B. 150 000   C. 153 000   D. 155 000

5. 某企业采用月末一次加权平均法计算发出原材料的成本。2024年2月1日,甲材料结存200千克,每千克实际成本为100元;2月10日购入甲材料300千克,每千克实际成本为110元;2月25日发出甲材料400千克。2月末,甲材料的库存余额为( )元。
    A. 10 000   B. 10 500   C. 10 600   D. 11 000

6. 某企业采用计划成本核算。2024年12月1日,结存材料的计划成本为400万元,"材料成本差异"账户贷方余额为6万元;本月入库材料的计划成本为2 000万元,"材料成本差异"账户借方发生额为12万元;本月发出材料的计划成本为1 600万元。该企业2024年12月31日结存材料的实际成本为( )万元。
    A. 798   B. 800   C. 802   D. 1 604

7. 企业对随同商品出售单独计价的包装物进行会计处理时,该包装物的实际成本应结转到( )账户。
    A. "制造费用"   B. "销售费用"
    C. "管理费用"   D. "其他业务成本"

8. 某增值税一般纳税人,委托加工应税消费品的材料一批,拨出原材料的成本210万元,该材料购进时增值税税额为27.3万元,支付加工费10万元,增值税税额为1.3万元,消费税税额为1.7万元,收回加工后的材料继续用于连续生产应税消费品,这批收回材料的入账价值为( )万元。
    A. 220   B. 221.7   C. 223   D. 250.3

9. 某企业采用毛利率法计算发出存货成本。该企业2023年1月实际毛利率为30%,2月1日的存货成本为1 200万元,2月购入存货成本为2 800万元,销售收入为3 000万元,销售退回为300万元。该企业2月末存货成本为( )万元。
    A. 1 300   B. 1 900   C. 2 110   D. 2 200

10. 某商场库存商品采用售价金额法核算,2025年5月,该商场期初库存商品的进价成本总额为200万元,售价总额为220万元,当月购入商品进价成本总额为70万元,售价总额为 80 万元,当月销售收入总额为 240 万元,该商场 2025 年 5 月的销售成本总额为( )万元。

　　A. 216　　　　　　B. 200　　　　　　C. 70　　　　　　D. 210

11. 某企业因管理不善发生毁损盘亏一批材料 16 000 元,该批材料的进项税额为 2 080 元。收到各种赔款 1 500 元,残料入库 200 元。报经批准后,应计入管理费用的金额为( )元。

　　A. 16 380　　　　B. 16 780　　　　C. 14 300　　　　D. 15 620

12. 某企业 2025 年 3 月 31 日,乙存货的实际成本为 100 万元,加工该存货至完工产成品估计还将发生的成本为 20 万元,估计销售费用和相关税费为 2 万元,估计用该存货生产的产成品售价为 110 万元。假定乙存货月初"存货跌价准备"账户余额为 0,2025 年 3 月 31 日应计提的存货跌价准备为( )万元。

　　A. －10　　　　　B. 0　　　　　　　C. 10　　　　　　D. 12

二、多项选择题

1. 下列各项中,企业可以采用的发出存货成本计价方法有( )。
   A. 先进先出法　　　　　　　　B. 移动加权平均法
   C. 个别计价法　　　　　　　　D. 成本与可变现净值孰低法

2. 下列各项中,关于原材料按计划成本核算的会计处理表述正确的有( )。
   A. 入库原材料的超支差异应借记"材料成本差异"账户
   B. 发出材料应负担的节约差异应借记"材料成本差异"账户
   C. 发出材料应负担的超支差异应借记"材料成本差异"账户
   D. 入库材料的节约差异应借记"材料成本差异"账户

3. 甲公司对包装物采用计划成本核算,某月生产产品领用包装物的计划成本为 100 000 元,材料成本差异率为 －3%,下列表述中,恰当的有( )。
   A. 领用包装物的实际成本为 103 000 元
   B. 领用包装物的实际成本应计入生产成本
   C. 领用包装物的实际成本应计入销售费用
   D. 结转的材料成本差异应记入"材料成本差异"账户的借方

4. 下列各项中,关于周转材料会计处理表述正确的有( )。
   A. 多次使用的包装物应根据使用次数分次进行摊销
   B. 低值易耗品金额较小的可在领用时一次计入成本费用
   C. 随同商品销售出借的包装物的摊销额应计入管理费用
   D. 随同商品出售单独计价的包装物取得的收入应计入其他业务收入

5. 某企业为增值税一般纳税人,委托其他单位加工应税消费品,该产品收回后继续加工,下列各项中,应计入委托加工物资成本的有( )。
   A. 发出材料的实际成本　　　　B. 支付给受托人的加工费
   C. 支付给受托方的增值税　　　D. 受托方代收代缴的消费税

6. 下列与存货相关会计处理的表述中,正确的有( )。
   A. 应收保险公司存货损失赔偿款计入其他应收款
   B. 资产负债表日存货应按成本与可变现净值孰低计量

C. 按管理权限报经批准的盘盈存货价值冲减管理费用
D. 结转商品销售成本的同时转销其已计提的存货跌价准备

三、判断题

1. 商品流通企业在采购商品过程中发生的运杂费等进货费用,应当计入存货采购成本。进货费用数额较小的,也可以在发生时直接计入当期费用。　　　　　　　　　（　）
2. 市场物价持续上升,发出存货采用先进先出法会导致背离近期市场近期价格,从而低估资产负债表中"存货"项目的价值和利润表中的当期利润。　　　　　　　　（　）
3. 企业采用计划成本对材料进行日常核算,应按月分摊发出材料应负担的成本差异,不应在季末或年末一次计算分摊。　　　　　　　　　　　　　　　　　　（　）
4. 企业租入包装物支付的押金应计入其他业务成本。　　　　　　　　　　　（　）
5. 对于随同商品出售而不单独计价的,企业应按实际成本计入销售费用。　　（　）

四、业务题

1. 新科门业库存材料采用实际成本法核算,按先进先出法计算发出材料成本。
2024 年 3 月 1 日结存 A 材料 3 000 千克,每千克实际成本为 10 元;3 月 4 日和 3 月 20 日分别购入该材料 9 000 千克和 6 000 千克,每千克实际成本分别为 11 元和 12 元;3 月 10 日和 3 月 25 日,分别发出 A 材料 10 500 千克和 6 000 千克,全部用于生产车间生产产品。3 月,A 材料发出和结存成本计算结果如下,请编制相关业务的会计分录。

3 月 10 日发出 A 材料成本 $= 3\,000 \times 10 + 7\,500 \times 11 = 112\,500$(元)

3 月 25 日发出 A 材料成本 $= (9\,000 - 7\,500) \times 11 + 4\,500 \times 12 = 70\,500$(元)

3 月发出 A 材料成本合计 $= 112\,500 + 70\,500 = 183\,000$(元)

3 月结存 A 材料成本合计 $= (6\,000 - 4\,500) \times 12 = 18\,000$(元)

2. 新科门业为增值税一般纳税人,根据发料凭证汇总表的记录,1月基本生产车间领用M材料500 000元,辅助生产车间领用M材料40 000元,车间管理部门领用M材料5 000元,销售机构领用M材料1 000元,企业行政管理部门领用M材料4 000元,合计550 000元。新科门业采用实际成本进行材料日常核算,请编制相关业务的会计分录。

3. 新科门业从丽阳公司购入D材料1 000千克,价款共计50 000元,增值税税额为6 500元,结算凭证已收到,款项已通过银行支付,材料尚未运到。请编制相关业务的会计分录。

4. 新科门业为一般纳税人,采用一般计税法计税。2024年1月随同商品出售领用单独计价包装物的计划成本为80 000元,销售收入为60 000元,增值税税额为7 800元,款项已存入银行。该包装物的材料成本差异率为2%。根据上述业务结转发出材料的成本差异,请编制相关业务的会计分录。

5. 新科门业5月已验收入库的A产品100台,实际单位成本为2 000元,共计200 000元;B产品200台,实际单位成本为1 500元,共计300 000元,请编制相关业务的会计分录。

6. 新科门业采用毛利率法进行核算，7月1日的库存商品余额为 500 000 元，本月购进商品的价值为 60 000 元，本月的销售收入为 120 000 元，上季度该类商品的毛利率是 20%。计算本月已销商品和月末库存商品的成本，请编制相关业务的会计分录。

7. 新科门业公司为一般纳税人，采用一般计税方法计税。7月进行财产清查时发现 3月购买的甲材料盘亏 20 千克，实际成本为 6 000 元，购买材料时已取得增值税专用发票，价款为 6 000 元，增值税税额为 780 元，该笔专用发票已于购买当月认证通过，且进项税额已经从购买当期销项税额中抵扣。经查，该材料的盘亏是由于管理不善造成的，请编制相关业务的会计分录。

8. 新科门业公司为增值税一般纳税人，其原材料按计划成本计价，其中甲材料的计划单价为 12 元/千克。5月份发生的甲材料的采购业务如下。请根据业务编制会计分录。

（1）2日，从乐乐公司购入甲材料 10 000 千克，单价为 12.5 元，取得的增值税专用发票上注明价款为 125 000 元，增值税税额为 16 250 元，款项已通过银行存款支付，材料已验收入库。

（2）6日，从江南公司购入甲材料 5 000 千克，单价为 11.80 元，取得的增值税专用发票上注明价款为 59 000 元，增值税税额为 7 670 元，款项已通过银行存款支付，但材料尚未到达。8日，该批材料到达并验收入库。

(3) 10日,从前锋公司购入甲材料8 000千克,单价为12.20元,取得的增值税专用发票上注明价款为97 600元,增值税税额为12 688元,供应单位代垫运输费,取得的增值税专用发票上注明价款为1 500元,增值税税额为135元,签发一张2个月后到期的商业承兑汇票结算材料价款和运输费,材料尚未验收入库。16日,该批材料到达并验收入库。

(4) 18日,根据合同,向向阳公司预付4 500千克甲材料的货款40 000元。

(5) 23日,预付货款的4 500千克甲材料已到达并验收入库,取得的增值税专用发票上注明价款为52 200元,增值税税额为6 786元,通过银行补付余款18 986元。

(6) 28日,根据合同从城南公司采购的6 000千克甲材料已经到达并验收入库,但发票账单等结算凭证月末尚未到达,货款尚未支付,按计划成本暂估入账。

 **项目评价**

根据本项目学习情况,在表5-4中进行评价,"A"为优良,"B"为一般,"C"为需要帮助。

表5-4　　　　　　　　　　　　项目五学习评价表

序号	学习重点	自我评价 (在方框内打钩)	教师反馈与评价
1	用实际成本法和计划成本法对原材料进行核算	A□ B□ C□	
2	能够根据包装物的相关原始凭证编制记账凭证	A□ B□ C□	
3	能够根据委托加工物资相关原始凭证编制记账凭证	A□ B□ C□	
4	能够根据库存商品相关原始凭证编制记账凭证	A□ B□ C□	
5	能够根据存货清查和减值相关原始凭证编制记账凭证	A□ B□ C□	
	总体评价	A□ B□ C□	

项目六 在建工程及固定资产业务核算

 学习目标

 知识目标

○ 了解在建工程业务的种类。
○ 理解固定资产折旧计提的原理。
○ 掌握固定资产折旧的计算方法。

项目六
行业前沿

 能力目标

○ 能够识别和审核在建工程及固定资产相关的业务单据。
○ 能够根据在建工程及固定资产业务相关的原始凭证编制记账凭证。

 素质目标

○ 通过学习在建工程相关知识,培养学生具备专注、创新的大国工匠精神。
○ 通过学习固定资产购置相关知识,培养学生具备资产配置的长期规划意识。
○ 通过学习在建工程和固定资产相关知识,培养学生建设美丽中国的民族使命感。

 知识脉络

```
                              ┌─ 在建工程核算 ─┬─ 认识在建工程
                              │               └─ 在建工程的核算
                              │
在建工程及固定资产业务核算 ─┤               ┌─ 认识固定资产
                              │               ├─ 固定资产取得的核算
                              │               ├─ 固定资产折旧的核算
                              └─ 固定资产核算 ─┼─ 固定资产后续支出的核算
                                              ├─ 固定资产处置的核算
                                              ├─ 固定资产清查的核算
                                              └─ 固定资产减值的核算
```

任务一 在建工程核算

【任务发布6-1】

(1) 2024年9月1日,新科门业为方便职工就餐,决定自行建造一处300平方米的职工餐厅。9月8日,从万家好有限公司购入一批工程物资水泥,增值税专用发票上注明的价款为400 000元,增值税税额为52 000元,物资已验收入库,款项以银行存款支付。

(2) 2024年9月10日,基建部领用500 000元水泥。

(3) 2024年10月30日,基建部应付工程人员职工薪酬为30 000元。

请为新科门业作以上业务的账务处理。

知识准备

一、认识在建工程

在建工程包括固定资产新建、安装、改扩建和大修理等工程业务。企业自行建造固定资产,应当按照建造该项资产达到预定可使用状态前所发生的必要支出,作为固定资产的成本。企业自行建造固定资产包括自营建造和出包建造两种方式,主要通过"工程物资""在建工程"账户进行核算。企业自行建造固定资产,先通过"在建工程"账户核算,"在建工程"账户应按工程项目设置明细账户进行核算,工程建造期间发生可直接归属某项工程的成本直接计入相应明细账户,待工程达到预定可使用状态时,再从"在建工程"账户转入"固定资产"账户。

二、在建工程的核算

微课6-1
在建工程
核算

(一) 自营工程的核算

自营工程是指企业自行组织工程物资采购、自行组织施工人员施工的建筑工程和安装工程。购入工程物资时,按增值税专用发票上注明的价款,借记"工程物资"账户,按增值税专用发票上注明的增值税税额,借记"应交税费——应交增值税(进项税额)"账户,按实际支付或应付的金额,贷记"银行存款""应付账款"等账户。领用工程物资时,借记"在建工程"账户,贷记"工程物资"账户;在建工程领用本企业原材料时,借记"在建工程"账户,贷记"原材料"等账户;在建工程领用本企业生产的商品时,借记"在建工程"账户,贷记"库存商品"账户。自营工程发生的其他费用(如分配工程人员薪酬等),借记"在建工程"账户,贷记"银行存款""应付职工薪酬"等账户。自营工程达到预定可使用状态时,按其成本,借记"固定资产"账户,贷记"在建工程"账户。

(二) 出包工程的核算

出包工程是指企业通过招标方式将工程项目发包给建造承包商、由建造承包商组织施工的建筑工程和安装工程。企业采用出包方式进行的固定资产工程,其工程的具体支出主要由建造承包商核算,在这种方式下,"在建工程"账户主要是反映企业与建造承包商办理工程价款结算的情况,企业支付给建造承包商的工程价款作为工程成本,通过"在建工程"账户核算。企业按合理估计的发包工程进度和合同规定向建造承包商结算进度款,并由对方开具增值税专用发票,按增值税专用发票上注明的价款,借记"在建工程"账户;按增值税专用发票上注明的增值税税额,借记"应交税费——应交增值税(进项税额)"账户;按实际支付的金额,贷记"银行存款"账户。工程达到预定可使用状态时,按其成本,借记"固定资产"账户,贷记"在建工程"账户。

(三)在建工程期末计价的核算

企业应当定期或者至少于每年年度终了,对在建工程进行全面检查,如果有证据表明在建工程已经发生减值,应当计提减值准备。存在下列一项或若干项情况的,应当计提在建工程减值准备。

(1)长期停建并且预计在未来3年内不会重新开工的在建工程。

(2)所建项目无论在性能上,还是在技术上已经落后,并且给企业带来的经济利益具有很大的不确定性。

(3)其他足以证明在建工程已经发生减值的情形。

企业应当设置"在建工程减值准备"账户,用来核算企业提取的在建工程减值准备。企业发生在建工程减值时,借记"资产减值损失——计提在建工程减值准备"账户,贷记"在建工程减值准备"账户。

【任务实施6-1】

新科门业相关在建工程业务的会计分录为:

(1)9月1日,建造职工餐厅的会计分录为:

借:工程物资——水泥	400 000
应交税费——应交增值税(进项税额)	52 000
贷:银行存款——工商银行存款	452 000

(2)9月10日,领用水泥的会计分录为:

借:在建工程——职工餐厅	500 000
贷:工程物资——水泥	500 000

(3)10月30日,支付职工薪酬的会计分录为:

借:在建工程——职工餐厅	30 000
贷:应付职工薪酬	30 000

任务二　固定资产核算

【任务发布6-2】

(1)2024年5月3日,新科门业购入一台不需要安装的包装机,取得增值税专用发票,注明设备价款 300 000 元及增值税税额 39 000 元。另支付包装费并取得增值税专用发票,注明包装费 9 000 元,增值税税额 540 元,所有款项均以银行存款付讫。该设备预计使用 10 年,净残值为 9 000 元,采用平均年限法计提折旧。

(2) 2024 年 1 月 8 日,新科门业自行建造一台大型专用机械,为此购入专用物资并取得增值税专用发票,注明物资价款 1 000 000 元及增值税税额 130 000 元。2 月 10 日从本公司领用原材料一批 500 000 元(不含增值税)用于工程建设,3 月 6 日支付人员工资 300 000 元,4 月 10 日用银行存款支付零星费用取得增值税专用发票,注明安装调试费 400 000 元及增值税税额 52 000 元。专用机械于 2024 年 12 月 8 日试用成功,通过验收投入使用。该机械预计使用 10 年,净残值为 40 000 元,采用平均年限法计提折旧。

(3) 2024 年 9 月 15 日,新科门业购入一栋新建写字楼并投入使用,取得的增值税专用发票注明价款 500 000 000 元及增值税税额 80 000 000 元,款项已通过银行转账支付。该写字楼预计使用 45 年,净残值为 3 200 000 元。

(4) 2024 年 9 月 27 日,新科门业购入一台专用精密机床,投入使用并取得增值税专用发票,注明物资价款 33 000 000 元及增值税税额 5 280 000 元。该机械预计使用 6 年,净残值为 30 000 元,请采用年数总和法计提折旧。

请为新科门业作以上业务的账务处理。

知识准备

一、认识固定资产

微课 6-2
固定资产
的概述

(一) 固定资产的概念

固定资产是指同时具有以下特征的有形资产。
(1) 为生产商品、提供劳务、出租或经营管理而持有。
(2) 使用寿命超过一个会计年度。

从概念可以看出,作为企业的固定资产应具备以下两个特征:第一,企业持有固定资产的目的,是满足生产商品、提供劳务、出租或经营管理的需要。这一特征是固定资产区别于存货等流动资产的重要标志。第二,企业使用固定资产的期限较长,使用寿命一般超过一个会计年度。这一特征表明企业固定资产属于非流动资产,其给企业带来的收益期超过一年,能在一年以上的时间里为企业创造经济利益。

(二) 固定资产的分类

根据不同的管理需要和核算要求以及不同的分类标准,可以对固定资产进行不同的分类。

1. 按使用情况分类

按使用情况分类,固定资产可分为未使用固定资产、使用中固定资产和不需用固定资产。

(1) 未使用固定资产是指已经完工或者已构建而尚未交付使用的新增固定资产以及因改建、扩建等原因而暂停使用的资产。
(2) 使用中固定资产是指正在使用中的经营用以及非经营用固定资产。

(3) 不需用固定资产是指本企业多余或不适用,需要调配处理的各种资产。

2. 按所有权分类

按所有权分类,固定资产可分为自有固定资产和租入固定资产。

(1) 自有固定资产是指企业拥有所有权的各种固定资产。

(2) 租入固定资产是指企业从外部租赁来的固定资产。租入固定资产又可分为经营租赁固定资产和融资租赁固定资产。经营租赁固定资产所有权不属于承租人;融资租赁固定资产,在租赁到期后,所有权归属于承租人,承租人可视为自有资产进行管理,需按期计提折旧。

3. 按经济用途分类

按经济用途分类,固定资产可分为生产经营用固定资产和非生产经营用固定资产。

(1) 生产经营用固定资产是指直接服务于企业生产、经营过程的各种固定资产,如生产经营用的房屋、建筑物、机械、设备、器具、工具等。

(2) 非生产经营用固定资产是指不直接服务于企业生产、经营过程的各种固定资产,如职工宿舍等使用的房屋、设备和其他固定资产。

按固定资产的经济用途分类,可以归类反映和监督企业生产经营用固定资产和非生产经营用固定资产之间,以及生产经营用各类固定资产之间的组成和变化情况,借以考核和分析企业固定资产的利用情况,促使企业合理地配置固定资产,充分发挥其效用。

二、固定资产取得的核算

固定资产的取得方式主要有外购、自行建造、投资者投入、非货币性资产交换、债务重组、企业合并和融资租赁。此处仅介绍外购方式取得固定资产的核算。

为反映和监督固定资产取得、计提折旧和处置等情况,企业一般需要设置"固定资产""累计折旧""在建工程""固定资产清理"等账户进行核算。

企业外购的固定资产,应将实际支付的购买价款、相关税费、使固定资产达到预定可使用状态前所发生的可归属于该项资产的运输费、装卸费、安装费和专业人员服务费等,作为固定资产的取得成本。其中,相关税费不包括按照现行增值税制度规定,可以从销项税额中抵扣的增值税进项税额。

(一) 购入不需要安装的固定资产

企业作为一般纳税人,购入不需要安装的固定资产时,应按支付的购买价款、使固定资产达到预定可使用状态前所发生的可归属于该项资产的运输费、装卸费和专业人员服务费等,作为固定资产成本,借记"固定资产"账户;取得增值税专用发票、海关完税证明或公路发票等增值税扣税凭证,并经税务机关认证可以抵扣的,应按增值税专用发票注明的增值税税额,借记"应交税费——应交增值税(进项税额)"账户;按实付或应付款项,贷记"银行存款""应付账款"等账户。

(二) 购入需要安装的固定资产

企业作为一般纳税人,购入需要安装的固定资产时,应在购入固定资产取得成本的基础上加上安装调试成本作为入账成本。①按照购入需安装固定资产的取得成本,借记"在建工程"账户;按购入固定资产时可抵扣的增值税进项税额,借记"应交税费——应交增值税(进项税额)"账户;按实付或应付款项,贷记"银行存款""应付账款"等账户。②按照发生的安装调试成本,借记"在建工程"账户;按增值税专用发票上注明的增值税税额,借记"应交税费——应交增值税(进项税额)"账户;按实际支付款项,贷记"银行存款"等账户。③耗用本企业材料或人工的,按应承担的成本金额,借记"在建工程"账户,贷记"原材料""应付职工薪酬"等账户。④安装完成达到预定可使用状态时,由"在建工程"账户转入"固定资产"账户,借记"固定资产"账户,贷记"在建工程"账户。

企业作为小规模纳税人,购入固定资产发生的增值税进项税额应计入固定资产成本,借记"固定资产"或"在建工程"账户,不通过"应交税费——应交增值税"账户核算。

三、固定资产折旧的核算

实操6-3
固定资产
折旧的核算

(一)固定资产折旧的概念及影响因素

固定资产折旧是指在固定资产的使用寿命内,按照确定的方法对应计折旧额进行系统分摊。应计折旧额是指应当计提折旧的固定资产原价扣除其预计净残值后的金额,已计提减值准备的固定资产,还应当扣除已计提的固定资产减值准备累计金额。

影响固定资产折旧的主要因素包括固定资产原值、预计净残值、固定资产减值准备、固定资产的使用寿命,企业应当根据固定资产的性质和使用情况,合理确定固定资产的使用寿命和预计净残值,并根据科技发展、环境及其他因素,选择合理的固定资产折旧方法。固定资产的使用寿命、预计净残值和折旧方法等一经确定不得随意变更,但是符合《企业会计准则第4号——固定资产》第19条规定的除外。上述事项在报经股东大会或董事会、经理(厂长)会议或类似机构批准后,作为计提折旧的依据,并按照法律、行政法规等的规定报送有关各方备案。

微课6-5
固定资产
折旧方法1

微课6-6
固定资产
折旧方法2

(二)固定资产折旧的计算方法

企业应当根据与固定资产有关的经济利益的预期实现方式,合理选择固定资产折旧方法。可选用的折旧方法包括年限平均法、工作量法、双倍余额递减法和年数总和法等。

1. 年限平均法

年限平均法又称直线法,是指将固定资产的应计折旧额均衡地分摊到固定资产预计使用寿命期内的一种方法。采用这种方法计算的每期折旧额是相等的。年限平均法的计算公式如下:

$$年折旧率 = \frac{(1-预计净残值率)}{预计使用寿命} \times 100\%$$

$$月折旧率 = 年折旧率 \div 12$$

$$月折旧额 = 固定资产原价 \times 月折旧率$$

2. 工作量法

工作量法是指根据实际工作量计算固定资产每期应计提折旧额的一种方法。工作量法的计算公式如下:

$$单位工作量折旧额 = \frac{固定资产原价 \times (1-预计净残值率)}{预计总工作量}$$

$$某项固定资产月折旧额 = 该项固定资产当月工作量 \times 单位工作量折旧额$$

3. 双倍余额递减法

双倍余额递减法是指在不考虑固定资产预计净残值的情况下，根据每期期初固定资产原值减去累计折旧后的余额和双倍的直线法折旧率计算固定资产折旧的一种方法。采用双倍余额递减法计提固定资产折旧，一般应在固定资产使用寿命到期前两年内，将固定资产账面净值扣除预计净残值后的余额平均摊销。

双倍余额递减法的计算公式如下：

$$年折旧率 = \frac{2}{预计使用寿命} \times 100\%$$

$$年折旧额 = 每个折旧年度年初固定资产账面净值 \times 年折旧率$$

$$月折旧额 = \frac{年折旧额}{12}$$

$$固定资产账面净值 = 期初固定资产账面原值 - 已提累计折旧$$

需要注意的是，这里的折旧年度是指以固定资产开始计提折旧的月份为开始计算的1个年度期间，如某公司2月取得某项固定资产，其折旧年度为从3月至第二年2月的期间。

4. 年数总和法

年数总和法是指将固定资产的原价减去预计净残值后的余额，乘以一个逐年递减的分数计算每年的折旧额的方法，这个分数的分子代表固定资产尚可使用寿命，分母代表固定资产预计使用寿命逐年数字总和。

年数总和法的计算公式如下：

$$年折旧率 = \frac{尚可使用年限}{预计使用年限的年数总和} \times 100\%$$

$$= \frac{预计使用年限 - 已使用年限}{预计使用年限 \times (预计使用年限 + 1) \div 2}$$

$$年折旧额 = (固定资产原价 - 预计净残值) \times 年折旧率$$

（三）固定资产折旧的核算方法

固定资产应当按月计提折旧，计提的折旧应当记入"累计折旧"账户，并根据固定资产的用途计入相关资产的成本或者当期损益。企业自行建造固定资产过程中使用的固定资产，其计提的折旧应计入在建工程成本；基本生产车间所使用的固定资产，其计提的折旧应计入制造费用；管理部门所使用的固定资产，其计提的折旧应计入管理费用；销售部门所使用的固定资产，其计提的折旧应计入销售费用；经营租出的固定资产，其计提的折旧应计入其他业务成本。

企业计提固定资产折旧时，借记"在建工程""制造费用""管理费用""销售费用""其他业务成本"等账户，贷记"累计折旧"账户。

微课6-7
固定资产折旧的核算

四、固定资产后续支出的核算

固定资产的后续支出是指固定资产在使用过程中发生的更新改造支出、修理费用等。

固定资产的更新改造、修理等后续支出，满足固定资产确认条件的，应当计入固定资产成本,如有被替换的部分,应同时将被替换部分的账面价值从该固定资产原账面价值中扣除;不满足固定资产确认条件的后续支出,应当在发生时计入当期损益。

(一)资本化后续支出的核算

固定资产发生可资本化后续支出时,应当通过"在建工程"账户核算。固定资产发生可资本化的后续支出时,企业应将该固定资产的原价、已计提的累计折旧和减值准备转销,将固定资产的账面价值转入在建工程,借记"在建工程""累计折旧""固定资产减值准备"等账户,贷记"固定资产"账户。发生可资本化后续支出时,借记"在建工程"账户,发生后续支出取得增值税专用发票的,按增值税专用发票上注明的增值税税额,借记"应交税费——应交增值税(进项税额)"账户,按实际支付的金额,贷记"银行存款"等账户。发生后续支出的固定资产达到预定可使用状态时,借记"固定资产"账户,贷记"在建工程"账户。

(二)费用化后续支出的核算

企业生产车间(部门)和行政管理部门的固定资产发生不可资本化后续支出,如固定资产日常修理费用及其可抵扣的增值税进项税额,借记"管理费用""应交税费——应交增值税(进项税额)"账户,贷记"银行存款"等账户。企业专设销售机构的固定资产发生不可资本化的后续支出,如固定资产日常修理费用及其可抵扣的增值税进项税额,借记"销售费用""应交税费——应交增值税(进项税额)"账户,贷记"银行存款"等账户。

五、固定资产处置的核算

微课 6-8
固定资产
折旧后续
支出

固定资产处置即固定资产的终止确认,包括固定资产的出售、报废、毁损、对外投资、非货币性资产交换、债务重组等。企业在生产经营过程中,可能将不适用或不需用的固定资产对外出售转让,或因磨损、技术进步等原因对固定资产进行报废,或因遭受自然灾害而对毁损的固定资产进行处理。对于上述事项在进行会计处理时,应当按照规定程序办理有关手续,结转固定资产的账面价值,计算有关的清理收入、清理费用及残料价值等,清理完毕,结转固定资产清理损益。

企业处置固定资产应通过"固定资产清理"账户核算,通常包括以下环节。

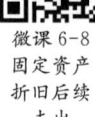
微课 6-9
固定资产
处置

(一)转入"固定资产清理"账户

企业因出售、报废、毁损、对外投资、非货币性资产交换、债务重组等转出的固定资产,按该项固定资产的账面价值,借记"固定资产清理"账户,按已计提的累计折旧,借记"累计折旧"账户,按已计提的减值准备,借记"固定资产减值准备"账户,按其账面原值,贷记"固定资产"账户。

实操 6-4
固定资产
处置

(二)结算清理费用等

固定资产清理过程中,应支付的清理费用及其可抵扣的增值税进项税额,借记"固定资产清理""应交税费——应交增值税(进项税额)"账户,贷记"银行存款"等账户。

(三)收回出售固定资产的价款、残料价值和变价收入等

收回出售固定资产的价款和税款,借记"银行存款"账户,按增值税专用发票上注明的价款,贷记"固定资产清理"账户,按增值税专用发票上注明的增值税税额,贷记"应交税费——应交增值税(销项税额)"账户。残料入库,按残料价值借记"原材料"等账户,贷记"固定资产清理"账户。

（四）确认赔偿损失

应由保险公司或过失人赔偿的损失，借记"其他应收款"等账户，贷记"固定资产清理"账户。

（五）结转清理净损益

因固定资产已丧失使用功能或因自然灾害发生毁损等而报废清理产生的利得或损失应计入营业外收支。属于生产经营期间报废清理产生的处理净损失，借记"营业外支出——非流动资产处置损失"账户（正常原因）或"营业外支出——非常损失"账户（非正常原因），贷记"固定资产清理"账户；如为净收益，借记"固定资产清理"账户，贷记"营业外收入——非流动资产处置利得"账户。

因出售、转让等产生的固定资产处置利得或损失应记入"资产处置收益"账户，确认处置净损失，借记"资产处置损益"账户，贷记"固定资产清理"账户；如为净收益，借记"固定资产清理"账户，贷记"资产处置损益"账户。

六、固定资产清查的核算

企业应当定期或者至少每年年末对固定资产进行清查盘点。在固定资产清查过程中，如果发现盘盈、盘亏的固定资产，应当填制固定资产盘盈盘亏报告表。清查固定资产的损溢，应当及时查明原因，并按照规定程序报批处理。

（一）固定资产盘盈的核算

企业在财产清查中盘盈的固定资产，根据《企业会计准则第28号——会计政策、会计估计变更和差错更正》的规定，应当作为重要的前期差错进行会计处理，企业在财产清查中盘盈的固定资产，在按管理权限报经批准处理前，应先通过"以前年度损益调整"账户核算。

微课6-10
固定资产
清查

盘盈的固定资产，应按重置成本确定其入账价值，借记"固定资产"账户，贷记"以前年度损益调整"账户；由于以前年度损益调整而增加的所得税费用，借记"以前年度损益调整"账户，贷记"应交税费——应交所得税"账户；将以前年度损益调整余额转入留存收益时，借记"以前年度损益调整"账户，贷记"盈余公积""利润分配——未分配利润"账户。

（二）固定资产盘亏的核算

企业在财产清查中盘亏的固定资产，按照盘亏固定资产的账面价值，借记"待处理财产损溢"账户，按照已计提的累计折旧，借记"累计折旧"账户，按照已计提的减值准备，借记"固定资产减值准备"账户，按照固定资产的原价，贷记"固定资产"账户。

企业按照管理权限报经批准后处理时，按照可收回的保险赔偿或过失赔偿借记"其他应收款"账户，按照应计入营业外支出的金额，借记"营业外支出——盘亏损失"账户，贷记"待处理财产损溢"账户。

七、固定资产减值的核算

固定资产的初始入账价值为历史成本，固定资产使用年限较长，市场条件和经营环境的变化、科学技术的进步以及企业经营管理不善等都可能导致固定资产创造未来经济利益的能力大大下降。因此，固定资产的真实价值有可能低于账面价值，在期末必须对固定资产减值损失进行确认。固定资产在资产负债表日存在可能发生减值的迹象时，其可收回金额低于账面价值的,企业应当将该固定资产的账面价值减记至可收回金额,减记的金额确认为减值损失,计入当期损益,借记"资产减值损失——固定资产减值损失"账户,同时,计提相应的资产减值准备,贷记"固定资产减值准备"账户。根据《企业会计准则第8号——资产减值》的规定,企业固定资产减值损失一经确认,在以后会计期间不得转回。

微课6-11
固定资产
减值

【任务实施6-2】

新科门业关于固定资产业务的会计分录为:

(1) 2024年5月3日,购入时的会计分录为:

借:固定资产——包装机(300 000＋9 000)　　　　　　309 000
　　应交税费——应交增值税(进项税额)　　　　　　　39 540
　　贷:银行存款　　　　　　　　　　　　　　　　　348 540

2024年6月30日,计提折旧时的会计分录为:

月折旧额＝(309 000－9 000)÷10÷12＝2 500(元)

借:制造费用　　　　　　　　　　　　　　　　　　　2 500
　　贷:累计折旧　　　　　　　　　　　　　　　　　　2 500

(2) 2024年1月8日,购入专用物资时的会计分录为:

借:在建工程——专用机械　　　　　　　　　　　　1 000 000
　　应交税费——应交增值税(进项税额)　　　　　　130 000
　　贷:银行存款　　　　　　　　　　　　　　　　1 130 000

2月10日,从本企业领用原材料时的会计分录为:

借:在建工程——专用机械　　　　　　　　　　　　　500 000
　　贷:原材料　　　　　　　　　　　　　　　　　　500 000

3月6日,支付人员工资时的会计分录为:

借:在建工程——专用机械　　　　　　　　　　　　　300 000
　　贷:应付职工薪酬　　　　　　　　　　　　　　　300 000

4月10日,支付零星费用时的会计分录为:

借:在建工程——专用机械　　　　　　　　　　　　　400 000
　　应交税费——应交增值税(进项税额)　　　　　　　52 000
　　贷:银行存款　　　　　　　　　　　　　　　　　452 000

2024年12月8日,试车成功,通过验收投入使用时:

专用机械成本＝1 000 000＋500 000＋300 000＋400 000＝2 200 000(元)

借:固定资产——专用机械　　　　　　　　　　　　2 200 000
　　贷:在建工程——专用机械　　　　　　　　　　2 200 000

2025年1月末计提折旧时:

月折旧额＝(2 200 000－40 000)÷10÷12＝18 000(元)

借：制造费用　　　　　　　　　　　　　　　　　　　　　　　　　18 000
　　贷：累计折旧　　　　　　　　　　　　　　　　　　　　　　　　　18 000

(3) 2024年9月15日,购入时的会计分录为：

借：固定资产——写字楼　　　　　　　　　　　　　　　　　　500 000 000
　　应交税费——应交增值税(进项税额)　　　　　　　　　　　　48 000 000
　　应交税费——待抵扣进项税额　　　　　　　　　　　　　　　32 000 000
　　贷：银行存款　　　　　　　　　　　　　　　　　　　　　　580 000 000

计提折旧时：

月折旧额＝(500 000 000－3 200 000)÷45÷12＝920 000(元)

借：制造费用　　　　　　　　　　　　　　　　　　　　　　　　　920 000
　　贷：累计折旧　　　　　　　　　　　　　　　　　　　　　　　　920 000

进项税可抵扣销项税时的会计分录为：

借：应交税费——应交增值税(进项税额)　　　　　　　　　　　32 000 000
　　贷：应交税费——待抵扣进项税额　　　　　　　　　　　　　32 000 000

(4) 采用年数总和法：

第一年折旧率＝6÷(1＋2＋3＋4＋5＋6)＝6÷21＝28.57%
折旧额＝(33 000 000－30 000)×28.57%＝9 419 529(元)
第二年折旧率＝5÷(1＋2＋3＋4＋5＋6)＝23.81%
折旧额＝(33 000 000－30 000)×23.81%＝7 850 157(元)
第三年折旧率＝4÷(1＋2＋3＋4＋5＋6)＝19.05%
折旧额＝(33 000 000－30 000)×19.05%＝6 280 785(元)
第四年折旧率＝3÷(1＋2＋3＋4＋5＋6)＝14.29%
折旧额＝(33 000 000－30 000)×14.29%＝4 711 413(元)
第五年折旧率＝2÷(1＋2＋3＋4＋5＋6)＝9.52%
折旧额＝(33 000 000－30 000)×9.52%＝3 138 744(元)
第六年折旧率＝1÷(1＋2＋3＋4＋5＋6)＝4.76%
折旧额＝(33 000 000－30 000)×4.76%＝1 569 372(元)

思政学堂

会计与中国经济

2019年4月23日,财政部、国家税务总局联合发布了《关于扩大固定资产加速折旧优惠政策适用范围的公告》(财政部、国家税务总局公告〔2019〕66号),即"66号公告"。66号公告规定固定资产加速折旧优惠的行业范围,扩大至全部制造业领域。自2014年起,对六大行业(生物药品制造业,专用设备制造业,铁路、船舶、航空航天和其他运输设备制造业,计算机、通信和其他电子设备制造业,仪器仪表制造业,信息传输、软件和信息技术服务业)的企业新购进的固定资产,以及自2015年起对四个领域(轻工、纺织、机

项目六
思政启示

械、汽车)重点行业企业新购进的固定资产,均允许按规定折旧年限的60%缩短折旧年限,或选择采取加速折旧方法(双倍余额递减法和年数总和法)。自2019年1月1日起,固定资产加速折旧优惠不再限于六大行业和四个领域重点行业企业,而是扩大至所有制造业。

固定资产属于制造业的劳动资料,是制造业物质生产基础,也是制造业发展的重要条件,计提折旧可以使企业实现对固定资产的足额补偿,而固定资产加速折旧政策能够加快固定资产投资的收回,促进企业技术改造,支持创业创新,这是我国一项重要的经济政策。

学以致用

项目六
初级精练

一、单项选择题

1. 某企业销售商品一批,增值税专用发票上标明价款为60万元,适用的增值税税率为13%。该企业为购买方垫付的运杂费为2万元,款项尚未收回,该企业确认的应收账款应该是(　　)万元。
   A. 60　　　　　B. 62　　　　　C. 70.2　　　　　D. 69.8

2. 某增值税一般纳税企业自建一幢仓库,购入工程物资200万元,增值税税额为26万元,已全部用于建造仓库;耗用库存材料50万元,应负担的增值税税额为6.5万元;支付建筑工人工资36万元。该仓库建造完成并达到预定可使用状态,其入账价值为(　　)万元。
   A. 250　　　　　B. 290　　　　　C. 286　　　　　D. 326

3. 2024年12月31日,甲公司购入一台设备并投入使用,其成本为25万元,预计使用年限为5年,预计净残值为1万元,采用双倍余额递减法计提折旧。假定不考虑其他因素,2025年该设备应计提的折旧为(　　)万元。
   A. 4.8　　　　　B. 8　　　　　C. 9.6　　　　　D. 10

4. 2023年12月31日,甲公司购入一台设备,入账价值为100万元,预计使用年限为5年,预计净残值为4万元,采用双倍余额递减法计算折旧,则该项设备2025年应计提的折旧额为(　　)万元。
   A. 25.6　　　　　B. 19.2　　　　　C. 40　　　　　D. 24

5. 甲公司为增值税一般纳税人,2024年12月31日购入不需要安装的生产设备一台,当日投入使用。该设备价款为360万元,增值税税额为61.2万元,预计使用寿命为5年,预计净残值为0,采用年数总和法计提折旧。该设备2025年应计提的折旧为(　　)万元。
   A. 72　　　　　B. 120　　　　　C. 140.4　　　　　D. 168.48

6. 某增值税一般纳税人,企业出售一台设备,原价为160 000元,已提折旧45 000元,出售设备时发生各种清理费用为3 000元,增值税税额为180元。出售设备所得价款113 000元,增值税税额为14 690元。该设备出售净收益为(　　)元。
   A. -2 000　　　　　B. 2 000　　　　　C. 5 000　　　　　D. -5 000

7. 企业自用仓库出租,出租时账面原值300万元,已计提折旧30万元,计提减值准备

项目六 在建工程及固定资产业务核算

40万元,公允价值400万元,则该仓库的账面价值是( )万元。
A. 400　　　　　　B. 300　　　　　　C. 230　　　　　　D. 260

8. 下列各项中,不会导致固定资产账面价值发生增减的是( )。
A. 盘盈固定资产　　　　　　　　　B. 经营性租入设备
C. 以固定资产对外投资　　　　　　D. 计提减值准备

9. 某企业2023年12月31日购入一台设备,入账价值为200万元,预计使用寿命为10年,预计净残值为20万元,采用年限平均法计提折旧。2024年12月31日,该设备存在减值迹象,经测试预计可收回金额为120万元。2025年12月31日该设备账面价值为( )万元。
A. 120　　　　　　B. 160　　　　　　C. 180　　　　　　D. 182

10. 下列各项中,不属于投资性房地产的是( )。
A. 房地产企业持有的待售商品房
B. 以经营租赁方式出租的商用房
C. 以经营租赁方式出租的土地使用权
D. 持有并准备增值后转让的土地使用权

二、多项选择题

1. 在采用自营方式建造固定资产的情况下,下列各项中,应计入固定资产取得成本的有( )。
A. 工程项目耗用的工程物资
B. 在建工程人员工资
C. 生产车间为工程提供的水、电等费用
D. 企业行政管理部门为组织和管理生产经营活动而发生的费用

2. 下列各项中,属于影响固定资产折旧因素的有( )。
A. 固定资产原价
B. 固定资产的预计使用寿命
C. 固定资产预计净残值
D. 已计提的固定资产减值准备

3. 下列各项中,应计提固定资产折旧的有( )。
A. 经营租入的设备
B. 融资租入的办公楼
C. 已投入使用但未办理竣工决算的厂房
D. 已达到预定可使用状态但未投产的生产线

4. 下列各项关于企业固定资产折旧方法的表述中,正确的有( )。
A. 年限平均法需要考虑固定资产的预计净残值
B. 年数总和法计算的固定资产折旧额逐年递减
C. 双倍余额递减法不需要考虑固定资产的预计净残值
D. 年数总和法不需要考虑固定资产的预计净残值

5. 下列各项关于企业计提固定资产折旧会计处理的表述中,不正确的有( )。
A. 对管理部门使用的固定资产计提的折旧应计入管理费用

103

B. 对财务部门使用的固定资产计提的折旧应计入财务费用

C. 对生产车间使用的固定资产计提的折旧应计入制造费用

D. 对专设销售机构使用的固定资产计提的折旧应计入销售费用

三、判断题

1. 企业以一笔款项购入多项没有单独标价的固定资产时,应按各项固定资产公允价值的比例对总成本进行分配,分别确定各项固定资产的成本。（　　）

2. 企业自行建造固定资产,应将建造该项资产竣工决算前所发生的必要支出作为固定资产的成本。（　　）

3. 已达到预定可使用状态但尚未办理竣工决算的固定资产不应计提折旧。（　　）

4. 投资性房地产后续计量会计处理的表述中,不同企业可以分别采用成本模式或公允价值模式,同一企业不得同时采用成本模式和公允价值模式进行后续计量。（　　）

5. 采用成本模式进行后续计量的投资性房地产,其后续计量原则与固定资产或无形资产相同。（　　）

四、业务题

1. 2023年3月2日,陕西鸿腾股份有限公司购入工程物资100 000元,增值税税额为13 000元,全部用于工程建设。领用本企业生产的一批水泥,实际成本为30 000元,相关进项税额为3 900元,税务部门确定的计税价格为40 000元。工程人员工资为40 000元。工程完工能够达到预定可使用状态。请编制相关业务的会计分录。

(1) 购入工程物资时的会计分录为：

(2) 领用工程物资时的会计分录为：

(3) 工程领用本企业生产水泥时的会计分录为：

(4) 分配工程应负担的职工薪酬时的会计分录为：

(5) 工程完工达到预定可使用状态时的会计分录为：

2. 新科门业销售部门有一台办公设备，其原值为 9 600 元，预计使用 5 年，预计残值是 800 元，预计清理费用是 200 元，采用平均年限法计提折旧。请编制相关业务的会计分录。

3. 2024 年 4 月 30 日，新科门业年末固定资产清查时发现上年购入的一台设备未入账，其重置成本为 10 000 元，该公司按净利润的 10% 提取法定盈余公积，不考虑所得税及其他因素，请编制相关业务的会计分录。

4. 甲公司为增值税一般纳税人,2月1日购入一台不需要安装即可投入使用的生产设备,取得的增值税专用发票上注明价款为30 000元,增值税税额为3 900元,取得的运输费发票(增值税专用发票)上注明价款为1 000元,增值税税额为90元,款项34 990元均以银行存款支付。请编制相关业务的会计分录。

5. A公司为增值税一般纳税人,2月1日购入一台需要安装的机器设备,取得的增值税专用发票上注明价款为500 000元,增值税税额为65 000元,取得的运输费发票(增值税专用发票)上注明价款为10 000元,增值税税额为900元,款项已通过银行支付;安装设备时,领用一批本公司外购原材料,成本为30 000元;领用一批自制产品,成本为40 000元;发生安装人员薪酬为10 000元。假定不考虑其他相关税费,请编制相关业务的会计分录。

6. B公司为增值税小规模纳税人,6月10日用银行存款购入一台需要安装的设备,取得的增值税专用发票上注明价款为50 000元,增值税税额为6 500元,支付安装费,取得的增值税专用发票上注明的价款为10 000元,增值税税额为900元。请编制相关业务的会计分录。

7. 甲公司为增值税一般纳税人,5 月 21 日,从乙公司一次购入 3 套不同型号且具有不同生产能力的设备 A、B 和 C。甲公司为该批设备共支付货款 5 650 000 元(增值税专用发票上注明的价款为 5 000 000 元,增值税税额为 650 000 元),另支付保险费 17 000 元,装卸费 3 000 元,保险费和装卸费增值税税额为 1 200 元,全部通过银行转账支付;假定设备 A、B 和 C 分别满足固定资产确认的条件,公允价值分别为 1 560 000 元、2 340 000 元和 1 300 000 元。假定不考虑其他相关税费。请编制相关业务的会计分录。

8. 企业某项固定资产原价为 50 000 元,预计使用年限为 5 年,预计净残值率为 4%(即预计净残值为 2 000 元),计算该项固定资产的月折旧额。

9. 某企业有一辆货运卡车,原值为 80 000 元,预计净残值率为 5%,预计总行驶 50 万千米,本月行驶 4 000 千米,计算该项固定资产的月折旧额。

10. 某企业 1 月有关固定资产折旧的资料如下:
    (1) 1 月各部门的折旧额为:生产经营部门 8 321 元,运输车队 2 900 元,管理部门 4 150 元。
    (2) 1 月 6 日,生产经营部门购进计算机一台,已投入使用,原值为 12 000 元,预计净残值率为 3%,预计使用 5 年,采用双倍余额递减法计提折旧。
    (3) 1 月 10 日,运输车队购入一辆大货车,主要用于生产车间的原料运输工作,原值为 84 000 元,预计净残值率为 5%,预计总行驶 200 000 千米,2 月行驶 800 千米,采用工作量法计提折旧。
    (4) 1 月 17 日,生产经营部门报废一台机器设备,原值为 42 000 元,预计净残值率为 4%,使用期限为 10 年,实际使用 8 年零 9 个月,该设备采用直线法提取折旧。

(5) 1月25日,管理部门购进设备一台,已经投入使用,原值为19 200元,预计净残值率为4%,预计使用4年,采用年数总和法计提折旧。

计算该企业生产经营部门、运输车队、管理部门2月应该计提的折旧额。

11. 甲公司是一家饮料生产企业,有关业务资料如下,请编制相关业务的会计分录。假定甲公司按年度计提固定资产折旧,为简化计算过程,整个过程不考虑其他相关税费。

(1) 2022年12月,甲公司自行建成了一条饮料生产线并投入使用,建造成本为600 000元,采用年限平均法计提折旧,预计净残值率为3%,预计使用年限为6年。

(2) 该生产线在2024年年末发生减值30 000元。

(3) 2024年12月31日,由于生产的产品适销对路,现有的这条饮料生产线的生产能力已难以满足公司生产发展的需要。但若新建生产线成本又过高,周期过长,于是甲公司决定对现有生产线进行改扩建,以提高其生产能力。

（4）2025年4月30日，甲公司完成了对这条生产线的改扩建工程，达到预定可使用状态。改扩建过程中发生以下支出：用银行存款购买一批工程物资，取得的增值税专用发票上注明价款为210 000元，增值税税额为27 300元，已全部用于改扩建工程；发生有关人员薪酬114 000元。

（5）该生产线改扩建工程达到预定可使用状态后，大大提高了生产能力，预计尚可使用年限为7年。假定改扩建后的生产线的预计净残值率为4%，折旧方法仍为年限平均法，在使用期间没有发生减值损失。

项目评价

根据本项目学习情况，在表6-1中进行评价，"A"为优良，"B"为一般，"C"为需要帮助。

表6-1　　　　　　　　　　　项目六学习评价表

序号	学习重点	自我评价（在方框内打钩）	教师反馈与评价
1	固定资产折旧计提的原理	A□B□C□	
2	固定资产减值准备的测试方法	A□B□C□	
3	固定资产折旧的计算方法	A□B□C□	
4	能够根据在建工程及固定资产业务相关的原始凭证编制记账凭证	A□B□C□	
	总体评价		

项目七 无形资产与其他资产业务核算

项目七
行业前沿

 学习目标

知识目标

○ 了解无形资产的概念。
○ 理解无形资产的确认条件。
○ 掌握无形资产初始计量、摊销和后续计量的会计核算原理。
○ 掌握无形资产处置及期末计价的会计核算原理。

能力目标

○ 会填制并审核无形资产及长期待摊费用的原始凭证。
○ 会根据无形资产取得、摊销、出售、报废、减值相关原始凭证编制记账凭证。
○ 会根据长期待摊费用发生相关原始凭证编制记账凭证。

素质目标

○ 通过无形资产分类相关知识学习,培养具备知识产权相关社会治理布局的政策理解能力。
○ 通过无形资产相关知识学习,培养具备保护知识产权的法律意识。
○ 通过无形资产及长期待摊费用相关知识学习,培养具备维护知识产权市场正常秩序的社会使命感。

 知识脉络

```
                                        ┌─ 认识无形资产
                                        │  无形资产取得的核算
                         ┌─ 无形资产核算 ─┤  无形资产摊销的核算
                         │              │  无形资产出售和报废的核算
无形资产与其他资产业务核算 ─┤              └─ 无形资产减值的核算
                         │
                         └─ 其他资产业务核算 ┌─ 认识其他资产业务
                                          └─ 其他资产业务的账务处理
```

任务一　无形资产核算

【任务发布7-1】

新科门业2024年发生的无形资产业务如下：

（1）1月4日，购入一项专利权A，取得增值税专用发票，注明的价款为250 000元，增值税税额为15 000元。购入后公司为该专利权支付律师费2万元、重新登记注册费3万元，经鉴定该专利权使用寿命为10年，预计残值为零。年末，因某单位侵权，公司向法院起诉，支付律师咨询费1 500元，法院判决胜诉。

（2）1月10日，开发一种新技术，共分三个阶段进行。年初至2月末为市场调研阶段，发生调研费用130 000元；3月初进入研究阶段，对新技术进行可行性研究，并提出具体的开发方案，发生研究人员工资费用600 000元，用银行存款支付资料费、耗材费、办公费407 000元；9月19日进入开发阶段，应用新技术生产出的产品能够直接满足市场需求，该阶段发生费用取得增值税专用发票，注明的价款为2 400 000元，增值税税额为312 000元。全部通过银行支付，开发阶段支出全部符合资本化条件。12月20日该新技术取得了专利证书。

（3）2月6日，接受智能电子股份公司以其所拥有的专利权作为出资，双方协议价为55万元，按照市场情况估计其公允价值为60万元，双方已经办妥相关手续。

（4）3月15日，经国家土地部门核准，获得一块土地的使用权，支付土地出让金65万元，支付土地勘测费、评估费等相关费用5万元。半年后，新科门业利用该土地临街的地理优势开发新建综合楼。

（5）4月20日，以前购入的一项非专利技术，其购入时账面价值为80万元，已摊销的金额为48万元，已提减值准备12万元，由于新技术的开发利用，该无形资产已无任何使用价值和转让价值。

（6）5月12日，将拥有的一项专利权B出售，开具增值税专用发票，注明的价款为1 000 000元，增值税税额为60 000元，取得款项1 060 000元存入银行。B专利权的账面原值为400万元，累计摊销额为250万元，已提取的减值准备为80万元。

（7）6月8日，许可智能家居使用其商标C一年，收取商标使用费200万元，该商标每年的摊销额为150万元。

（8）6月30日，购入的A专利权由于市场原因可能发生减值。此时可收回金额为200 000元。

请为新科门业作以上业务的账务处理。

知识准备

一、认识无形资产

（一）无形资产的概念

无形资产是指企业拥有或者控制的没有实物形态的可辨认的非货币性资产，主要包括专利权、非专利技术、商标权、著作权、土地使用权、特许权等。

微课 7-1
无形资产概述

(二) 无形资产的特征

1. 不具有实物形态

无形资产是不具有实物形态的非货币性资产,它不像固定资产、存货等资产具有实物形态。

2. 具有可辨认性

资产若满足下列条件之一,即符合可辨认性标准。

(1) 能够从企业中分离或者划分出来,并能单独或者与相关合同、资产或负债一起,用于出售、转让、授予许可、租赁或者交换。

(2) 源自合同性权利或其他法定权利,无论这些权利是否可以从企业或其他权利和义务中转移或分离。

商誉由于无法与企业自身分离而存在,不具有可辨认性,不属于无形资产。

(3) 属于非货币性长期资产,且能够在多个会计期间为企业带来经济利益。无形资产的使用年限在一年以上,其价值将在各个受益期间摊销。

(三) 无形资产的内容

1. 专利权

专利权是指国家专利主管机关依法授予发明创造专利申请人对其发明创造在法定期限内所享有的专有权利,包括发明专利权、实用新型专利权和外观设计专利权。

2. 非专利技术

非专利技术又称专有技术,是指先进的、未公开的、未申请专利、可以带来经济效益的技术及诀窍,主要包括工业专有技术、商业(贸易)专有技术、管理专有技术。

3. 商标权

商标权是指专门在某类指定的商品或产品上使用特定的名称或图案的权利。《中华人民共和国商标法》明确规定,经商标局核准注册的商标为注册商标,商标注册人享有商标专用权,受法律的保护。

4. 著作权

著作权又称版权,是指作者对其创作的文学、科学和艺术作品依法享有的某些特殊权利。著作权包括精神权利(人身权利)和经济权利(财产权利)两方面的权利。

5. 土地使用权

土地使用权是指国家准许某一企业或单位在一定期间内对国有土地享有开发利用、经营的权利。根据《中华人民共和国土地管理法》的规定,我国实行土地的社会主义公有制,即全民所有制和劳动群众集体所有制。任何单位和个人不得侵占、买卖或者以其他形式非法转让土地。土地使用权可以依法转让。

6. 特许权

特许权又称经营特许权、专营权,是指企业在某一地区经营或销售某种特定商品的权利或是一家企业接受另一家企业使用其商标、商号、技术秘密等的权利。

二、无形资产取得的核算

为反映和监督无形资产的取得、摊销和处置等情况,企业应当设置"无形资产""累计摊销"等账户进行核算。"无形资产"账户核算企业持有的无形资产成本,借方登记取得无形资产的成本,贷方登记处置、转出无形资产的账面余额,期末借方余额反映企业无形资产成本。"无形资产"账户按无形资产项目设置明细账户进行核算。"累计摊销"账户核算企业对使用寿命有限的无形资产计提的累计摊销,属于"无形资产"账户的调整账户,贷方登记企业计提的无形资产摊销,借方登记处置、转出无形资产的累计摊销,期末贷方余额反映企业无形资产的累计摊销额。企业无形资产发生减值的还应设置"无形资产减值准备"账户进行核算。

企业以外购、自行研究开发等方式取得的无形资产,应按成本进行初始计量,其取得方式不同,会计处理也有所差别。

（一）外购无形资产

外购无形资产的成本包括购买价款、相关税费以及直接归属于使该项资产达到预定用途所发生的其他支出。其中,相关税费不包括按照现行增值税制度规定可以从销项税额中抵扣的增值税税额。外购无形资产,取得增值税专用发票的,按注明的增值税进项税额,借记"应交税费——应交增值税（进项税额）"账户;取得增值税普通发票的,按注明的价税合计金额作为无形资产成本,其进项税额不可抵扣。

微课 7-2 取得无形资产

（二）自行研究开发无形资产

企业内部研究开发项目所发生的支出应区分研究阶段支出和开发阶段支出。

（1）研究阶段支出。研究阶段具有探索性,研究成果不确定性,因此研究阶段支出发生时费用化,借记"研发支出——费用化支出"账户,贷记"原材料""银行存款""应付职工薪酬"等账户。

实操 7-1 无形资产取得

（2）开发阶段支出。无形资产开发阶段发生的支出,满足资本化条件的,借记"研发支出——资本化支出"账户,贷记"原材料""银行存款""应付职工薪酬"等账户。

研究开发项目达到预定用途形成无形资产的,应按"研发支出——资本化支出"账户余额,借记"无形资产"账户,贷记"研发支出——资本化支出"账户。期末,将"研发支出——费用化支出"账户归集的金额转入"管理费用"账户。企业如果无法可靠区分研究阶段的支出和开发阶段的支出,应将发生的研发支出全部费用化,记入"管理费用"账户的借方。

三、无形资产摊销的核算

企业应于取得无形资产时分析判断其使用寿命。使用寿命有限的无形资产应进行摊销,使用寿命不确定的无形资产不应摊销。使用寿命有限的无形资产,其残值通常视为零,自可供使用（即其达到预定用途）当月起开始按月摊销,处置当月不再摊销。无形资产摊销方法应反映与该项无形资产有关的经济利益的预期实现方式,如年限平均法、生产总量法等。企业无法可靠确定预期实现方式的,应当采用年限平均法摊销。

无形资产摊销额应计入当期损益。企业管理用无形资产,其摊销额记入"管理费用"账户;出租无形资产,其摊销额记入"其他业务成本"账户;某项无形资产包含的经济利益通过生产的产品或其他资产实现的,其摊销额计入相关资产成本。企业摊销无形资产时,借记"管理费用""其他业务成本""生产成本""制造费用"等账户,贷记"累计摊销"账户。

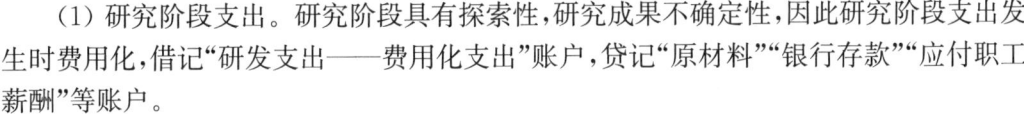
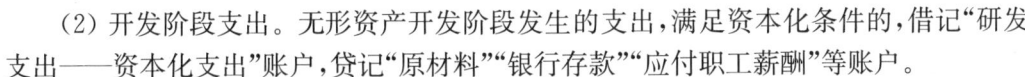

微课 7-3 无形资产摊销

四、无形资产出售和报废的核算

(一)无形资产出售

企业出售无形资产,应将取得的价款扣除该无形资产账面价值和出售相关税费后的差额作为资产处置损益进行核算。按照实际收到或应收款项,借记"银行存款""其他应收款"等账户;按已计提累计摊销,借记"累计摊销"账户;按可抵扣进项税额,借记"应交税费——应交增值税(进项税额)"账户;按实际支付的相关费用,贷记"银行存款"等账户;按无形资产账面余额,贷记"无形资产"账户;按开具增值税专用发票上注明的增值税税额,贷记"应交税费——应交增值税(销项税额)"账户;其差额,贷记或借记"资产处置损益"账户。已计提减值准备的,还应同时结转减值准备,借记"无形资产减值准备"账户。

微课 7-4
处置无形
资产

(二)无形资产报废

如果无形资产预期不能为企业带来经济利益,不再符合无形资产的定义,企业应将其报废并予以转销,其账面价值转入当期损益。例如,某项无形资产已被其他新技术替代或超过法律保护期。

企业报废并转销无形资产时,按已计提的累计摊销,借记"累计摊销"账户;按其账面余额,贷记"无形资产"账户;如果已计提减值准备的,还应同时结转减值准备,借记"无形资产减值准备"账户;按其差额,借记"营业外支出——处置非流动资产损失"账户。

五、无形资产减值的核算

如果无形资产将来为企业创造的经济利益不足以补偿无形资产成本(摊余成本),则说明无形资产发生了减值,具体表现为无形资产的账面价值超过其可收回金额。在资产负债表日,无形资产存在可能发生减值迹象,且其可收回金额低于账面价值的,企业应当将该无形资产的账面价值减记至可收回金额,减记的金额确认为减值损失,并计提相应的无形资产减值准备。企业按照应减记的金额,借记"资产减值损失——无形资产减值损失"账户,贷记"无形资产减值准备"账户。需要强调的是,根据《企业会计准则第 8 号——资产减值》的规定,企业无形资产减值损失一经确认,在以后会计期间不得转回。

【任务实施 7-1】

(1)1 月 4 日,购入 A 专利权时的会计分录为:

借:无形资产——A 专利权   300 000
  应交税费——应交增值税(进项税额)   15 000
  贷:银行存款   315 000

年末,向法院起诉时的会计分录为:

借:管理费用   1 500
  贷:银行存款   1 500

(2) 1月10日的会计分录为：

借：研发支出——费用化支出　　　　　　　　　　　　　　　　　130 000
　　贷：银行存款　　　　　　　　　　　　　　　　　　　　　　　　　130 000

1月31日的会计分录为：

借：管理费用　　　　　　　　　　　　　　　　　　　　　　　　　130 000
　　贷：研发支出——费用化支出　　　　　　　　　　　　　　　　　　130 000

3月1日的会计分录为：

借：研发支出——费用化支出　　　　　　　　　　　　　　　　　1 007 000
　　贷：应付职工薪酬　　　　　　　　　　　　　　　　　　　　　　　600 000
　　　　银行存款　　　　　　　　　　　　　　　　　　　　　　　　　407 000

8月31日的会计分录为：

借：管理费用　　　　　　　　　　　　　　　　　　　　　　　　1 007 000
　　贷：研发支出——费用化支出　　　　　　　　　　　　　　　　　1 007 000

9月19日的会计分录为：

借：研发支出——资本化支出　　　　　　　　　　　　　　　　　2 400 000
　　应交税费——应交增值税(进项税额)　　　　　　　　　　　　　312 000
　　贷：银行存款　　　　　　　　　　　　　　　　　　　　　　　　2 712 000

12月20日的会计分录为：

借：无形资产　　　　　　　　　　　　　　　　　　　　　　　　2 400 000
　　贷：研发支出——资本化支出　　　　　　　　　　　　　　　　　2 400 000

(3) 2月6日，接受专利权时的会计分录为：

借：无形资产——专利权　　　　　　　　　　　　　　　　　　　 600 000
　　贷：实收资本——XH电子股份公司　　　　　　　　　　　　　　　 550 000
　　　　资本公积　　　　　　　　　　　　　　　　　　　　　　　　　50 000

(4) 3月15日，获得土地使用权的会计分录为：

借：无形资产——土地使用权　　　　　　　　　　　　　　　　　　700 000
　　贷：银行存款　　　　　　　　　　　　　　　　　　　　　　　　　700 000

半年后，开发新建综合楼时，应将土地使用权转入固定资产。若为自行开发建造厂房工程就不用将土地使用权转入固定资产。

(5) 无形资产账面价值为20万元(80－48－12)，由于该无形资产已无任何价值，全部减值。此时会计分录为：

借：营业外支出　　　　　　　　　　　　　　　　　　　　　　　　200 000
　　无形资产减值准备　　　　　　　　　　　　　　　　　　　　　　120 000
　　累计摊销　　　　　　　　　　　　　　　　　　　　　　　　　　480 000
　　贷：无形资产——非专利技术　　　　　　　　　　　　　　　　　　800 000

(6) 5月12日，出售专利权的会计分录为：

借：银行存款　　　　　　　　　　　　　　　　　　　　　　　1 060 000
　　累计摊销　　　　　　　　　　　　　　　　　　　　　　　　2 500 000
　　无形资产减值准备　　　　　　　　　　　　　　　　　　　　　800 000
　　贷：无形资产　　　　　　　　　　　　　　　　　　　　　　4 000 000
　　　　应交税费——应交增值税（销项税额）　　　　　　　　　　 60 000
　　　　营业外收入　　　　　　　　　　　　　　　　　　　　　　300 000

(7) 6月8日，公司许可MH公司使用商标时的会计分录为：

借：银行存款　　　　　　　　　　　　　　　　　　　　　　　2 000 000
　　贷：其他业务收入　　　　　　　　　　　　　　　　　　　　2 000 000

借：其他业务成本　　　　　　　　　　　　　　　　　　　　　1 500 000
　　贷：累计摊销　　　　　　　　　　　　　　　　　　　　　　1 500 000

(8) 摊销额＝300 000÷(10×2)＝15 000(元)

账面价值＝300 000－15 000＝285 000(元)

减值金额＝285 000－200 000＝85 000(元)

借：资产减值损失　　　　　　　　　　　　　　　　　　　　　　85 000
　　贷：无形资产减值准备　　　　　　　　　　　　　　　　　　　85 000

任务二　其他资产业务核算

【任务发布7-2】

(1) 2025年1月，接到国家有关部门通知，采购一批帐篷。一周后，银行收到国家拨付的采购资金共1 500 000元。

(2) 2025年4月20日，接到当地法院通知，企业在工商银行中华路支行的银行账户500 000元，即日起被冻结。

(3) 2025年4月21日，接到当地法院通知，企业存放在仓库中的价值100 000元的商品被冻结。

请为新科门业作上述业务的账务处理。

知识准备

一、认识其他资产业务

其他资产是指除货币资金、金融资产、存货、长期股权投资、固定资产和无形资产以外的资产，主要包括长期待摊费用和其他长期资产。

长期待摊费用是指企业已经发生，但应由本期和以后各期负担的摊销期限在一年以上的各项费用,如以经营方式租入的固定资产的改良支出。

其他长期资产指具有专门用途,但不参加生产经营的经国家批准的特种储备物资、银行冻结存款和冻结物资、涉及诉讼中的财产等。企业由于特殊原因,经国家特准在正常范围以外储备指定用途的物资及因特殊原因银行冻结存款、冻结物资、诉讼中的财产均属企业特种储备物资,应在专设的"特种储备物资"账户中进行核算。企业临时设施可根据需要单独设置账户进行核算。

二、其他资产业务的账务处理

(一)长期待摊费用的账务处理

企业发生长期待摊费用时,按照实际发生的费用,借记"长期待摊费用"账户,贷记"银行存款(原材料等)"账户。摊销长期待摊费用时,按照使用部门,借记"管理费用(销售费用)"等账户,贷记"长期待摊费用"账户。

(二)特种储备物资的账务处理

收到国家拨给的特种储备资金,代为储备特种物资时,应设置"特种储备基金"账户。收到国家拨付的资金时,借记"银行存款"账户,贷记"特种储备基金"账户;企业自行生产产品并代为储备时,借记"特种储备物资"账户,贷记"主营业务收入"账户、"应交税费——应交增值税(进项税额)"账户,同时结转产品成本,借记"主营业务成本"账户,贷记"库存商品"账户;企业代为收购并储存时,借记"特种储备物资"账户,贷记"银行存款"账户;国家调用物资时,借记"特种储备基金"账户,贷记"特种储备物资"账户。

微课 7-5 长期待摊费用及其账务处理

【任务实施 7-2】

新科门业 2025 年发生的其他资产业务及相关账务处理如下:

(1) 1 月,采购帐篷时的会计分录为:

借:银行存款　　　　　　　　　　　　　　　　　1 500 000
　　贷:特种储备基金　　　　　　　　　　　　　　　　1 500 000

2025 年 3 月末代为收购并储存帐篷,随时准备被国家调用。此时会计分录为:

借:特种储备物资——帐篷　　　　　　　　　　　1 500 000
　　贷:银行存款　　　　　　　　　　　　　　　　　1 500 000

国家调用帐篷时的会计分录为:

借:特种储备资金　　　　　　　　　　　　　　　1 500 000
　　贷:特种储备物资——帐篷　　　　　　　　　　　1 500 000

(2) 4 月 20 日,账户被冻结的会计分录为:

借:涉及诉讼中的财产　　　　　　　　　　　　　500 000
　　贷:银行存款　　　　　　　　　　　　　　　　　500 000

(3) 4 月 21 日,商品被冻结的会计分录为:

借:涉及诉讼中的财产　　　　　　　　　　　　　100 000
　　贷:库存商品　　　　　　　　　　　　　　　　　100 000

思政学堂

项目七
思政启示

中国特色知识产权治理体系建设

习近平总书记在主持中共中央政治局第二十五次集体学习时,强调"知识产权保护工作关系国家治理体系和治理能力现代化,关系高质量发展,关系人民生活幸福,关系国家对外开放大局,关系国家安全",深刻阐释了知识产权保护工作的时代内涵,为谋划新发展阶段知识产权事业发展提供了根本遵循和行动指南。知识产权保护工作关系国家治理体系和治理能力现代化。全面建设社会主义现代化国家,必须形成具有中国特色和时代内涵的国家治理体系,不断提高应对国内外政治、经济、军事、外交、科技、文化、安全等领域的风险和挑战的能力,知识产权无疑是其重要组成部分。

近年来,甘肃省委、省政府始终高位推动知识产权强省建设,把知识产权作为激励创新发展的基本保障和抢抓"一带一路"建设机遇、培育经济发展新动能、拓展对外开放新空间的重要战略支点,省市场监管局按照"树立大视野、构建大机制、组织大培训、开展大宣传、实施大纵深、形成大突破"的工作思路,以特色型知识产权强省建设为抓手,不断拓展知识产权工作新领域,着力构建知识产权强省建设新格局,知识产权治理体系和治理能力全面提升。"十三五"期间,甘肃省专利申请量累计达到132 523件,相比"十二五"增长159.19%,专利授权量累计达到67 487件,相比"十二五"增长196.08%,每万人口发明专利拥有量3.14件。

资料来源:光明日报

学以致用

项目七
初级精练

一、单项选择题

1. 接受投资者投入的无形资产,按(   )入账。
   A. 同类无形资产的价格
   B. 该无形资产可能带来的未来现金流量之和
   C. 按投资各方确认的价值
   D. 该无形资产账面价值

2. 2023年3月1日,某企业开始自行研发一项非专利技术,2024年1月1日研发成功并达到预定可使用状态。该非专利技术研究阶段累计支出为300万元(均不符合资本化条件),开发阶段的累计支出为800万元(其中不符合资本化条件的支出为200万元),不考虑其他因素,企业该非专利技术的入账价值为(   )万元。
   A. 800   B. 900   C. 1 100   D. 600

3. 某企业研发一项非专利技术,共发生研发支出250万元,其中研究阶段支出160万元,开发阶段支出90万元(其中符合资本化条件的支出为80万元),假定研发成功,则该非专利技术的入账价值为(   )万元。
   A. 90   B. 80   C. 250   D. 240

4. 下列各项中,关于无形资产摊销表述的不正确的是(   )。
   A. 使用寿命不确定的无形资产不应摊销

B. 出租无形资产的摊销额应计入管理费用
C. 使用寿命有限的无形资产处置当月不再摊销
D. 无形资产的摊销方法主要有直接法和生产总量法

5. 下列各项中，通过"长期待摊费用"账户核算的是（　　）。
   A. 行政管理部门发生的固定资产日常修理费用支出
   B. 生产车间发生的固定资产日常修理费用支出
   C. 经营租入固定资产发生的改良支出
   D. 融资租入固定资产发生的改良支出

二、多项选择题

1. 下列关于无形资产的表述中，正确的有（　　）。
   A. 寿命不确定的不计提减值准备
   B. 寿命有限的应进行摊销
   C. 寿命有限的应按生产总量法摊销
   D. 已计提减值的在以后期间不得转回

2. 下列各项中，关于无形资产会计处理的表述正确的有（　　）。
   A. 预期不能给企业带来经济利益的专利权应终止确认无形资产
   B. 无形资产减值损失确认后不能转回
   C. 处置无形资产形成的净损失应计入营业外支出
   D. 使用寿命不确定的无形资产不应摊销

3. 关于工业企业无形资产的表述，正确的有（　　）。
   A. 使用寿命有限的无形资产，不计提摊销
   B. 使用寿命不确定的无形资产，不予以摊销
   C. 无形资产减值一经确认，在以后会计期间不得转回
   D. 租出无形资产的摊销额，应计入其他业务成本

三、判断题

1. 无形资产是指企业拥有或控制的没有实物形态的非货币性资产，包括可辨认非货币性无形资产和不可辨认无形资产。（　　）
2. 企业无法可靠区分研究阶段和开发阶段支出的，应将其所发生的研发支出全部资本化计入无形资产成本。（　　）
3. 寿命有限的无形资产，如无法可靠确定预期经济利益实现的方式，应采用直线法摊销。（　　）
4. 使用寿命有限的无形资产应当自达到预定用途的下月起开始摊销。（　　）
5. 企业以经营租赁方式租入的固定资产发生的改良支出，应直接计入当期损益。（　　）

四、业务题

1. 2024年9月1日，新科门业从A公司购入一项商标权，支付价款2 650 000元，另支付相关费用10 600元，款项已通过银行转账支付，如果使用了该项商标权，预计其销售数量将提高25%，销售利润将增长29%。假设不涉及其他相关税费，请编制相关

业务的会计分录。

2. 新科门业自行研究开发一项技术,截至 2022 年 12 月 31 日,发生研发支出 100 000 元,经测试该项研发活动完成了研究阶段,从 2023 年 1 月 1 日开始进入开发阶段。2023 年发生的研发支出 130 000 元,假定符合《企业会计准则第 6 号——无形资产》规定的开发支出资本化的条件。2024 年 6 月 30 日,该项研发活动结束,最终开发出一项非专利技术。请编制相关业务的会计分录。

(1) 请编制 2022 年发生研发支出时的会计分录。

(2) 请编制 2022 年 12 月 31 日,发生的研发支出全部属于研究阶段支出时的会计分录。

(3) 请编制 2023 年,发生研发支出满足资本化确认条件时的会计分录。

(4) 请编制 2024 年 6 月 30 日,该技术研发完成并形成无形资产时的会计分录。

3. 甲公司为增值税一般纳税人,2024年4月,甲公司与乙公司签订商标购买合同,购入一项商标,取得的增值税专用发票上注明价款为225 000元,增值税税额为13 500元,全部款项用转账支票付讫。请编制相关业务的会计分录。

4. 丙公司为增值税一般纳税人,2023年1月1日,丙公司的董事会批准研发某项新型技术,该公司董事会认为,研发该项目具有可靠的技术和财务等资源的支持,并且一旦研发成功将降低该公司的生产成本。2024年7月31日,该项新型技术研发成功并已经达到预定用途。研发过程中所发生的直接相关的必要支出情况如下,请编制相关业务的会计分录。

(1) 2023年度发生材料费用9 000 000元,人工费用4 500 000元,计提专用设备折旧750 000元,以银行存款支付其他研发支出3 180 000元(含取得的增值税专用发票上注明的增值税税额为180 000元)。研发支出中符合资本化条件的支出为7 500 000元。

(2) 2024年7月31日前发生材料费用800 000元,人工费用500 000元,计提专用设备折旧50 000元,以银行存款支付其他研发支出21 200元(含取得的增值税专用发票上注明的增值税税额为1 200元),研发支出全部符合资本化条件。

5. A公司外购的非专利技术的估计使用寿命为10年,表明该项无形资产是使用寿命有限的无形资产,且该项无形资产用于产品生产。因此,应当将其摊销金额计入相关产品的制造成本。A公司外购的商标权的估计使用寿命为15年,表明该项无形资产同样也是使用寿命有限的无形资产,而商标权的摊销金额通常直接计入当期管理费用。

(1) 请编制取得无形资产时的会计分录。

(2) 请编制摊销时的会计分录。(假设按年限摊销)

6. 甲公司为增值税一般纳税人,将其拥有的某项商标权转让给乙公司,开具的增值税专用发票上注明价款为2 000 000元,增值税税额为120 000元,全部款项已存入银行。该商标权的账面余额为5 000 000元,已摊销金额为3 000 000元,已计提的减值准备为500 000元。请编制相关业务的会计分录。

7. A公司为增值税一般纳税人,2024年1月1日,A公司将商标权出租给B公司使用,该商标权的账面余额为500万元,摊销期限为10年,出租合同规定,承租方每销售一件用该商标贴标的产品,必须付给出租方2元使用费(含增值税,适用增值税税率为6%)。假定承租方当年销售该产品53万件,不考虑增值税以外的其他相关税费,请编制相关业务的会计分录。

8. D企业拥有某项专利技术,根据市场调查,用这项专利技术生产的产品已没有市场,决定应予转销。转销时,该项专利技术的账面余额为600万元,摊销期限为10年,采用直线法进行摊销,已摊销了5年。假定该项专利权的残值为零,已累计计提的减值准备为160万元,假定不考虑其他相关因素,请编制相关业务的会计分录。

项目评价

根据本项目学习情况,在表7-1中进行评价,"A"为优良,"B"为一般,"C"为需要帮助。

表7-1   项目七学习评价表

序号	学习重点	自我评价 (在方框内打钩)	教师反馈与评价
1	无形资产初始计量、摊销和后续计量	A□ B□ C□	
2	无形资产处置及期末计价	A□ B□ C□	
3	无形资产的确认条件	A□ B□ C□	
4	能够根据无形资产及其他资产相关原始凭证编制记账凭证	A□ B□ C□	
	总体评价	A□ B□ C□	

项目八 流动负债业务核算

📖 学习目标

🔬 知识目标

- 掌握短期借款的会计核算原理。
- 掌握应付及预收款项的会计核算原理。
- 掌握应付职工薪酬的分类及会计核算原理。

📚 能力目标

- 能够根据短期负债的相关原始凭证编制记账凭证。
- 能够根据应付及预收款项的相关原始凭证编制记账凭证。
- 能够根据应付职工薪酬的相关原始凭证编制记账凭证。
- 能够根据应交税费的相关原始凭证编制记账凭证。

📋 素质目标

- 通过短期借款、应付及预收款项相关知识学习,培养学生合法信贷的金融理财能力。
- 通过应交税费相关知识学习,培养学生合理合法纳税的社会责任感。

🔖 知识脉络

```
                            ┌ 短期借款核算 ┬ 认识短期借款
                            │              └ 短期借款业务核算
                            │
                            │              ┌ 应付票据的核算
                            │              │ 应付账款的核算
                            ├ 应付款项核算 ┤ 预收账款的核算
流动负债业务核算 ───────────┤              │ 应付利息和应付股利的核算
                            │              └ 其他应付款的核算
                            │
                            ├ 应付职工薪酬核算 ┬ 认识应付职工薪酬
                            │                  └ 应付职工薪酬的账务处理
                            │
                            │              ┌ 认识应交税费
                            └ 应交税费核算 ┤ 应交增值税的核算
                                           │ 应交消费税的核算
                                           └ 其他应交税费的核算
```

项目八　流动负债业务核算

任务一　短期借款核算

【任务发布 8-1】

2024年4月1日,新科门业因生产经营周转资金需要,从银行借入为期5个月的借款 500 000 元,年利率 6%,利息按月计提,按季支付,到期偿还本金。王红是新科门业的一位会计人员,他需要进行借入短期借款、利息计算和利息支付的业务核算。

请为新科门业作以上业务的账务处理。

知识准备

一、认识短期借款

短期借款是指企业向银行或其他金融机构等借入的期限在1年以下(含1年)的各种款项。短期借款一般是企业为了满足正常生产经营所需的资金或者是为了抵偿某项债务而借入的。短期借款的债权人不仅是银行,还包括其他非银行金融机构或其他单位和个人。

企业应设置"短期借款"账户核算短期借款的取得、偿还等情况。该账户贷方登记取得短期借款本金的金额,借方登记偿还短期借款本金的金额,期末余额在贷方,反映企业尚未偿还的短期借款。"短期借款"账户可按借款种类、贷款人和币种设置明细账户进行核算。

微课 8-1
短期借款

二、短期借款业务核算

(一) 短期借款借入的核算

企业取得短期借款时,借记"银行存款"账户,贷记"短期借款"账户。

短期借款利息属于企业的筹资费用,应当在发生时作为财务费用直接计入当期损益。在资产负债表日,企业应当按照计算确定的短期借款利息费用,借记"财务费用"账户,贷记"应付利息"账户;实际支付利息时,借记"应付利息"账户,贷记"银行存款"或"库存现金"账户。如果企业的短期借款利息按月支付,或者在借款到期时连同本金一起归还,数额不大的可以不采用预提的方法,而在实际支付或收到银行的计息通知时,直接计入当期损益,借记"财务费用"账户,贷记"银行存款"账户。

实操 8-1
短期借款

(二) 短期借款归还的核算

短期借款到期偿还本金时,企业应借记"短期借款"账户,贷记"银行存款"账户。如果在借款到期时连同本金一起归还利息的,企业应将归还的利息通过"应付利息"或"财务费用"账户核算。

【任务实施 8-1】

(1) 短期借款年利息＝短期借款本金×年利率

月利息＝500 000×6‰÷12＝2 500(元)

(2) 4月1日取得借款时的会计分录为：

借：银行存款　　　　　　　　　　　　　　　　　　　　500 000
　　贷：短期借款　　　　　　　　　　　　　　　　　　　　　　500 000

5月31日和6月30日计提利息时的会计分录为：

借：财务费用　　　　　　　　　　　　　　　　　　　　2 500
　　贷：应付利息　　　　　　　　　　　　　　　　　　　　　　2 500

7月31日支付第一季度利息时的会计分录为：

借：应付利息　　　　　　　　　　　　　　　　　　　　5 000
　　财务费用　　　　　　　　　　　　　　　　　　　　2 500
　　贷：银行存款　　　　　　　　　　　　　　　　　　　　　　7 500

8月31日和9月30日计提利息时的会计分录为：

借：财务费用　　　　　　　　　　　　　　　　　　　　2 500
　　贷：应付利息　　　　　　　　　　　　　　　　　　　　　　2 500

10月1日还本付息时的会计分录为：

借：短期借款　　　　　　　　　　　　　　　　　　　　500 000
　　应付利息　　　　　　　　　　　　　　　　　　　　2 500
　　财务费用　　　　　　　　　　　　　　　　　　　　2 500
　　贷：银行存款　　　　　　　　　　　　　　　　　　　　　　505 000

任务二　应付款项核算

【任务发布8-2】

2024年6月1日，新科门业购入原材料一批，原材料已入库，取得的增值税专用发票上注明的价款为20 000元，增值税税额为2 600元。新科门业开出一张面值为22 600元、期限为6个月的不带息银行承兑汇票，并支付手续费10.6元，其中增值税税额为0.6元。

【任务发布8-3】

2024年5月5日，新科门业购入一批材料，材料已入库，取得的增值税专用发票上注明的价款为10 000元，增值税税额为1 300元，货款尚未支付。协议规定现金折扣条件为"2/10,1/20,N/30"，现金折扣不考虑增值税。

【任务发布8-4】

新科门业为增值税一般纳税人,2024年2月1日与科技厂签订设备经营租赁合同,期限为6个月,租金共计339 000元(含增值税税额为39 000元)。合同约定,合同签订日预付租金113 000元(含增值税),合同到期结清全部租金余款。合同签订日,新科门业收到租金并存入银行,开具的增值税专用发票上注明租金为100 000元、增值税税额为13 000元。租赁期满日,新科门业开具增值税专用发票并收到租金余款及相应的增值税。该设备每月计提折旧40 000元。请为新科门业作以上业务的账务处理。

【任务发布8-5】

2024年新科门业发生如下经济业务：

(1) 2024年12月31日,新科门业计提2024年1月1日借入的长期借款利息。该长期借款本金为3 000 000元,分期付息,5年期到期还本,合同约定年利率为6%。

(2) 2025年1月5日,新科门业支付上述借款利息。

请为新科门业作以上业务的账务处理。

知识准备

一、应付票据的核算

应付票据是指企业购买材料、商品和接受劳务供应等而开出、承兑的商业汇票,包括商业承兑汇票和银行承兑汇票。

企业应设置"应付票据"账户核算应付票据的开出、偿付等情况。该账户贷方登记开出、承兑汇票的面值,借方登记支付票据的金额,期末余额在贷方,反映企业尚未到期的商业汇票的票面金额。

企业应当设置应付票据备查簿,详细登记商业汇票的种类、号数和出票日期、到期日、票面余额、交易合同号和收款人姓名或单位名称以及付款目的和金额等资料。应付票据到期结清时,上述内容应当在备在簿内予以注销。

我国商业汇票的付款期限不超过6个月,因此,企业应将应付票据作为流动负债管理和核算。同时,由于应付票据的偿付时间较短,一般均按照开出承兑的应付票据的面值入账。

企业因购买材料、商品和接受劳务供应等而开出承兑的商业汇票,应当按其票面金额作为应付票据的入账金额,借记"材料采购""在途物资""原材料""库存商品""应付账款""应交税费——应交增值税(进项税额)"等账户,贷记"应付票据"账户。

企业因开出银行承兑汇票而支付的银行承兑汇票手续费,应当计入当期财务费用。支付手续费时,按照确认的手续费,应借记"财务费用"账户,取得增值税专用发票的,按注明的增值税税额,借记"应交税费——应交增值税(进项税额)"账户,按照实际支付的金额,贷记"银行存款"账户。

企业开具的商业汇票到期支付票据款时,根据开户银行的付款通知,借记"应付票据"账户,贷记"银行存款"账户。

应付商业承兑汇票到期,如企业无力支付票款,由于商业汇票已经失效,企业应将应付票据按账面余额转作应付账款,借记"应付票据"账户,贷记"应付账款"账户;应付银行承兑汇票到期,如企业无力支付票款,则由承兑银行代支付并作为付款企业的贷款处理,企业应将应付票据的账面余额转作短期借款,借记"应付票据"账户,贷记"短期借款"账户。

二、应付账款的核算

应付账款是指企业因购买材料、商品或接受服务等经营活动应支付的款项。企业应设置"应付账款"账户核算应付账款的发生、偿还、转销等情况。该账户贷方登记应付未付款项的增加,借方登记应付未付款项的减少,期末贷方余额反映企业尚未支付的应付账款余额。"应付账款"账户可按债权人设置明细账户进行核算。

微课 8-3
应付账款

企业购入材料、商品或接受劳务等所产生的应付账款,应按应付金额入账。购入材料、商品等验收入库,但货款尚未支付,借记"材料采购""在途物资""原材料""库存商品"等账户;按照增值税专用发票上注明的增值税税额,借记"应交税费——应交增值税(进项税额)"账户;按应付的款项,贷记"应付账款"账户。

企业接受供应单位提供劳务而发生的应付未付款项,借记"生产成本""管理费用"等账户,按照增值税专用发票上注明的增值税税额,借记"应交税费——应交增值税(进项税额)"账户,贷记"应付账款"账户。

实操 8-3
应付账款

企业偿还应付账款或开出商业汇票抵付应付账款时,借记"应付账款"账户,贷记"银行存款""应付票据"等账户。

企业转销无力支付的应付账款时,借记"应付账款"账户,贷记"营业外收入"账户。

三、预收账款的核算

预收账款是指企业按照合同规定预收的款项。企业应设置"预收账款"账户,核算预收账款的取得、偿付等情况。该账户贷方登记发生的预收账款金额,借方登记企业冲销的预收账款金额。期末贷方余额反映企业预收的款项;期末借方余额反映企业尚未转销的款项。"预收账款"账户一般应按照客户设置明细账户进行核算,不再适用于收入准则。

微课 8-4
预收账款

企业预收款项时,按实际收到的全部预收款,借记"库存现金""银行存款"账户;涉及增值税的,按照预收款计算的应交增值税税额,贷记"应交税费——应交增值税(销项税额)"账户;全部预收款扣除应交增值税的差额,贷记"预收账款"账户。

企业分期确认有关收入时,按照实现的收入,借记"预收账款"账户,贷记"主营业务收入"或"其他业务收入"账户。

企业收到客户补付款项时,借记"库存现金""银行存款"账户,贷记"预收账款""应交税费——应交增值税(销项税额)"账户;退回客户多预付的款项时,借记"预收账款"账户,贷记"库存现金""银行存款"账户。涉及增值税的,还应进行相应的会计处理。

实操 8-4
预收账款

预收货款业务不多的企业,可以不单独设置"预收账款"账户,其所发生的预收货款,可通过"应收账款"账户核算。

四、应付利息和应付股利的核算

(一) 应付利息的核算

应付利息是指企业按照合同约定应支付的利息,包括预提短期借款利息、分期付息到期还本的长期借款、企业债券等应支付的利息。

企业应设置"应付利息"账户核算应付利息的发生、支付情况。该账户贷方登记按照合同约定计算的应付利息;借方登记实际支付的利息,期末贷方余额反映企业应付未付的利息。"应付利息"账户一般应按照债权人设置明细账户进行核算。

企业采用合同约定的利率计算确定利息费用时,按应付合同利息金额,借记"财务费用"等账户,贷记"应付利息"账户;实际支付利息时,借记"应付利息"账户,贷记"银行存款"等账户。

微课 8-5
应付股息
应付股利

(二) 应付股利的核算

应付股利是指企业根据股东大会或类似机构审议批准的利润分配方案确定分配给投资者的现金股利或利润。

企业应设置"应付股利"账户核算企业确定或宣告发放但尚未实际支付的现金股利或利润。该账户贷方登记应支付的现金股利或利润,借方登记实际支付的现金股利或利润,期末贷方余额反映企业应付未付的现金股利或利润。"应付股利"账户应按照投资者设置明细账户进行核算。

企业根据股东大会或类似机构审议批准的利润分配方案,确认应付给投资者的现金股利或利润时,借记"利润分配——应付现金股利(利润)"账户,贷记"应付股利"账户;向投资者实际支付现金股利或利润时,借记"应付股利"账户,贷记"银行存款"等账户。

实操 8-5
应付股利

五、其他应付款的核算

其他应付款是指企业除应付票据、应付账款、预收账款、应付职工薪酬、应交税费、应付利息、应付股利等经营活动以外的其他各项应付、暂收的款项,如应付短期租赁、固定资产租金、租入包装物租金、存入保证金等。

企业应设置"其他应付款"账户核算其他应付款的增减变动及其结存情况。该账户贷方登记发生的各种应付、暂收款项,借方登记偿还或转销的各种应付、暂收款项,期末贷方余额反映企业应付未付的其他应付款项。"其他应付款"账户按照其他应付款的项目和对方单位(或个人)设置明细账户进行核算。

企业发生其他各种应付、暂收款项时,借记"管理费用"等账户,贷记"其他应付款"账户;支付或退回其他各种应付、暂收款项时,借记"其他应付款"账户,贷记"银行存款"账户。

微课 8-6
其他应付款

【任务实施 8-2】

(1) 2024 年 6 月 1 日,开具银行承兑汇票,支付手续费时的会计分录为:

```
借:财务费用                                    10.0
    应交税费——应交增值税(进项税额)              0.6
    贷:银行存款                                10.6
```

实操 8-6
其他应付款
账务处理

(2) 2024年6月1日,用银行承兑汇票购买原材料时的会计分录为:

借:原材料	20 000	
应交税费——应交增值税(进项税额)	2 600	
贷:应付票据		22 600

(3) 银行承兑汇票到期,企业支付票款时的会计分录为:

借:应付票据	22 600	
贷:银行存款		22 600

(4) 银行承兑汇票到期,企业无力支付票款时的会计分录为:

借:应付票据	22 600	
贷:短期借款		22 600

【任务实施 8-3】

(1) 购入材料已入库,款未付时的会计分录为:

借:原材料	10 000	
应交税费——应交增值税(进项税额)	1 300	
贷:应付账款		11 300

(2) 新科门业 10 天内付清货款时的会计分录为:

借:应付账款	11 300	
贷:财务费用(10 000×2%)		200
银行存款		11 100

(3) 新科门业 20 天内付清款项时的会计分录为:

借:应付账款	11 300	
贷:财务费用(10 000×1%)		100
银行存款		11 200

(4) 新科门业超过 20 天并于 30 天内付清款项时的会计分录为:

借:应付账款	11 300	
贷:银行存款		11 300

【任务实施 8-4】

(1) 2024年2月1日,收到科技厂交来的预付款时的会计分录为:

借:银行存款	113 000	
贷:预收账款——科技厂		100 000
应交税费——应交增值税(销项税额)		13 000

(2) 每月末确认租金收入、计提折旧时的会计分录为:

借：预收账款——科技厂　　　　　　　　　　　　　　　　　50 000
　　贷：其他业务收入　　　　　　　　　　　　　　　　　　　　50 000
借：其他业务成本　　　　　　　　　　　　　　　　　　　　40 000
　　贷：累计折旧　　　　　　　　　　　　　　　　　　　　　　40 000

（3）租赁期满，收到对方补付的欠款时的会计分录为：

借：银行存款　　　　　　　　　　　　　　　　　　　　　226 000
　　贷：预收账款——科技厂　　　　　　　　　　　　　　　　200 000
　　　　应交税费——应交增值税（销项税额）　　　　　　　　26 000

【任务实施8-5】

（1）新科门业2024年计提应支付的利息费用为180 000元（3 000 000×6%），分别记入"财务费用"账户借方和"应付利息"账户贷方。编制会计分录为：

借：财务费用　　　　　　　　　　　　　　　　　　　　　180 000
　　贷：应付利息　　　　　　　　　　　　　　　　　　　　　180 000

（2）新科门业支付上年度借款利息180 000元，分别记入"应付利息"账户借方和"银行存款——工商银行存款"账户贷方。编制会计分录为：

借：应付利息　　　　　　　　　　　　　　　　　　　　　180 000
　　贷：银行存款——工商银行存款　　　　　　　　　　　　　180 000

任务三　应付职工薪酬核算

【任务发布8-6】

2024年新科门业发生如下业务：

（1）2024年7月，新科门业应付职工工资总额为693 000元，"工资汇总表"中列示的产品生产人员工资为480 000元，车间管理人员工资为105 000元，公司行政管理人员工资为90 600元，专设销售机构人员工资为17 400元。假定暂不考虑个人所得税的影响，新科门业计提7月各部门应付工资。

（2）2024年7月，新科门业按照工资总额的10%计提福利费。

（3）2024年7月，新科门业根据相关规定，分别按照职工工资总额的2%和1.5%的标准计提工会经费和职工教育经费。

（4）2024年7月，新科门业根据相关规定，计提养老保险16%，医疗保险10%，失业保险0.8%，工伤保险0.5%，生育保险0.8%，住房公积金12%。计提应由公司负担的社会保险费194 733元，住房公积金83 160元。

请为新科门业作以上业务的账务处理。

知识准备

微课 8-7
应付职工
薪酬的内容

一、认识应付职工薪酬

职工薪酬是指企业为获得职工提供的服务或解除劳动关系而给予的各种形式的报酬或补偿。应付职工薪酬是企业根据有关规定应付给职工的各种薪酬。应付职工薪酬包括短期薪酬、离职后福利、辞退福利和其他长期职工福利。企业提供给职工配偶、子女、受赡养人、已故员工遗属及其他受益人的福利，也属于职工薪酬。

职工主要包括三类人员：一是与企业订立劳动合同的所有人员，含全职、兼职和临时职工；二是未与企业订立劳动合同，但由企业正式任命的企业治理层和管理层人员，如董事会成员、监事会成员等；三是在企业的计划和控制下，虽未与企业订立劳动合同或未由其正式任命，但向企业所提供服务与职工所提供服务类似的人员，也属于职工的范畴，包括通过企业与劳务中介公司签订用工合同而向企业提供服务的人员。

（一）短期薪酬

短期薪酬是指企业在职工提供相关服务的年度报告期间结束后12个月内需要全部予以支付的职工薪酬，因解除与职工的劳动关系给予的补偿除外。短期薪酬具体包括：

1. 职工工资、奖金、津贴和补贴

职工工资、奖金、津贴和补贴是指按照构成工资总额的计时工资、计件工资、支付给职工的超额劳动报酬和增收节支的劳动报酬、为补偿职工特殊或额外的劳动消耗和因其他特殊原因支付给职工的津贴，以及为保证职工工资水平不受物价影响支付给职工的物价补贴等。其中，企业按照短期奖金计划向职工发放的奖金属于短期薪酬，按照长期奖金计划向职工发放的奖金属于其他长期职工福利。

2. 职工福利费

职工福利费是指企业向职工提供的生活困难补助、丧葬补助费、抚恤费、职工异地安家费、防暑降温费等职工福利支出。

3. 医疗保险费、工伤保险费等社会保险费

医疗保险费、工伤保险费等社会保险费是指企业按照国家规定的基准和比例计算，向社会保险经办机构缴纳的医疗保险费、工伤保险费。

4. 住房公积金

住房公积金是指企业按照国家规定的基准和比例计算，向住房公积金管理机构缴存的住房公积金。

5. 工会经费和职工教育经费

工会经费和职工教育经费是指企业为了改善职工文化生活、为职工学习先进技术及提高文化水平和业务素质，用于开展工会活动和职工教育及职业技能培训等相关支出。

6. 短期带薪缺勤

短期带薪缺勤是指职工虽然缺勤但企业仍向其支付报酬的安排，包括年休假、病假、婚假、产假、丧假、探亲假等。长期带薪缺勤属于其他长期职工福利。

7. 短期利润分享计划

短期利润分享计划是指因职工提供服务而与职工达成的基于利润或其他经营成果

提供薪酬的协议。长期利润分享计划属于其他长期职工福利。

8. 其他短期薪酬

其他短期薪酬是指除上述薪酬以外的其他为获得职工提供的服务而给予的短期薪酬。

(二) 离职后福利

离职后福利是指企业为获得职工提供的服务而在职工退休或与企业解除劳动关系后，提供的各种形式的报酬和福利，短期薪酬和辞退福利除外。企业应当将离职后福利计划分类为设定提存计划和设定受益计划。离职后福利计划是指企业与职工就离职后福利达成的协议，或者企业为向职工提供离职后福利制定的规章或办法等。其中，设定提存计划是指向独立的基金缴存固定费用后，企业不再承担进一步支付义务的离职后福利计划；设定受益计划是指除设定提存计划以外的离职后福利计划。

(三) 辞退福利

辞退福利是指企业在职工劳动合同到期之前解除与职工的劳动关系，或者为鼓励职工自愿接受裁员而给予职工的补偿。

(四) 其他长期职工福利

其他长期职工福利是指除短期薪酬、离职后福利、辞退福利之外所有的职工薪酬，包括长期带薪缺勤、长期残疾福利、长期利润分享计划等。

企业应设置"应付职工薪酬"账户，核算应付职工薪酬的计提、结算、使用等情况。该账户贷方登记已分配计入有关成本费用项目的职工薪酬，借方登记实际发放的职工薪酬，期末贷方余额反映企业应付未付的职工薪酬。

"应付职工薪酬"账户应按照"工资""职工福利费""非货币性福利""社会保险费""住房公积金""工会经费""职工教育经费""带薪缺勤""利润分享计划""设定提存计划""设定受益计划""辞退福利"等职工薪酬项目设置明细账进行核算。

二、应付职工薪酬的账务处理

(一) 货币性职工薪酬的核算

1. 职工工资、奖金、津贴和补贴

对于职工工资、奖金、津贴和补贴等货币性职工薪酬，企业应当在职工为其提供服务的会计期间，将实际发生的职工工资、奖金、津贴和补贴等，根据职工提供服务的受益对象，将应确认的职工薪酬，借记"生产成本""制造费用""合同履约成本""管理费用""销售费用"等账户，贷记"应付职工薪酬——工资"账户。

微课8-8
货币性应付
职工薪酬

2. 职工福利费

对于职工福利费，企业应当在实际发生时根据实际发生额计入当期损益或相关资产成本，借记"生产成本""制造费用""管理费用""销售费用"等账户，贷记"应付职工薪酬——职工福利费"账户。

实操8-7
应付职工
薪酬账务
处理

3. 国家规定计提标准的职工薪酬

(1) 工会经费和职工教育经费。根据《中华人民共和国工会法》的规定，企业按每月全部职工工资总额的2%向工会拨缴经费，并在成本费用中列支，主要用于为职工服务和工会活动。职工教育经费一般由企业按照每月工资总额的相应比例计提，主要用于职工接受岗位培训、继续教育等方面的支出。期末，企业根据规定的计提基础和比例计算确定应付工会经费、职工教育经费,借记"生产成本""制造费用""管理费用""销售费用""在建工程""研发支出"等账户,贷记"应付职工薪酬——工会经费""应付职工薪酬——职工教育经费"账户;实际上缴或发生实际开支时,借记"应付职工薪酬——工会经费""应付职工薪酬——职工教育经费",贷记"银行存款"等账户。

(2) 社会保险费和住房公积金。社会保险费包括医疗保险费、养老保险费、失业保险费、工伤保险费。企业承担的社会保险费,除养老保险费和失业保险费按规定确认为离职后福利外,其他的社会保险作为企业的短期薪酬。住房公积金分为职工所在单位为职工缴存和职工个人缴存两部分,但其全部属于职工个人所有。期末,对于企业应缴纳的社会保险费(不含基本养老费和失业保险费)和住房公积金,应按照国家规定的计提基础和比例,在职工提供服务期间根据受益对象计入当期损益或相关资产成本,并确认相应的应付职工薪酬金额,借记"生产成本""制造费用""管理费用""销售费用""在建工程""研发支出"等账户,贷记"应付职工薪酬——社会保险费""应付职工薪酬——住房公积金"账户;对于职工个人承担的社会保险费和住房公积金,由职工所在企业每月从其工资中代扣代缴,借记"应付职工薪酬——工资"账户,贷记"其他应付款——社会保险费(医疗保险、工伤保险)""其他应付款——住房公积金"账户。

4. 短期带薪缺勤

对于职工带薪缺勤,企业应当根据其性质及职工享有的权利,分为累积带薪缺勤和非累积带薪缺勤两类。企业应当对累积带薪缺勤和非累积带薪缺勤分别进行会计处理。如果带薪缺勤属于长期带薪缺勤的,企业应当作为其他长期职工福利处理。

(1) 累积带薪缺勤是指带薪权利可以结转下期的带薪缺勤,本期尚未用完的带薪缺勤权利可以在未来期间使用。企业应当在职工提供了服务从而增加其未来享有的带薪缺勤权利时,确认与累积带薪缺勤相关的职工薪酬,并以累积未行使权利而增加的预期支付金额计量。确认累积带薪缺勤时,借记"管理费用"等账户,贷记"应付职工薪酬——带薪缺勤——短期带薪缺勤——累积带薪缺勤"账户。

(2) 非累积带薪缺勤是指带薪权利不能结转下期的带薪缺勤,本期尚未用完的带薪缺勤权利将予以取消,并且职工离开企业时也无权获得现金支付。我国企业职工休婚假、产假、丧假、探亲假、病假期间的工资通常属于非累积带薪缺勤。职工提供服务本身不能增加其能够享受的福利金额,企业在职工未缺勤时不应当计提相关费用和负债。为此,企业应当在职工实际发生缺勤的会计期间确认与非累积带薪缺勤相关的职工薪酬。

企业确认职工享有的与非累积带薪缺勤权利相关的薪酬,视同职工出勤确认的当期损益或相关资产成本。通常情况下,与非累积带薪缺勤相关的职工薪酬已经包括在企业每期向职工发放的工资等薪酬中。因此,不必额外作相应的账务处理。

(二) 非货币性职工薪酬的核算

企业以其自产产品作为非货币性福利发放给职工的,应当根据受益对象,按照该产品的含税公允价值计入相关资产成本或当期损益,同时确认应付职工薪酬,借记"生产成本""制造费用""管理费用"等账户,贷记"应付职工薪酬——非货币性福利"账户。将企业拥有的房屋等资产无偿提供给职工使用的,应当根据受益对象,将该住房每期应计提的折旧计入相关资产成本或当期损益,同时确认应付职工薪酬,借记"生产成本""制造费用""管理费用"等账户,贷记"应付职工薪酬——非货币性福利"账户。租赁住房等资产供职工无偿使用的，应当根据受益对象，将每期应付的租金计入相关资产成本或当期损益，并确认应付职工薪酬，借记"生产成本""制造费用""管理费用"等账户，贷记"应付职工薪酬——非货币性福利"账户。难以认定受益对象的非货币性福利，直接计入当期损益和应付职工薪酬。

同时，企业以自产产品作为职工薪酬发放给职工时，应确认主营业务收入，借记"应付职工薪酬——非货币性福利"账户，贷记"主营业务收入"账户，同时结转相关成本，涉及增值税销项税额的，还应进行相应的处理，借记"应付职工薪酬——非货币性福利"账户，贷记"应交税费——应交增值税（销项税额）"账户。

企业将拥有的房屋等无偿提供给职工使用的折旧额，借记"应付职工薪酬——非货币性福利"账户，贷记"累计折旧"账户。企业支付租赁住房等资产供职工无偿使用所发生的租金，借记"应付职工薪酬——非货币性福利"账户，贷记"银行存款"等账户。

【任务实施8-6】

（1）2024年7月，计提7月各部门应付工资时的会计分录为：

借：生产成本——基本生产成本　　　　　　　　　　　　480 000
　　制造费用　　　　　　　　　　　　　　　　　　　　105 000
　　管理费用　　　　　　　　　　　　　　　　　　　　 90 600
　　销售费用　　　　　　　　　　　　　　　　　　　　 17 400
　　贷：应付职工薪酬——工资　　　　　　　　　　　　693 000

（2）2024年7月，计提福利费时的会计分录为：

借：生产成本——基本生产成本　　　　　　　　　　　　 48 000
　　制造费用　　　　　　　　　　　　　　　　　　　　 10 500
　　管理费用　　　　　　　　　　　　　　　　　　　　　9 060
　　销售费用　　　　　　　　　　　　　　　　　　　　　1 740
　　贷：应付职工薪酬——职工福利费　　　　　　　　　 69 300

（3）2024年7月，计提工会经费和职工教育经费时的会计分录为：

借：生产成本——基本生产成本　　　　　　　　　　　　 16 800
　　制造费用　　　　　　　　　　　　　　　　　　　　　3 675
　　管理费用　　　　　　　　　　　　　　　　　　　　　3 171
　　销售费用　　　　　　　　　　　　　　　　　　　　　　609
　　贷：应付职工薪酬——工会经费　　　　　　　　　　 13 860
　　　　　　　　　　——职工教育经费　　　　　　　　 10 395

（4）2024年7月，计提"五险一金"时的会计分录为：

借：生产成本——基本生产成本　　　　　　　　　　　　192 480.0
　　制造费用　　　　　　　　　　　　　　　　　　　　 40 105.0
　　管理费用　　　　　　　　　　　　　　　　　　　　 36 330.6
　　销售费用　　　　　　　　　　　　　　　　　　　　　6 977.4
　　贷：应付职工薪酬——社会保险费　　　　　　　　　194 733.0
　　　　　　　　　　——住房公积金　　　　　　　　　 81 160.0

任务四 应交税费核算

【任务发布8-7】

新科门业为增值税一般纳税人,适用的增值税税率为13%,原材料按实际成本核算,销售商品价格为不含增值税的公允价格。请为公司作2024年4月公司业务的账务处理。

(1) 4月5日,新科门业购入原材料一批,增值税专用发票注明的价款为120 000元,增值税税额为15 600元,材料尚未到达,全部款项已用银行存款支付。

(2) 4月10日,新科门业收到5日购入的原材料并验收入库,实际成本总额为120 000元。同日,与运输公司结清运输费用,增值税专用发票注明的运费金额为5 000元,增值税税额为450元,运输费用和增值税税额已用转账支票付讫。

(3) 4月15日,新科门业购入不需安装的生产设备一台,增值税专用发票上注明的价款为180 000元,增值税税额为23 400元,款项尚未支付。

(4) 4月18日,新科门业购入农产品一批,农产品收购发票上注明的买价为200 000元,规定的扣除率为9%,货物尚未到达,价款已用银行存款支付。

(5) 4月20日,新科门业行政管理部门委托外单位修理机器设备,对方开具的增值税专用发票上注明的修理费为20 000元,增值税税额为2 600元,款项已用银行存款支付。

(6) 4月22日,新科门业购进一幢简易办公楼,并于当月投入使用。25日,纳税人取得该大楼的增值税专用发票并认证相符,专用发票注明的价款为800 000元,增值税进项税额为72 000元,款项已用银行存款支付。

假设不考虑其他因素,请为新科门业作以上业务的账务处理。

【任务发布8-8】

(1) 贵州新科技摩托车厂销售100辆摩托车,开具的增值税专用发票上注明价款为80万元,增值税税额为10.4万元,适用的消费税税率为10%,生产成本为40万元,款项已存入银行。

(2) 贵州新科技摩托车厂在建厂房领用自产柴油,成本为50 000元,应纳消费税6 000元。

(3) 贵州新科技摩托车厂下设的职工食堂享受企业提供的补贴,本月领用自产产品一批,该产品的生产成本为40 000元,市场价格为60 000元(不含增值税),适用的消费税税率为10%,增值税税率为13%。

(4) 贵州新科技化妆品公司为增值税一般纳税人,10月上旬从国外进口一批高档化妆品,以银行存款支付买价155万元,支付到达我国海关前的运输费用10万元、保险费用5万元。本月内企业将进口的高档化妆品的80%生产加工为成套化妆品7 800件,对外批发销售6 000件,取得不含税销售额290万元;向消费者零售800件,取得含税销售额49.72万元。化妆品的进口关税税率为40%,增值税税率为13%,消费税税率为15%,该企业存货采用实际成本法核算。

假设不考虑其他因素,请为分别贵州新科技摩托车厂和贵州新科技化妆品公司作以上业务的账务处理。

知识准备

一、认识应交税费

根据我国税法规定,企业应缴纳的各种税费包括:增值税、消费税、城市维护建设税、资源税、土地增值税、房产税、车船税、城镇土地使用税、教育费附加、印花税、耕地占用税、契税等。

企业应通过"应交税费"账户,核算各种税费的应交和实际缴纳等情况。企业代扣代缴的个人所得税,也应通过"应交税费"账户核算。

需要说明的是,企业缴纳的印花税、耕地占用税等不需要预计应交税费金额的,不通过"应交税费"账户核算。不通过"应交税费"账户核算的税金,应交税费账务处理如表8-1所示。

表8-1　　　　　　　　应交税费账务处理

税金	会计分录
印花税	借:税金及附加 　贷:银行存款
耕地占用税	借:无形资产、开发成本 　贷:银行存款
契税	借:无形资产、固定资产等 　贷:银行存款
车辆购置税	借:固定资产 　贷:银行存款
进口关税	借:原材料、固定资产等 　贷:银行存款

二、应交增值税的核算

(一)一般纳税人的增值税核算

1. 增值税及其相关账户

为了核算企业应交增值税的发生、抵扣、缴纳、退税及转出等情况,增值税一般纳税人应当在"应交税费"账户下设置"应交增值税""未交增值税""预交增值税""待抵扣进项税额""待认证进项税额""待转销项税额""简易计税""转让金融商品应交增值税""代扣代缴增值税"等明细账户。

(1)"应交增值税"明细账户,核算一般纳税人进项税额、销项税额抵减、已交税金、转出未交增值税、减免税款、出口抵减内销产品应纳税额、销项税额、出口退税、进项税额转出、转出多交增值税等情况。该明细账设置"进项税额""销项税额抵减""已交税金""转

微课8-11
应交增值税

微课8-12
一般纳税
企业应交
增值税

出未交增值税""转出多交增值税""减免税款""出口抵减内销产品应纳税额""销项税额""出口退税""进项税额转出"等专栏。

（2）"未交增值税"明细账户，核算一般纳税人月度终了从"应交增值税"或"预交增值税"明细账户转入当月应交未交、多交或预交的增值税税额，以及当月缴纳以前期间未交的增值税税额。

（3）"预交增值税"明细账户，核算一般纳税人转让不动产、提供不动产经营租赁服务、提供建筑服务、采用预收款方式销售自行开发的房地产项目等，以及其他按现行增值税制度规定应预交的增值税税额。

（4）"待抵扣进项税额"明细账户，核算一般纳税人已取得增值税扣税凭证并经税务机关认证，按照现行增值税制度规定准予以后期间从销项税额中抵扣的进项税额。

（5）"待认证进项税额"明细账户，核算一般纳税人由于未经税务机关认证而不得从当期销项税额中抵扣的进项税额，包括一般纳税人已取得增值税扣税凭证、按照现行增值税制度规定准予从销项税额中抵扣，但尚未经税务机关认证的进项税额；一般纳税人已申请稽核但尚未取得稽核相符结果的海关缴款书进项税额。

（6）"待转销项税额"明细账户，核算一般纳税人销售货物、加工修理修配劳务、服务、无形资产或不动产，已确认相关收入（或利得）但尚未发生增值税纳税义务而需于以后期间确认为销项税额的增值税税额。

（7）"简易计税"明细账户，核算一般纳税人采用简易计税方法发生的增值税计提、扣减、预缴、缴纳等业务。

（8）"转让金融商品应交增值税"明细账户，核算增值税纳税人转让金融商品发生的增值税税额。

（9）"代扣代缴增值税"明细账户，核算纳税人购进在境内未设经营机构的境外单位或个人在境内的应税行为代扣代缴的增值税。

2. 购进业务的核算

（1）购进货物、加工修理修配劳务、服务、无形资产或者不动产。企业按应计入相关成本费用或资产的金额，借记"材料采购""在途物资""原材料""库存商品""生产成本""无形资产""固定资产""管理费用"等账户；按当月已认证的可抵扣增值税税额，借记"应交税费——应交增值税（进项税额）"账户，按当月未认证的可抵扣增值税税额，借记"应交税费——待认证进项税额"账户；按应付或实际支付的金额，贷记"应付账款""应付票据""银行存款"等账户。购进货物等发生的退货，应根据税务机关开具的红字增值税专用发票编制相反的会计分录，如原增值税专用发票未做认证，应将发票退回并作相反的会计分录。

（2）货物等已验收入库但尚未取得增值税扣税凭证。企业购进的货物等已到达并验收入库，但尚未收到增值税扣税凭证并未付款的，应在月末按货物清单或相关合同协议上的价格暂估入账，不需要将增值税的进项税额暂估入账。下月初，用红字冲销原暂估入账金额，待取得相关增值税扣税凭证并经认证后，按应计入相关成本费用或资产的金额，借记"原材料""库存商品""固定资产""无形资产"等账户；按可抵扣的增值税税额，借记"应交税费——应交增值税（进项税额）"账户；按应付或实际支付的金额，贷记"应付账款""应付票据""银行存款"等账户。

(3) 进项税额转出。企业已单独确认进项税额的购进货物、加工修理修配劳务或者服务、无形资产或者不动产但其事后改变用途(如用于简易计税方法计税项目、免征增值税项目、非增值税应税项目等),或发生非正常损失,原已计入进项税额、待抵扣进项税额或待认证进项税额,按照现行增值税制度规定不得从销项税额中抵扣。"非正常损失"是指因管理不善造成货物被盗、丢失、霉烂变质,以及因违反法律法规造成货物或者不动产被依法没收、销毁、拆除的情形。

进项税额转出时,借记"待处理财产损溢""应付职工薪酬""固定资产""无形资产"等账户;贷记"应交税费——应交增值税(进项税额转出)""应交税费——待抵扣进项税额"或"应交税费——待认证进项税额"账户。属于转作待处理财产损失的进项税额,应与非正常损失的购进货物、在产品或库存商品、固定资产或无形资产的成本一并处理。

3. 销售业务的核算

(1) 销售货物、加工修理修配劳务、服务、无形资产或不动产。企业按应收或已收的金额,借记"应收账款""应收票据""银行存款"等账户。按取得的收益金额,贷记"主营业务收入""其他业务收入""固定资产清理"等账户;按现行增值税制度规定计算的销项税额(或采用简易计税方法计算的应纳增值税税额),贷记"应交税费——应交增值税(销项税额)"或"应交税费——简易计税"账户。企业销售货物等发生销售退回的,应根据税务机关开具的红字增值税专用发票作相反的会计分录。

(2) 视同销售。视同销售包括:①将货物交付其他单位或者个人代销。②销售代销货物。③设有两个以上机构并实行统一核算的纳税人,将货物从一个机构移送其他机构用于销售,但相关机构设在同一县(市)的除外。④将自产或者委托加工的货物用于非增值税应税项目。⑤将自产、委托加工的货物用于集体福利或者个人消费。⑥将自产、委托加工或者购进的货物用作投资,提供给其他单位或者个体工商户。⑦将自产、委托加工或者购进的货物分配给股东或者投资者。⑧将自产、委托加工或者购进的货物无偿赠送其他单位或者个人。其中,以上④⑤两项仅限于自产和委托加工的货物,而⑥⑦⑧三项还适用于购进的货物。如果将购进的货物用于非增值税应税项目、集体福利或者个人消费,则不视同为销售行为,不需要缴纳增值税。如果将购进的货物用于投资、分配给股东或投资者、无偿赠送,则视同为销售行为,需要缴纳增值税。

企业发生视同销售行为,应当按照规定计算的销项税额,借记"应付职工薪酬""利润分配"等账户,贷记"应交税费——应交增值税(销项税额)"账户。

4. 缴纳增值税的核算

企业缴纳当月应交的增值税,借记"应交税费——应交增值税(已交税金)"账户,贷记"银行存款"账户;企业缴纳以前期间未交的增值税,借记"应交税费——未交增值税"账户,贷记"银行存款"账户。

5. 月末转出多交增值税和未交增值税的核算

月度终了,企业应当将当月应交未交或多交的增值税自"应交增值税"明细账户转入"未交增值税"明细账户。对于当月应交未交的增值税,借记"应交税费——应交增值税(转出未交增值税)"账户,贷记"应交税费——未交增值税"账户;对于当月多交的增值税,借记"应交税费——未交增值税"账户,贷记"应交税费——应交增值税(转出多交增值税)"账户。

微课 8-13 小规模纳税企业应交增值税

（二）小规模纳税人的增值税核算

小规模纳税人核算增值税采用简化的方法，即购进货物、应税服务或应税行为，取得增值税专用发票上注明的增值税，一律不予抵扣，直接计入相关成本费用或资产。小规模纳税人销售货物、应税服务或应税行为时，按照不含税的销售额和规定的增值税征收率计算应缴纳的增值税（即应纳税额），但不得开具增值税专用发票。

小规模纳税人进行核算时，只需在"应交税费"账户下设置"应交增值税"明细账户，该明细账户不再设置增值税专栏。"应交税费——应交增值税"账户贷方登记应缴纳的增值税，借方登记已缴纳的增值税；期末贷方余额，反映小规模纳税人尚未缴纳的增值税，期末借方余额，反映小规模纳税人多缴纳的增值税。

小规模纳税人购进货物、应税服务或应税行为，按照应付或实际支付的全部款项（包括支付的增值税税额），借记"材料采购""在途物资""原材料""库存商品"等账户，贷记"应付账款""应付票据""银行存款"等账户；销售货物、应税服务或应税行为，应按全部价款（包括应交的增值税税额），借记"银行存款"等账户，按不含税的销售额，贷记"主营业务收入"等账户，按应交增值税税额，贷记"应交税费——应交增值税"账户。

应编制会计分录如下。

（1）销售货物（服务）时的会计分录为：

借：银行存款等
　　贷：主营业务收入
　　　　应交税费——应交增值税

（2）缴纳增值税时的会计分录为：

借：应交税费——应交增值税
　　贷：银行存款

微课 8-14 应交消费税

三、应交消费税的核算

企业应在"应交税费"账户下设置"应交消费税"明细账户，核算应交消费税的缴纳情况。该账户贷方登记应缴纳的消费税，借方登记已缴纳的消费税；期末贷方余额反映企业尚未缴纳的消费税，期末借方余额反映企业多缴纳的消费税。

（1）销售应税消费品。企业销售应税消费品应交的消费税，借记"税金及附加"账户，贷记"应交税费——应交消费税"账户。

（2）自产自用应税消费品。企业将生产的应税消费品用于在建工程等非生产机构时，按规定应缴纳的消费税，借记"在建工程"等账户，贷记"应交税费——应交消费税"账户。

（3）委托加工应税消费品。企业如有应交消费税的委托加工物资，一般应由受托方代收代缴消费税。委托加工物资收回后，直接用于销售的，应将受托方代收代缴的消费税计入委托加工物资的成本，借记"委托加工物资"等账户，贷记"应付账款""银行存款"等账户；委托加工物资收回后用于连续生产应税消费品的，按规定准予抵扣的，应按已由受托方代收代缴的消费税，借记"应交税费——应交消费税"账户，贷记"应付账款""银行存款"等账户，待用委托加工的应税消费品生产出应纳消费税的产品销售时，再缴纳消费税。

（4）进口应税消费品。企业进口应税物资缴纳的消费税由海关代征。应交的消费税按照组成计税价格和规定的税率计算,消费税计入该项物资成本,借记"在途物资""材料采购""原材料""库存商品"账户,贷记"银行存款"等账户。

四、其他应交税费的核算

其他应交税费是指除上述应交税费以外的其他各种应上交国家的税费,包括应交资源税、应交城市维护建设税、应交土地增值税、应交房产税、应交土地使用税、应交车船税、应交教育费附加、应交个人所得税等。企业应当在"应交税费"账户下设置相应的明细账户进行核算,贷方登记应缴纳的有关税费,借方登记已缴纳的有关税费,期末贷方余额反映企业尚未缴纳的有关税费。

1. 应交资源税

资源税是对在我国境内开采矿产品或者生产盐的单位和个人征收的税。对外销售应税产品应缴纳的资源税,借记"税金及附加"账户,贷记"应交税费——应交资源税"账户;自产自用应税产品应缴纳的资源税,借记"生产成本""制造费用"等账户,贷记"应交税费——应交资源税"账户。

2. 应交城市维护建设税

企业按规定计算出应缴纳的城市维护建设税,借记"税金及附加"等账户,贷记"应交税费——应交城市维护建设税"账户。缴纳城市维护建设税,借记"应交税费——应交城市维护建设税"账户,贷记"银行存款"账户。

3. 应交教育费附加

教育费附加是指为了加快发展地方教育事业、扩大地方教育经费资金来源而向企业征收的附加费用。教育费附加以各单位实际缴纳的增值税、消费税的税额为计征依据,按其一定比例分别与增值税、消费税同时缴纳。企业按规定计算出应缴纳的教育费附加,借记"税金及附加"等账户,贷记"应交税费——应交教育费附加"账户。

4. 应交个人所得税

企业职工按规定应缴纳的个人所得税通常由单位代扣代缴。企业按规定计算代扣代缴职工个人所得税,借记"应付职工薪酬"账户,贷记"应交税费——应交个人所得税"账户;企业缴纳个人所得税,借记"应交税费——应交个人所得税"账户,贷记"银行存款"等账户。

其他应交税费账务处理如表 8-2 所示。

表 8-2　　　　　　　　　　其他应交税费账务处理

税费	会计分录	说明
资源税	借：税金及附加 　　生产成本 　　制造费用等 　贷：应交税费——应交资源税	对外销售应税产品应缴纳的资源税应记入"税金及附加"账户;自产自用的应税产品应缴纳的资源税应记入"生产成本""制造费用"等账户
城市维护建设税	借：税金及附加等 　贷：应交税费——应交城市维护建设税	应纳税额(或费额)=(实际缴纳增值税+实际缴纳消费税)×适用税率(或征收率)
教育费附加	借：税金及附加等 　贷：应交税费——应交教育费附加	

(续表)

税费	会计分录	说明
土地增值税	房地产开发经营企业销售房地产应缴纳的土地增值税： 　借：税金及附加 　　贷：应交税费——应交土地增值税 非房企转让不动产： 　借：固定资产清理 　　贷：应交税费——应交土地增值税	非房企转让土地使用权： 　借：银行存款 　　累计摊销 　　无形资产减值准备 　　贷：无形资产 　　　应交税费——应交增值税（销项税额） 　　　应交税费——应交土地增值税 差额：资产处置损益
房产税 城镇土地使用税 车船税	借：税金及附加 　贷：应交税费——应交房产税/应交城镇土地使用税/应交车船税	印花税不记入"应交税费"账户

【任务实施8-7】

(1) 4月5日，购入原材料时的会计分录为：

借：在途物资　　　　　　　　　　　　　　　　　　　　　　　　120 000
　　应交税费——应交增值税（进项税额）　　　　　　　　　　　15 600
　　贷：银行存款　　　　　　　　　　　　　　　　　　　　　　　　135 600

(2) 4月10日，原材料验收入库时的会计分录为：

借：原材料　　　　　　　　　　　　　　　　　　　　　　　　125 000
　　应交税费——应交增值税（进项税额）　　　　　　　　　　　450
　　贷：银行存款　　　　　　　　　　　　　　　　　　　　　　　　5 450
　　　　在途物资　　　　　　　　　　　　　　　　　　　　　　　120 000

(3) 4月15日，购入不需要安装的生产设备时的会计分录为：

借：固定资产　　　　　　　　　　　　　　　　　　　　　　　　180 000
　　应交税费——应交增值税（进项税额）　　　　　　　　　　　23 400
　　贷：应付账款　　　　　　　　　　　　　　　　　　　　　　　　203 400

(4) 4月18日，购入一批农产品的会计分录为：

借：在途物资　　　　　　　　　　　　　　　　　　　　　　　　182 000
　　应交税费——应交增值税（进项税额）（200 000×9%）　　　18 000
　　贷：银行存款　　　　　　　　　　　　　　　　　　　　　　　　200 000

(5) 4月20日，委托外单位修理机器设备时的会计分录为：

借：管理费用　　　　　　　　　　　　　　　　　　　　　　　　20 000
　　应交税费——应交增值税（进项税额）　　　　　　　　　　　2 600
　　贷：银行存款　　　　　　　　　　　　　　　　　　　　　　　　22 600

(6) 4月22日，购入一幢办公楼的会计分录为：

借：固定资产　　　　　　　　　　　　　　　　　　　　　　　　800 000
　　应交税费——应交增值税（进项税额）　　　　　　　　　　　 72 000
　　贷：银行存款　　　　　　　　　　　　　　　　　　　　　　872 000

【任务实施8-8】

（1）销售应税消费品业务核算时的会计分录为：

应向购买方收取的增值税＝800 000×13％＝104 000（元）

应缴纳的消费税＝800 000×10％＝80 000（元）

借：银行存款　　　　　　　　　　　　　　　　　　　　　　　904 000
　　贷：主营业务收入　　　　　　　　　　　　　　　　　　　800 000
　　　　应交税费——应交增值税（销项税额）　　　　　　　　104 000

借：税金及附加　　　　　　　　　　　　　　　　　　　　　　 80 000
　　贷：应交税费——应交消费税　　　　　　　　　　　　　　 80 000

借：主营业务成本　　　　　　　　　　　　　　　　　　　　　400 000
　　贷：库存商品　　　　　　　　　　　　　　　　　　　　　400 000

（2）自产自用消费品业务核算时的会计分录为：

借：在建工程　　　　　　　　　　　　　　　　　　　　　　　 56 000
　　贷：库存商品　　　　　　　　　　　　　　　　　　　　　 50 000
　　　　应交税费——应交消费税　　　　　　　　　　　　　　 6 000

借：应付职工薪酬——职工福利费　　　　　　　　　　　　　　 67 800
　　贷：主营业务收入　　　　　　　　　　　　　　　　　　　 60 000
　　　　应交税费——应交增值税（销项税额）　　　　　　　　 7 800

借：税金及附加　　　　　　　　　　　　　　　　　　　　　　 6 000
　　贷：应交税费——应交消费税　　　　　　　　　　　　　　 6 000

借：主营业务成本　　　　　　　　　　　　　　　　　　　　　 40 000
　　贷：库存商品　　　　　　　　　　　　　　　　　　　　　 40 000

（3）收到加工费和税金时的会计分录为：

借：银行存款　　　　　　　　　　　　　　　　　　　　　　 14 715.56
　　贷：主营业务收入　　　　　　　　　　　　　　　　　　 10 000.00
　　　　应交税费——应交增值税（销项税额）　　　　　　　 1 300.00
　　　　　　　——应交消费税　　　　　　　　　　　　　　 3 415.56

该企业在进口环节应缴纳的关税、消费税、增值税：

进口高档化妆品关税完税价格＝155＋10＋5＝170（万元）

进口高档化妆品应缴纳关税＝170×40％＝68（万元）

进口高档化妆品成本＝170＋68＝238（万元）

进口高档化妆品应交消费税＝238÷(1－15％)×15％＝42（万元）

进口高档化妆品应交增值税=238÷(1－15%)×13%=36.4(万元)

(4) 公司进口应税消费品业务的核算时的会计分录为：

借：原材料　　　　　　　　　　　　　　　　　　　　2 380 000
　　应交税费——应交增值税(进项税额)　　　　　　　　 364 000
　　　　　　——应交消费税　　　　　　　　　　　　　 420 000
　　贷：银行存款　　　　　　　　　　　　　　　　　　　　　　3 164 000

生产销售化妆品应缴纳增值税和消费税：

应缴纳的增值税税额=[290+49.72÷(1+13%)]×13%－36.4=43.42－36.4
　　　　　　　　　=7.02(万元)

应缴纳的消费税税额=[290+49.72÷(1+13%)]×15%－42×80%
　　　　　　　　　=50.1－33.6=16.5(万元)

假设款项全部收存银行，不考虑其他业务税费、生产及销售成本，销售时的会计分录为：

借：银行存款　　　　　　　　　　　　　　　　　　　　3 774 200
　　贷：主营业务收入　　　　　　　　　　　　　　　　　　　　3 340 000
　　　　应交税费——应交增值税(销项税额)　　　　　　　　　　 434 200

借：税金及附加　　　　　　　　　　　　　　　　　　　　 501 000
　　贷：应交税费——应交消费税　　　　　　　　　　　　　　　 501 000

纳税申报缴纳消费税时的会计分录为：

借：应交税费——应交消费税　　　　　　　　　　　　　　 165 000
　　贷：银行存款　　　　　　　　　　　　　　　　　　　　　　 165 000

思政学堂

税费红利全力托举企业攀"高"向"新"

吉林建龙钢铁有限责任公司的工厂自从用上"智慧大脑"，生产效率提高24.7%，产值成本降低9%。"去年公司享受各项税费政策红利上亿元，国家政策给力，有力支持企业加快'智改数转'的步伐。"公司财务负责人刘姗姗说，为培育新质生产力、推动制造业转型升级注入新动能，税费政策发挥着重要作用。国家税务总局发布的数据显示：2024年，现行支持科技创新和制造业发展的主要政策减税降费及退税达26 293亿元，有效减轻企业负担，激发创新活力。

1. 制造业企业——"在税费政策护航下，公司顺利完成设备更新"

在山东烟台泰和新材集团股份有限公司(简称泰和新材)纺丝车间内，高速运转的卷绕机发出"嗒嗒"声，比头发丝还细的芳纶丝飞快地缠绕在纸管上。"这是我们公司生产的高性能纤维——对位芳纶加捻长丝，强度是钢丝的5~6倍。"泰和新材财务总监顾裕梅说，泰和新材是一家主要从事高性能纤维研发与生产的新材料企业，产品技术一路升级的背后，是公司连续多年投入资金不断攀"高"向"新"的结果。"过去，国内氨纶、芳

项目八
思政启示

轮需求还依赖国外进口。如今,经过多年技术攻关,我们已经实现了从自主创新到技术引领的跨越。"顾裕梅坦言,企业能安心谋发展,离不开国家政策的有力支持。2024年以来,税务部门积极落实制造业重点行业新购固定资产加速折旧、先进制造业企业增值税加计抵减等政策,推动制造业加快迈向价值链中高端,朝着高端化、智能化、绿色化方向发展。数据显示,2024年,支持设备更新和技术改造的政策减税1 140亿元;支持制造业高质量发展的先进制造业企业增值税加计抵减和留抵退税等政策减税降费及退税11 094亿元。国家税务总局纳税服务司司长沈新国表示,税务部门将持续聚焦制造业企业发展需求,不断优化税收营商环境,进一步释放政策效应,确保政策红利精准直达经营主体,更好地发挥税收政策对制造业产业升级、创新发展的导向及扶持作用。

2. 科创企业——"全方位的支持,会点燃更多企业的创新热情"

逛商场乘坐电梯时,无需接触按钮就能选择楼层;参观博物馆、科技馆时,静止的展品在眼前"动"起来……安徽省东超科技有限公司(简称东超科技)自主研发的无介质空中悬浮成像技术,让很多科幻片中的场景变成了现实。"前期资金投入大,好在税费红利给了我们充足的底气,2022—2024年,公司享受研发费用加计扣除共计5 000多万元。"东超科技财务负责人余章盼说。近年来,一系列支持科技创新的税收优惠政策陆续出台,特别是连续提高研发费用加计扣除比例、多次提前政策享受时点,让科创企业有真真切切的获得感。东超科技牵头承担的"空中交互式悬浮成像系统"项目入选"国家重点研发计划颠覆性技术创新重点专项",科技创新投入结出喜人成果。数据显示,2024年,支持加大科技投入和成果转让的研发费用加计扣除等政策减税降费及退税8 069亿元;支持破解"卡脖子"难题和科技人才引进及培养的集成电路和工业母机企业增值税加计抵减等政策减税降费1 328亿元;支持培育发展高新技术企业和新兴产业的高新技术企业减按15%税率征收企业所得税、新能源汽车免征车辆购置税等政策减税4 662亿元。在税费优惠政策支持下,企业更有动力加大科技创新投入,研发新产品、开拓新市场、满足新需求。增值税发票数据显示,2024年,高技术产业销售收入同比较全国总体增速快9.6%,全国科技成果转化服务销售收入同比增长27.1%,数字经济核心产业同比增长7.1%。

3. 中小微企业——"资金周转顺畅了,我们才有底气放开手脚"

"2024年,企业资金周转需求紧张,好在税费优惠政策持续加码、利好不断,帮我们顶住了压力。"河南郎科电气有限公司(简称郎科电气)负责人张晓惠算了笔账,2024年公司享受各项税收优惠240.8万元,其中享受研发费用加计扣除199万元、先进制造业企业增值税加计抵减33.5万元、"六税两费"减免4.8万元、小微企业所得税税收优惠3.5万元。"资金周转顺畅了,我们才有底气放开手脚,改造升级、创新研发、扩大生产。"张晓惠说。借助税收优惠节省的资金,郎科电气采购了新的生产设备,在智能制造领域的研发投入也收获了一定成果。"我们自主研发的智能倒角攻丝机,显著提升了生产的自动化与智能化程度。凭借技术优势,公司在激烈的市场竞争中脱颖而出,赢得更多订单。有了这些新增收益,我们的投入研发创新形成良好的循环。"张晓惠说。"对于小微企业来说,研发费用加计扣除、先进制造业企业增值税加计抵减、小微企业所得税税收优惠、'六税两费'减免等政策,带来的积极效应十分明显。"国家税务总局许昌市税务局相关负责人说。

资料来源:北青网

学以致用

一、单项选择题

1. 2023年9月1日,某企业向银行借入一笔期限为2个月、到期一次还本付息的生产经营周转借款200 000元,年利率为6%。借款利息不采用预提方式,于实际支付时确认。11月1日,企业以银行存款偿还借款本息的会计处理正确的是( )。

  A. 借：短期借款   200 000
    应付利息   2 000
     贷：银行存款   202 000
  B. 借：短期借款   200 000
    应付利息   1 000
    财务费用   1 000
     贷：银行存款   202 000
  C. 借：短期借款   200 000
    财务费用   2 000
     贷：银行存款   202 000
  D. 借：短期借款   202 000
     贷：银行存款   202 000

2. 按现行会计制度规定,短期借款发生的利息,一般应记入( )账户。
  A."管理费用" B."投资收益" C."财务费用" D."营业外支出"

3. 企业计提短期借款利息时应记入( )账户贷方。
  A."财务费用" B."短期借款" C."应收利息" D."应付利息"

4. 甲公司为增值税一般纳税人,适用的增值税税率为13%,甲公司从其他企业赊购一批原材料,货款为400 000元,增值税税额为52 000元,对方代垫运杂费6 000元,原材料已经验收入库。假定不考虑其他因素,甲公司该项购买业务应确认的应付账款入账价值为( )元。
  A. 458 000   B. 468 000   C. 406 000   D. 400 000

5. 预收款业务不多的企业,可以不设置"预收账款"账户,其所发生的预收货款,可以通过( )核算。
  A."应收账款"账户借方   B."应付账款"账户借方
  C."应收账款"账户贷方   D."应付账款"账户贷方

6. 下列各项中,不属于职工薪酬核算内容的是( )。
  A. 住房公积金   B. 工会经费和职工教育经费
  C. 职工因公出差的差旅费   D. 因解除与职工的劳动关系给予的补偿

7. 企业发生的下列各项负债中,不属于流动负债的是( )。
  A. 应付票据 B. 应付债券 C. 应付账款 D. 应付职工薪酬

8. 企业因购买材料而开出、承兑的商业汇票,应当按其( )作为应付票据的入账金额。
  A. 票面金额

B. 票面金额现值

C. 未来现金流量现值

D. 票面金额与支付的银行承兑手续费之和

9. 某企业为增值税一般纳税人,适用的增值税税率为13%。2024 年 6 月 1 日,该企业向某客户销售商品 20 000 件,单位售价为 20 元(不含增值税),单位成本为 10 元,给予客户 10%的商业折扣,当日发出商品,并符合收入确认条件。销售合同约定的现金折扣条件为 2/10,1/20,N/30(计算现金折扣时不考虑增值税)。不考虑其他因素,该客户于 6 月 15 日付款时享有的现金折扣为(　　)元。

A. 4 000　　　　B. 4 520　　　　C. 3 600　　　　D. 4 176

10. 企业从应付职工薪酬中代扣的个人所得税,应贷记的会计账户是(　　)。

A. "其他应付款"

B. "应交税费——应交个人所得税"

C. "银行存款"

D. "应付职工薪酬"

二、多项选择题

1. 下列有关短期借款的说法中,正确的有(　　)。

A. 企业经营期间的短期借款利息属于筹资费用,应当于发生时直接记入当期财务费用

B. 短期借款属于企业的非流动负债

C. 企业从银行取得短期借款时,借记"银行存款"账户,贷记"短期借款"账户

D. 短期借款到期偿还本金时,借记"短期借款"账户,贷记"银行存款"账户

2. 下列各项中,通过"应付票据"账户核算的有(　　)。

A. 商业承兑汇票　　B. 银行本票　　C. 银行汇票　　D. 银行承兑汇票

3. 下列各项中,应通过"其他应付款"账户核算的有(　　)。

A. 客户存入的保证金　　　　　　B. 应付股东的股利

C. 应付租入包装物的租金　　　　D. 预收购货单位的货款

4. 下列各项中,属于短期薪酬的有(　　)。

A. 支付给职工的生活困难补助

B. 用于开展职工教育及职工技能培训的支出

C. 支付给职工离职后的福利

D. 支付给职工的工资和津贴

5. 下列各项中,属于应交税费核算范围的有(　　)。

A. 增值税　　　　　　　　　　　B. 消费税

C. 城市维护建设税　　　　　　　D. 资源税

三、判断题

1. 企业向银行或其他金融机构借入的各种款项所发生的利息应该计入财务费用。(　　)

2. 企业无法支付的应付账款应该记入"其他业务收入"账户。(　　)

3. 企业将租赁的房屋无偿提供给职工使用的,每期应付的租金应作为应付职工薪酬计入

相关资产成本或者当期损益。（　　）

4. 企业将自产、委托加工的货物用于集体服务或者个人消费应视同销售。（　　）

四、业务题

甲公司为增值税一般纳税人，增值税税率为13%，2024年12月发生如下经济业务。

1. 1日，从乙公司购入一批原材料，价款为50 000元，增值税税额为6 500元，材料已验收入库，款项尚未支付。按照合同约定，甲公司应在30天内支付货款，若提前付款，可享受"2/10,1/20,N/30"的现金折扣（现金折扣不考虑增值税）。

2. 8日，甲公司因资金周转困难，与丙银行签订为期6个月的借款合同，借款金额为200 000元，年利率为6%，利息按月计提，按季支付，到期一次还本。

3. 10日，甲公司以银行存款支付了12月1日从乙公司购入原材料的货款。

4. 15日，甲公司销售一批产品给丁公司，价款为80 000元，增值税税额为10 400元，产品已发出，款项尚未收到。同时，甲公司以银行存款代垫运杂费500元。

5. 20日，甲公司收到丁公司支付的12月15日销售产品的全部款项。

6. 31日，甲公司计提本月短期借款利息。

请根据上述经济业务，编制甲公司相关的会计分录。

项目评价

根据本项目学习情况,在表 8-3 中进行评价,"A"为优良,"B"为一般,"C"为需要帮助。

表 8-3　　　　　　　　　　项目八学习评价表

序号	学习重点	自我评价 (在方框内打钩)	教师反馈与评价
1	能够根据短期负债的相关原始凭证编制记账凭证	A□ B□ C□	
2	能够根据应付及预收款项的相关原始凭证编制记账凭证	A□ B□ C□	
3	能够根据应付职工薪酬的相关原始凭证编制记账凭证	A□ B□ C□	
4	能够根据应交税费的相关原始凭证编制记账凭证	A□ B□ C□	
	总体评价	A□ B□ C□	

项目九 非流动负债业务核算

学习目标

 知识目标

○ 理解实际利率的含义。
○ 掌握长期借款的理论知识及其会计核算方法。
○ 掌握应付债券的理论知识及其会计核算方法。

项目九
行业前沿

能力目标

○ 能够进行长期借款取得、持有、归还的会计核算。
○ 能够进行应付债券发行、持有与偿还的会计核算。

素质目标

○ 通过学习对应付债券相关知识,培养学生对国家信贷政策的理解和分析能力。
○ 通过学习对长期借款相关知识,培养学生合法筹资的职业素养。

知识脉络

非流动负债业务核算
- 长期借款核算
  - 认识长期借款
  - 长期借款的账务处理
- 应付债券核算
  - 认识应付债券
  - 应付债券的发行
  - 公司债券的持有
  - 公司债券的偿还
- 长期股权投资核算
  - 认识长期股权投资
  - 长期股权投资的分类
  - 长期股权投资的账务处理
- 投资性房地产核算
  - 认识投资性房地产
  - 投资性房地产的范围界定
  - 投资性房地产账务处理

项目九　非流动负债业务核算

任务一　长期借款核算

【任务发布9-1】

(1) 2024年1月1日,新科门业与中国银行贵阳中北支行签订了一项借款合同,合同规定借款方向贷款方借人民币100万元用于建造厂房,借款期限为2年,年利率为9%,每年12月31日付息,期满后一次还清本金。

(2) 2024年年初,新科门业以银行存款支付工程价款60万元,2025年年初又以银行存款支付工程费用40万元。该厂房于2025年8月底完工,达到预定可使用状态。假定不考虑相关税费、闲置专门借款资金存款的利息收入或者投资收益。

(3) 新科门业到期偿还该笔长期借款的本金。

请为新科门业作以上业务的账务处理。

知识准备

一、认识长期借款

长期借款是指企业向银行或其他金融机构借入的、期限在1年以上(不含1年)的各种借款,一般用于固定资产的购建、改扩建工程、大修理工程和对外投资等。它是企业长期负债的重要组成部分,必须加强管理与核算。

长期借款的使用关系到企业的生产经营规模和效益,企业除了要遵守有关的贷款规定、编制借款计划并要有不同形式的担保外,还应监督借款的使用、按期支付长期借款的利息以及按规定的期限归还借款本金等。因此,长期借款会计核算的内容包括反映和监督企业长期借款的借入、借款利息的结算、借款本息的归还。

企业应设置"长期借款"账户,核算长期借款的借入、归还等情况。"长期借款"账户可按照贷款单位和贷款种类设置明细账户进行核算。

微课9-1 长期借款核算

实操9-1 长期借款核算

二、长期借款的账务处理

(一) 长期借款的取得

企业借入长期借款,应按实际收到的金额,借记"银行存款"账户,贷记"长期借款——本金"账户,如存在差额,还应借记"长期借款——利息调整"账户。

(二) 长期借款的持有

长期借款计算确定利息费用,属于筹建期间的,计入管理费用;属于生产经营期间的,计入财务费用。如果是用于购建固定资产的长期借款,在固定资产尚未达到预计可使用状态前,所发生应当资本化的利息支出,计入在建工程;固定资产达到预定可使用状态后发生的利息支出,以及按规定不予资本化的利息支出,计入财务费用。

资产负债表日,企业按其摊余成本和实际利率计算确定的利息费用,借记"在建工程""财务费用""制造费用""研发支出"等账户;按借款本金和合同利率计算确定的应付未付利息,贷记"应付利息"账户。一次还本付息的长期借款,贷记"长期借款——应计利息"账户。按其差额,借记或贷记"长期借款——利息调整"账户。实际利率与合同利率相同或差异较小的,也可以采用合同利率计算确定利息费用。

(三) 长期借款的归还

企业归还长期借款,按归还的长期借款本金,借记"长期借款——本金"账户;按转销的利息调整金额,贷记"长期借款——利息调整"账户;按实际归还的款项(可能包括最后一次支付的利息),贷记"银行存款"账户;按借贷双方之间的差额,借记"在建工程""财务费用""制造费用""研发支出"等账户。

长期借款到期偿还本金前,若利息已计提并全部支付,则按借款本金,借记"长期借款——本金"账户,贷记"银行存款"账户。

【任务实施 9-1】

(1) 2024 年 1 月 1 日,取得长期借款的核算时的会计分录为:

借:银行存款　　　　　　　　　　　　　　　　　　　　　　　1 000 000
　　贷:长期借款——本金　　　　　　　　　　　　　　　　　　　　1 000 000

(2) 新科门业持有长期借款的核算时的会计分录为:

2024 年年初,支付工程款时的会计分录为:

借:在建工程　　　　　　　　　　　　　　　　　　　　　　　　600 000
　　贷:银行存款　　　　　　　　　　　　　　　　　　　　　　　　600 000

2024 年 12 月 31 日,计算当年应计入工程成本的利息时的会计分录为:

应付利息 = 1 000 000 × 9% = 90 000(元)

借:在建工程　　　　　　　　　　　　　　　　　　　　　　　　 90 000
　　贷:应付利息　　　　　　　　　　　　　　　　　　　　　　　　 90 000

2024 年 12 月 31 日支付借款利息时的会计分录为:

借:应付利息　　　　　　　　　　　　　　　　　　　　　　　　 90 000
　　贷:银行存款　　　　　　　　　　　　　　　　　　　　　　　　 90 000

2025 年年初支付工程款时的会计分录为:

借:在建工程　　　　　　　　　　　　　　　　　　　　　　　　400 000
　　贷:银行存款　　　　　　　　　　　　　　　　　　　　　　　　400 000

2025 年 8 月底,达到预定可使用状态,该期应计入工程成本的利息计算如下:

应付利息 = (1 000 000 × 9% ÷ 12) × 8 = 60 000(元)

会计分录为:

借:在建工程　　　　　　　　　　　　　　　　　　　　　　　　 60 000
　　贷:应付利息　　　　　　　　　　　　　　　　　　　　　　　　 60 000

同时的会计分录为：

借：固定资产　　　　　　　　　　　　　　　　　　　　　　　1 150 000
　　贷：在建工程　　　　　　　　　　　　　　　　　　　　　　　　1 150 000

2025年12月31日，计算2025年9~12月应计入财务费用的利息计算如下：
9~12月长期借款利息＝(1 000 000×9%÷12)×4＝30 000(元)

借：财务费用　　　　　　　　　　　　　　　　　　　　　　　　30 000
　　贷：应付利息　　　　　　　　　　　　　　　　　　　　　　　　30 000

2025年12月31日支付利息时的会计分录为：

借：应付利息　　　　　　　　　　　　　　　　　　　　　　　　90 000
　　贷：银行存款　　　　　　　　　　　　　　　　　　　　　　　　90 000

(3) 新科门业归还长期借款的核算时的会计分录为：

借：长期借款——本金　　　　　　　　　　　　　　　　　　　1 000 000
　　贷：银行存款　　　　　　　　　　　　　　　　　　　　　　　1 000 000

任务二　应付债券核算

【任务发布9-2】

(1) 2022年1月1日，新科门业经批准委托华科证券有限责任公司发行5年期分期付息一次还本的公司债券1 000 000元，债券利息在每年12月31日支付，票面年利率为6%。假定债券发行时的市场利率为5%，该批债券实际发行价格为1 043 270元。利息调整采用实际利率法摊销。

(2) 2022年12月31日，新科门业计算并支付债券利息费用。

(3) 2026年12月31日，新科门业偿还债券本金。

请为新科门业作以上业务的账务处理。

知识准备

一、认识应付债券

应付债券是指企业为筹集长期资金而发行的债券。债券是企业为筹集长期使用资金而发行的一种书面凭证。企业通过发行债券取得资金是以将来履行归还购买债券者的本金和利息的义务作为保证的。企业应当设置"企业债券备查簿"，详细登记每一家企业债券的票面金额、债券票面利率、还本付息期限与方式、发行总额、发行日期和编号、委托代售单位、转换股份等资料。企业债券到期结清时，应当在备查簿内逐笔注销。

企业应设置"应付债券"账户，核算公司债券的发行、归还等情况。"应付债券"账户可

微课9-2
应付债券
核算

分别按"面值""利息调整""应计利息"等进行明细核算。本账户贷方登记应付债券本息的增加额,借方登记应付债券本息的减少额,期末贷方余额表示企业尚未偿还的应付债券。

二、应付债券的发行

实操9-2
应付债券
核算

公司债券的发行方式有三种,即溢价发行、折价发行和面值发行。假设其他条件不变,债券的票面利率高于同期市场利率时,可按超过债券票面价值的价格发行,这种发行方式称为溢价发行,溢价是企业以后各期多付利息而事先得到的补偿;债券的票面利率低于同期市场利率时,可按低于债券票面价值的价格发行,这种发行方式称为折价发行,折价是企业以后各期少付利息而预先给投资者的补偿;如果债券的票面利率与同期市场利率相同,可按票面价格发行,这种发行方式称为面值发行。溢价或折价是发行债券企业在债券存续期内对利息费用的一种调整。

在应付债券发行的会计核算上,无论采用哪种方式,均按债券面值记入"应付债券——面值"明细账户,实际收到的款项与面值的差额,记入"应付债券——利息调整"明细账户。企业发行债券时,按实际收到的款项(债券的发行价格减去债券发行费用),借记"银行存款""库存现金"等账户;按债券票面价值,贷记"应付债券——面值"账户;按实际收到的款项与票面价值之间的差额,若为溢价发行则贷记"应付债券——利息调整"账户,若为折价发行则借记"应付债券——利息调整"账户。

三、公司债券的持有

利息调整应在债券存续期内采用实际利率法进行摊销。实际利率法是指每期的利息费用按实际利率乘以期初债券账面价值计算,按实际利率计算的利息费用与按票面利率计算的应计利息的差额,即为本期摊销的溢价或折价。

资产负债表日,对于分期利息、一次还本的债券,企业应按应付债券的摊余成本和实际利率计算确定的债券利息费用,借记"在建工程""制造费用""财务费用""研发支出"等账户;按应付债券的面值和票面利率计算确定的应付未付利息,贷记"应付利息"账户;按其差额,借记或贷记"应付债券——利息调整"账户。支付利息时,借记"应付利息"账户,贷记"银行存款"等账户。

实际利率与票面利率差异较小的,也可以采用票面利率确定费用。

四、公司债券的偿还

采用一次还本、分期付息方式的,债券到期偿还本金前,利息已计提并全部支付,则按债券面值借记"应付债券——面值"账户,贷记"银行存款"账户。

采用一次还本付息方式的,企业应于债券到期支付债券本息时,借记"应付债券——面值""应付债券——应计利息"账户,贷记"银行存款"账户。

【任务实施9-2】

(1)新科门业该批债券实际发行价格为1 043 270元,记入"银行存款"账户借方;债券面值1 000 000元,记入"应付债券——面值"账户贷方;差额43 270元,记入"应付债券——利息调整"账户贷方。此时的会计分录为:

借：银行存款 1 043 270
　　贷：应付债券——面值 1 000 000
　　　　　　　　——利息调整 43 270

(2) 新科门业2022年年初该债券期初摊余成本为1 043 270万元,2022年度实际利息费用为52 163.5元(1 043 270×5%),记入"财务费用"账户借方;2022年年度应付利息为60 000元(1 000 000×6%),记入"应付利息"账户贷方;差额7 836.5元,记入"应付债券——利息调整"账户借方。支付利息60 000元,分别记入"应付利息"账户借方和"银行存款——工商银行存款"账户贷方。会计分录为:

计提2022年年度利息时的会计分录为:

借：财务费用 52 163.5
　　应付债券——利息调整 7 836.5
　　贷：应付利息 60 000.0

支付2022年年度利息时的会计分录为:

借：应付利息 60 000
　　贷：银行存款——工商银行存款 60 000

(3) 2026年12月3日,偿还本金时的会计分录为:

借：应付债券——面值 1 000 000
　　贷：银行存款——工商银行存款 1 000 000

任务三　长期股权投资核算

【任务发布9-3】

2023年5月6日,新科门业取得某公司60%的股权,成本为10 000 000元,以银行存款支付。2023年12月31日,某公司宣告分派现金股利,新科门业按照持股比例可取得600 000元。新科门业取得某公司股权后,能够对某公司实施控制。2024年1月,新科门业将所持有的某公司股权以12 000 000元全部售出,假定新科门业未对该股权计提过减值准备。

请为新科门业作以上业务的账务处理。

【任务发布9-4】

2024年2月,新科门业取得某公司10%的股权,支付价款3 400 000元,具有重大影响。某公司在购买可辨认净资产的公允价值为32 000 000元,新科门业所享有的份额公允价值为3 200 000元。因新科门业企业财务会计实务司在取得对某公司的股权后,能够实施重大影响,所以对其采用权益法进行核算。

请为新科门业作以上业务的账务处理。

知识准备

微课 9-3
长期股权投资的核算范围和初始计量

一、认识长期股权投资

长期股权投资是指企业通过购买其他企业的股票或以其他方式取得股权,旨在长期持有并获取收益的投资行为。长期股权投资的目的通常包括对被投资企业的控制、重大影响或长期财务收益。

二、长期股权投资的分类

(一)对子公司投资(控制)

投资企业持有被投资单位50%以上的表决权股份,或虽不足50%但通过协议等方式拥有对被投资单位的实际控制权。投资企业能够对被投资单位实施控制,被投资单位称为投资企业的子公司,须纳入投资企业的合并财务报表范围。

(二)对合营企业投资(共同控制)

投资企业与其他合营方共同对被投资单位实施共同控制,即被投资单位的财务和经营决策必须经过各合营方一致同意方可执行。投资企业持股比例通常各占50%或按协议约定,但单一投资方无法单独控制被投资单位。被投资单位称为合营企业,投资企业按权益法核算长期股权投资。

(三)对联营企业投资(重大影响)

投资企业持有被投资单位20%~50%的表决权股份,或虽不足20%但通过在被投资单位董事会中派有代表、参与财务、经营决策制定等方式对其施加重大影响。投资企业无法控制或共同控制被投资单位,但能对其财务和经营政策产生实质性影响。被投资单位称为联营企业,投资企业按权益法核算长期股权投资。

(四)其他长期股权投资(无控制、无共同控制且无重大影响)

投资企业持有被投资单位无控制、无共同控制且无重大影响,且在活跃市场中没有报价、公允价值不能可靠计量的长期股权投资时,通常持股比例低于20%,且不存在其他影响被投资单位的途径,按成本法核算长期股权投资。

三、长期股权投资的账务处理

微课 9-4
长期股权投资的后续计量

(一)账务处理方法

长期股权投资的账务处理方法有两种:一是成本法,二是权益法。成本法的适用范围如下:投资企业能够对单位实施控制的长期股权投资,即企业对子公司的长期股权投资应当采用成本法核算,投资企业为投资性主体且子公司不纳入其合并财务报表的除外。例如,投资企业对被投资单位具有共同控制的长期股权投资,即企业对合营企业的长期股权投资;投资企业对被投资单位具有重大影响的长期股权投资,即企业对联营企业的长期股权投资。

权益法适用范围如下:投资企业对被投资单位具有共同控制的长期股权投资,即企业对合营企业的长期股权投资应当采用权益法核算和投资企业对被投资单位具有重大影响的长期股权投资,即企业对联营企业的长期股权投资应当采用权益法核算。在权益法下,长期股权投资的账面价值需要随着被投资单位所有者权益的变动而进行相应调整,以反映投资企业在被投资单位所有者权益中所享有的份额变动情况。

(二)账户设置

为反映长期股权投资的取得、持有和处置等情况,企业应当设置"长期股权投资""投资收益""其他综合收益"等账户。

其中,"长期股权投资"账户核算企业持有的采用成本法和权益法的长期股权投资,借方登记长期股权投资取得时的成本以及采用权益法核算时被投资单位实现的净损益、其他综合收益和其他权益变动等计算的应享有的份额,贷方登记处置长期股权投资的账面价值或采用权益法核算时被投资单位宣告分派现金股利或者利润时企业按持股比例计算应享有的份额,以及按被投资单位发生的净亏损等计算的应分担的份额。其期末借方余额,反映企业持有的长期股权投资的价值。该账户应当按照被投资单位进行明细核算。长期股权投资核算采用权益法的,应当分别设置"投资成本""损益调整""其他综合收益""其他权益变动"等账户进行明细核算。

(三)采用成本法核算长期股权投资

1. 成本法下长期股权投资初始投资成本的确定

成本法是指投资按投资成本计价的方法。在成本法下,长期股权投资一般以取得股权时的初始投资成本计价,后续除投资企业追加投资、收回投资,或发生减值等特定情形外,长期股权投资的账面价值通常保持不变。

(1)企业合并形成的长期股权投资:同一控制下企业合并,初始投资成本按照取得被合并方所有者权益在最终控制方合并财务报表中的账面价值的份额确定;非同一控制下企业合并,以购买方在购买日为取得对被购买方的控制权而付出的资产、发生或承担的负债以及发行的权益性证券的公允价值作为初始投资成本。

(2)非企业合并形成的长期股权投资:以支付现金取得的长期股权投资,应当以实际支付的购买价款作为初始投资成本,包括与取得长期股权投资直接相关的费用、税金及其他必要支出。但支付价款中包含的已宣告但尚未发放的现金股利或利润,应单独确认为应收项目,不构成长期股权投资的初始投资成本。

2. 成本法下长期股权投资初始取得的核算

企业合并形成的长期股权投资的核算方法如下:

(1)同一控制下企业合并:按取得被合并方所有者权益在最终控制方合并财务报表中账面价值的份额,借记"长期股权投资"账户(投资成本);按支付的合并对价账面价值,贷记相关资产账户(如"银行存款""固定资产清理"等账户)或借记相关负债账户;按其差额,贷记"资本公积——资本溢价(或股本溢价)"账户(若为借方差额,依次冲减资本公积、盈余公积和未分配利润)。若涉及支付的直接相关费用,如审计费、法律服务费等,于发生时计入当期损益,借记"管理费用"账户,贷记"银行存款"等账户。

(2)非同一控制下企业合并:以购买方付出资产、发生或承担负债以及发行权益性证券的公允价值,借记"长期股权投资"账户(投资成本);按付出资产的账面价值,贷记相关资产账户;按发生或承担负债的账面价值,借记相关负债账户;按发行权益性证券的面值,贷记"股本"账户;按借贷方差额,贷记"资产处置损益"账户(资产公允价值大于账面价值时)或借记"资产处置损益"账户(资产公允价值小于账面价值时)。同样,发生的直接相关费用计入当期损益。

非企业合并形成的长期股权投资的核算方法如下：以支付现金取得时，按实际支付的购买价款（含相关税费，但不含已宣告未发放的现金股利或利润），借记"长期股权投资"账户，贷记"银行存款"等账户；若支付价款中包含已宣告但尚未发放的现金股利或利润，应借记"应收股利"账户，贷记"银行存款""其他货币资金"等账户。

3. 成本法下长期股权投资持有期间的核算

长期股权投资持有期间被投资单位宣告分派现金股利或利润时，对采用成本法核算的投资企业应按享有的部分，确认为当期投资收益，借记"应收股利"账户，贷记"投资收益"账户。

4. 成本法下长期股权投资处置的核算

企业处置长期股权投资时，按照实际取得的价款与长期股权投资账面价值的差额确认为投资损益，并应同时结转已计提的长期股权投资减值准备。

企业处置长期股权投资时，应当按实际收到的金额，借记"银行存款"等账户；按照原已计提的减值准备，借记"长期股权减值准备"账户；按照该项长期股权投资的账面余额，贷记"长期股权投资"账户；按照尚未领取的现金股利或利润，贷记"应收股利"账户；按其差额，贷记或者借记"投资收益"账户。

（四）采用权益法核算长期股权投资

1. 权益法下长期股权投资初始投资成本的确定

权益法是指投资以初始投资成本计量后，在投资持有期间根据投资企业享有被投资单位所有者权益份额的变动对投资的账面价值进行调整的方法。在权益法下，长期股权投资的初始投资成本需根据取得方式确定，并结合投资时应享有被投资单位可辨认净资产公允价值份额进行后续调整。

初始投资成本的确定方式以支付现金、非现金资产、发行权益性证券等方式取得的长期股权投资，应当按照实际发生的成本作为初始投资成本。

2. 权益法下长期股权投资初始取得的核算

企业取得长期股权投资采用权益法核算，应当将初始投资成本与所享有的被投资单位可辨认净资产的公允价值进行比较，对于形成差额的，应当区分进行处理。长期股权投资的初始投资成本大于投资时，应享有的被投资单位可辨认净资产公允价值份额的，不调整已确认的初始投资成本，按初始投资成本（实际支付的对价）借记"长期股权投资——成本"账户，贷记"银行存款""其他货币资金"等账户。

长期股权投资的初始投资成本小于投资时，应享有的被投资单位可辨认净资产公允价值份额的，两者之间的差额体现为双方在交易作价过程中的让步，该部分的经济利益流入，应当作为取得投资当期的营业外收入，同时调整增加长期股权投资的账面价值。

3. 权益法下长期股权投资持有期间的核算

权益法下，长期股权投资持有期间的核算是指被投资单位实现净利润或发生净亏损时，投资企业在持有长期股权投资期间，应根据被投资单位实现的净利润计算应享有的份额，借记"长期股权投资——损益调整"账户，贷记"投资收益"账户。当被投资单位发生亏损时，作相反的会计分录，但以"长期股权投资"账户的账面价值减记到零为限，借记"投资收益"账户，贷记"长期股权投资——损益调整"账户。

"长期股权投资"账户减记到零,是指"长期股权投资"账户下的各二级明细,包括"投资成本""损益调整""其他综合收益""其他权益变动"明细账户余额合计为零。

被投资单位宣告发放现金股利或利润时,企业应当按照所享有的部分,借记"应收股利"账户,贷记"长期股权投资——损益调整"账户。被投资单位宣告发放股票股利时,投资单位不进行账务处理,但需要在备查簿中进行登记。

4. 权益法下长期股权投资处置的核算

企业处置长期股权投资时,按照实际取得的价款与长期股权投资账面价值的差额确认为投资收益,并同时结转已计提的长期股权投资减值准备。企业处置长期股权投资时,应按照实际收到的金额,借记"银行存款""其他货币资金"等账户;按照原已计提的减值准备,借记"长期股权投资减值准备"账户;按照该长期股权投资的账面余额,贷记"长期股权投资"账户;按照尚未领取的现金股利或利润,贷记"应收股利"账户;按其差额,贷记或借记"投资收益"账户。

同时,在处置长期股权投资时,对在长期股权投资持有期间形成的,被投资单位其他综合收益变动带来的其他综合收益、被投资单位其他权益变动带来的资本公积,也应作相应的结转处理。按照上述原则可以转入当期损益的其他综合收益,应按结转的长期股权投资成本比例进行结转,借记或贷记"其他综合收益"账户,贷记或借记"投资收益"账户。同时按照结转长期股权投资的投资成本比例结转"资本公积——其他资本公积"账户,借记或贷记"资本公积——其他资本公积"账户,贷记或借记"投资收益"账户。

5. 权益法下长期股权投资减值的核算

长期股权投资作为企业的一项重要资产,必须能够为企业带来经济利益,如果长期股权投资不能为企业带来经济利益或为企业带来的经济利益低于账面价值,即如果长期股权投资未来的可收回金额低于其账面价值,则通常表明长期股权投资发生了减值。

企业计提长期股权投资减值准备,应当通过设置"长期股权投资减值准备"账户进行核算。企业按照应减记的金额,借记"资产减值损失——计提的长期股权投资减值准备"账户,贷记"长期股权投资减值准备"账户。

长期股权投资减值准备一经确认,在以后会计期间不得转回。

【任务实施9-3】

2023年5月6日取得长期股权投资时,根据股权凭证、银行付款凭证,编制的会计分录为:

借:长期股权投资　　　　　　　　　　　　　　　　　　　　10 000 000
　　贷:银行存款　　　　　　　　　　　　　　　　　　　　　　10 000 000

2023年12月31日某公司分派现金股利时,根据股东会决议,编制的会计分录为:

借:应收股利　　　　　　　　　　　　　　　　　　　　　　　600 000
　　贷:投资收益　　　　　　　　　　　　　　　　　　　　　　　600 000

实际取得时,根据银行进账单,编制如下会计分录:

借:银行存款　　　　　　　　　　　　　　　　　　　　　　　600 000
　　贷:应收股利　　　　　　　　　　　　　　　　　　　　　　　600 000

2024年1月处置时,根据银行进账单,编制的会计分录为:

借:银行存款　　　　　　　　　　　　　　　　　　　12 000 000
　　贷:长期股权投资　　　　　　　　　　　　　　　　　　10 000 000
　　　　投资收益　　　　　　　　　　　　　　　　　　　　2 000 000

【任务实施9-4】

2024年2月,取得长期股权投资时,新科门业根据银行付款凭证和股权转让协议,编制如下会计分录:

借:长期股权投资——投资成本　　　　　　　　　　　3 400 000
　　贷:银行存款　　　　　　　　　　　　　　　　　　　3 400 000

如果新科门业取得股权时支付的成本为3 000 000元,初始投资成本3 000 000元小于投资时应享有的被投资单位可辨认净资产公允价值3 200 000元,则差额200 000元应当作为取得投资当期的营业外收入,同时调增长期股权投资的账面价值为3 200 000元。新科门业根据银行付款凭证和股权转让协议,编制如下会计分录:

借:长期股权投资——投资成本　　　　　　　　　　　3 200 000
　　贷:银行存款　　　　　　　　　　　　　　　　　　　3 000 000
　　　　营业外收入　　　　　　　　　　　　　　　　　　　200 000

任务四　投资性房地产核算

【任务发布9-5】

(1)新科门业与贵州机械签订了一项经营租赁合同,新科门业将其持有使用权的一块土地出租给贵州机械,以赚取租金,为期10年。贵州机械又将这块土地转租给华阳商贸,以赚取租金差价,为期3年。假设不违反国家有关规定。请分析在这一租赁关系中,该土地使用权对于新科门业和贵州机械来说是否属于投资性房地产,并阐述理由。

(2)新科门业与贵州机械签订了一项经营租赁合同,新科门业将其持有产权的两间门面房出租给贵州机械,为期5年。贵州机械一开始将这两间门面房用于自行经营餐馆。2年后,由于连续亏损,贵州机械将餐馆转租给华阳商贸,以赚取租金差价。请分别判断该门面房产权对于新科门业和贵州机械是否属于投资性房地产,并说明判断依据。

(3)新科门业购买了一栋写字楼,共12层。其中5层经营出租给贵州机械,6层经营出租给华阳商贸,底层经营出租给一家大型超市。新科门业同时为整栋楼提供保安、清洁、维修等日常辅助服务。请分析对于新科门业而言,这栋写字楼是否属于投资性房地产,并结合投资性房地产的相关规定说明理由。

(4) 新科门业在当地房地产交易中心通过竞拍取得一块土地使用权。新科门业按照合同规定对这块土地进行了开发，并在这块土地上建造了一栋商铺，拟用于整体出租，但尚未找到合适的承租人。请判断该商铺在当前状态下是否属于新科门业的投资性房地产；若未来新科门业与承租人签订经营租赁合同，其投资性房地产的认定将发生何种变化？请说明判断依据。

(5) 新科门业为增值税一般纳税人，6月1日，购入一栋写字楼，取得的增值税专用发票上注明价款为 2 000 万元，增值税税额为 180 万元，款项已全部转账支付，即日租给贵州机械使用。假设不考虑其他因素，新科门业对投资性房地产采用成本模式进行后续计量。请为新科门业作以上业务的账务处理。

知识准备

一、认识投资性房地产

（一）投资性房地产的概念

房地产是土地和房屋及其权属的总称。在我国，土地归国家或集体所有，企业只能取得土地使用权。因此，房地产中的土地是指土地使用权。房屋是指土地上的房屋等建筑物及构筑物。

投资性房地产是指为赚取租金或资本增值，或两者兼有而持有的房地产。投资性房地产应当能够单独计量和出售。

（二）投资性房地产的特征

投资性房地产具有以下特征。

1. 投资性房地产是一种经营活动

就某些企业而言（如租赁企业），投资性房地产属于日常经常性活动，形成的租金收入或转让增值收益确认为企业的主营业务收入；但对于大部分企业而言，投资性房地产是与经营性活动相关的其他经营活动，形成的租金收入或转让增值收益确认为企业的其他业务收入。

2. 投资性房地产有别于企业自用的房地产和房地产开发企业作为存货的房地产

与自用房地产和作为存货的房地产相比，投资性房地产在一定程度上具备了金融资产的属性，所以需要作为一项单独的资产予以确认、计量和列报。也正因为如此，投资性房地产的计量模式有别于固定资产和存货的计量模式，企业可以选择成本模式或公允价值模式对投资性房地产进行后续计量。

二、投资性房地产的范围界定

（一）属于投资性房地产的项目

1. 已出租的土地使用权

已出租的土地使用权是指企业通过出让或转让方式取得，并以经营租赁方式出租的土地使用权。企业计划用于出租但尚未出租的土地使用权，不属于此类。对于以经营租赁方式租入土地使用权再转租给其他单位的，也不能确认为投资性房地产。

微课 9-5
投资性房地产的核算范围

2. 持有并准备增值后转让的土地使用权

持有并准备增值后转让的土地使用权是指企业通过出让或转让方式取得并准备增值后转让的土地使用权。但是,按照国家有关规定认定的闲置土地,不属于持有并准备增值的土地使用权。

3. 已出租的建筑物

已出租的建筑物是指企业拥有产权并以经营租赁方式出租的房屋等建筑物,包括自行建造或开发活动完成后用于出租的建筑物。企业以经营租赁方式租入再转租的建筑物不属于投资性房地产。企业将建筑物出租,按租赁协议向承租人提供的相关辅助服务在整个协议中不重大的,应当将该建筑物确认为投资性房地产。

(二)不属于投资性房地产的项目

1. 自用房地产

自用房地产是指为生产商品、提供劳务或者经营管理而持有的房地产,如企业生产经营自用的厂房和办公楼属于固定资产,企业生产经营自用的土地使用权属于无形资产。例如,企业出租给本企业职工居住的宿舍,虽然也收取租金,但间接为企业自身的生产经营服务,因此具有自用房地产的性质。又如,企业拥有并自行经营的旅馆饭店,旅馆饭店的经营者在向顾客提供住宿服务的同时,还提供餐饮、娱乐等其他服务,其经营目的主要是通过向客户提供服务取得服务收入。因此,企业自行经营的旅馆饭店是企业的经营场所,应当属于自用房地产。

2. 作为存货的房地产

作为存货的房地产通常是指房地产开发企业在正常经营过程中销售的或为销售而正在开发的商品房和土地。

如果某项房地产部分用于赚取租金或资本增值、部分自用(即用于生产商品、提供劳务或经营管理),能够单独计量和出售的、用于赚取租金或资本增值的部分,应当确认为投资性房地产;不能够单独计量和出售的、用于赚取租金或资本增值的部分,不确认为投资性房地产。该项房地产自用的部分,以及不能够单独计量和出售的、用于赚取租金或资本增值的部分,应当确认为固定资产或无形资产。

三、投资性房地产的账务处理

(一)成本计量模式下投资性房地产核算

投资性房地产应当按照成本进行初始计量。在后续计量时,通常应当采用成本计量模式,满足特定条件的情况下也可以采用公允价值计量模式。但是,同一企业只能采用一种模式对所有投资性房地产进行后续计量,不得同时采用两种计量模式。

成本计量模式的会计处理比较简单,主要涉及"投资性房地产""投资性房地产累计折旧(摊销)""投资性房地产减值准备"等账户,可比照"固定资产""无形资产""累计折旧""累计摊销""固定资产减值准备""无形资产减值准备"等相关账户进行处理。

(二)成本计量模式下投资性房地产取得的核算方法

投资性房地产的取得方式不同,初始计量方法也不尽相同,本项目仅对以外购和自行建造方式取得的投资性房地产的初始计量进行阐述。

1. 外购的投资性房地产

企业外购的房地产,只有在购入的同时开始对外出租或用于资本增值,才能作为投

微课 9-6
投资性
房地产的
初始计量

微课 9-7
投资性
房地产
的后续计量

实操 9-3
投资性
房地产的
核算

微课 9-8
投资性
房地产的
账务处理

资性房地产加以确认。

外购的投资性房地产,应当按照取得时的实际成本进行初始计量,其成本包括购买价款、相关税费和可直接归属于该资产的其他支出。当企业购入的房地产,部分用于出租(或资本增值),部分自用,则用于出租(或资本增值)的部分应当予以单独确认,应按照不同部分的公允价值占公允价值总额的比例将成本在不同部分之间进行合理分配。

成本计量模式下,企业外购取得的投资性房地产,按应计入投资性房地产成本的金额,借记"投资性房地产"账户,按发生的可以抵扣的进项税金额,借记"应交税费——应交增值税(进项税额)"账户,同时贷记"银行存款"等账户。

2. 自行建造的投资性房地产

自行建造的采用成本模式计量的投资性房地产,其成本由建造该项资产达到预定可使用状态前发生的必要支出构成,包括土地开发费、建筑成本、安装成本、应予以资本化的借款费用、支付的其他费用和分摊的间接费用等。建造过程中发生的非正常性损失直接计入当期损益,不计入建造成本。企业自行建造房地产达到预定可使用状态一段时间后才对外出租或用于资本增值的,应当先将自行建造的房地产确认为固定资产、无形资产或存货,自租赁期开始日或用于资本增值之日起,从固定资产、无形资产或存货转换为投资性房地产。成本计量模式下,企业以自行建造方式取得的投资性房地产,按应计入投资性房地产成本的金额,借记"投资性房地产"账户,贷记"在建工程"等账户。

(三)公允价值计量模式下投资性房地产核算

1. 采用公允价值计量模式的前提条件

企业只有存在可靠证据表明投资性房地产的公允价值能够持续可靠取得,才可以采用公允价值模式对投资性房地产进行后续计量。可靠证据指投资性房地产所在地有活跃的房地产交易市场、企业能够从活跃的交易市场上取得同类或类似房地产的市场价格及其他相关信息,从而对投资性房地产的公允价值作出合理的估计。企业一旦选择采用公允价值模式,就应当对其所有投资性房地产均采用公允价值模式进行后续计量。

2. 公允价值计量模式下投资性房地产取得的核算方法

外购或自行建造的采用公允价值模式计量的投资性房地产,应当按照取得时的成本进行初始计量。其实际成本的确定与外购或自行建造的采用成本模式计量的投资性房地产一致。企业应当在"投资性房地产"账户下设置"成本"和"公允价值变动"两个明细账户。

公允价值计量模式下,"投资性房地产"账户的借方登记投资性房地产的取得成本、资产负债表日其公允价值高于账面余额的差额,以及处置或转换投资性房地产时结转的公允价值变动额(下降)等;贷方登记资产负债表日其公允价值低于账面余额的差额,以及企业处置或转让投资性房地产时结转的成本和公允价值变动额(上升);期末借方余额,反映企业持有的投资性房地产的公允价值。

3. 公允价值计量模式下投资性房地产公允价值变动的核算方法

投资性房地产采用公允价值模式计量的,不计提折旧或摊销,应当以资产负债表日的公允价值计量,企业应当设置"公允减值变动损益"账户。"公允价值变动损益"账户核算企业投资性房地产、交易性金融资产等公允价值变动而形成的应计入当期损益的金额,其贷方登记资产负债表日企业持有的投资性房地产、交易性金融资产等的公允价值高于账面余额的差额,借方登记资产负债表日企业持有的投资性房地产、交易性金融资产等的公允价值低于账面余额的差额。期末,应将本账户余额转入"本年利润"账户,结转后本账户无余额。资产负债表日,投资性房地产的公允价值高于其账面余额的差额,借记"投资性房地产——公允价值变动"账户,贷记"公允价值变动损益"账户;公允价值低于其账面余额的,按其差额作相反的分录。

公允价值计量模式下投资性房地产租金收入的核算与成本计量模式下的处理方式相同。

【任务实施9-5】

（1）对于新科门业而言,自租赁期开始日起,这项土地使用权属于其投资性房地产。对于贵州机械而言,这项土地使用权不能予以确认,不属于其投资性房地产。

（2）这两间门面房产权对于新科门业而言,属于其投资性房地产。但对于贵州机械而言,这两间门面房产权不能予以确认,不属于其投资性房地产。

（3）新科门业将写字楼出租,同时提供的辅助服务不重大。对于新科门业而言,这栋写字楼属于新科门业的投资性房地产。

（4）这栋商铺暂不属于投资性房地产,若新科门业与承租人签订经营租赁合同,自租赁期开始日起,这栋商铺才能转换为投资性房地产。

（5）6月1日,新科门业购入写字楼的会计分录为:

借:投资性房地产——写字楼　　　　　　　　　　　　20 000 000
　　应交税费——应交增值税(进项税额)　　　　　　　 1 800 000
　贷:银行存款　　　　　　　　　　　　　　　　　　　21 800 000

思政学堂

项目九
思政启示

华为公司非流动负债管理的成功之道

华为技术有限公司(简称华为公司)是全球领先的信息与通信技术(ICT)解决方案供应商,在全球拥有广泛的业务布局和众多的研发中心。为了实现技术创新和业务拓展,华为公司在发展过程中合理利用非流动负债进行融资。

从负债结构来看,华为公司的非流动负债占总负债的一定比例,其中长期借款、应付债券等非流动负债项目是其重要的资金来源。这些非流动负债主要用于企业的研发投入、5G基站建设、全球市场拓展等长期战略项目。例如,为了在5G技术领域取得领先地位,华为通过发行债券等方式筹集资金,投入大量资源进行研发和基站建设,推动了全球5G网络的快速发展。

华为公司在利用非流动负债促进企业发展方面取得了显著成效。一方面,华为公司始终坚持技术创新,不断推出具有竞争力的产品和解决方案,满足了市场需求,实现了业绩的持续增长。其营业收入逐年递增,净利润也保持了较高的水平,为偿还非流动负债提供了坚实的资金保障。另一方面,华为公司注重与金融机构建立长期稳定的合作关系,凭借良好的信誉和稳健的财务状况,获得了金融机构的支持,确保了资金的稳定供应。同时,华为公司还通过合理安排债务期限结构、运用金融工具进行风险管理等方式,有效降低了非流动负债的风险,保持了财务的稳定性。

学以致用

一、单项选择题

1. 下列各项中,筹建期间用于日常管理活动的借款利息应记入( )账户。
   A. "长期待摊费用"　　　　　　B. "销售费用"
   C. "管理费用"　　　　　　　　D. "财务费用"

项目九
初级精练

2. 甲公司于 2024 年 10 月 1 日发行 5 年期面值总额为 100 万元的债券,债券票面年利率为 12%,到期一次还本付息,按面值发行(发行手续费略),半年计息一次。2025 年 6 月 30 日该公司应付债券的账面价值为( )元。
   A. 1 000 000　　B. 1 120 000　　C. 1 090 000　　D. 1 080 000

3. 甲公司于 2025 年 1 月 1 日发行 4 年期公司债券 5 000 万元,实际收到发行价款 5 000 万元。该债券票面年利率为 6%,半年付息一次,借款利息全部计入财务费用,2025 年 12 月 31 日公司对于该债券应确认的财务费用为( )万元。
   A. 300　　　　　B. 150　　　　　C. 100　　　　　D. 200

4. 甲企业 2024 年 1 月 1 日以 630 万元的价格发行 5 年期债券 600 万元。该债券到期一次还本付息,票面年利率为 5%。则甲企业 2025 年 12 月 31 日"应付债券——应计利息"账户的余额为( )万元。
   A. 30　　　　　B. 31.5　　　　C. 60　　　　　D. 60

5. 某公司于 2024 年 1 月 1 日对外发行 5 年期、面值总额为 20 000 万元的公司债券,债券票面年利率为 3%,到期一次还本付息,实际收到发行价款 22 000 万元。该公司采用实际利率法摊销利息费用,不考虑其他相关税费。计算确定的实际利率为 2%。2025 年 12 月 31 日,该公司该项应付债券的账面余额为( )万元。
   A. 21 200　　　B. 22 888.8　　C. 23 200　　　D. 24 000

6. 淮海公司于 2024 年 1 月 1 日发行 3 年期、每年 1 月 1 日付息、到期一次还本的公司债券,债券面值为 200 万元,票面年利率为 5%,实际利率为 6%,发行价格为 194.65 万元。按实际利率法确认利息费用。该债券 2024 年度确认的利息费用为( )万元。
   A. 11.68　　　B. 10　　　　　C. 11.78　　　D. 12

7. 甲公司于 2025 年 1 月 1 日发行 4 年期一次还本付息的公司债券,债券面值为 1 000 000 元,票面年利率为 5%,发行价格为 950 520 元。甲公司对利息调整采用实际利率法进行摊销,经计算该债券的实际利率为 6%。该债券 2025 年度应确认的利息费用为( )元。
   A. 50 000　　　B. 60 000　　　C. 47 526　　　D. 57 031.2

二、多项选择题

1. 下列关于长期借款的利息表述中,正确的有( )。
   A. 购建固定资产符合条件的利息应记入"在建工程"账户
   B. 生产经营用借款利息记入"制造费用"账户
   C. 自行开发无形资产符合资本化条件的利息记入"研发支出"账户
   D. 筹建期不符合资本化条件的利息记入"管理费用"账户

2. 下列关于长期借款的表述中,正确的有( )。

A. 在生产经营期间,达到预定可使用状态后,不符合资本化条件的利息支出应记入"财务费用"账户

B. 一次还本付息的,计提的利息应记入"长期借款——应计利息"账户

C. 筹建期间,不符合资本化条件的利息记入"财务费用"账户

D. 分期付息的,计提的利息记入"应付利息"账户

3. 下列各项关于非流动负债的表述中,正确的有(　　)。

　　A. 偿还期限通常在一年以上

　　B. 用于企业长期资产投资或战略发展

　　C. 主要包括长期借款、应付债券等账户

　　D. 期末余额须在资产负债表单独列示

4. 企业发行应付债券时,可能涉及的会计账户有(　　)。

　　A. "应付债券——面值"　　　　　　B. "应付债券——利息调整"

　　C. "银行存款"　　　　　　　　　　D. "财务费用"

5. 下列各项关于非流动负债利息的处理中,正确的有(　　)。

　　A. 符合资本化条件的利息计入相关资产成本

　　B. 不符合资本化条件的利息计入财务费用

　　C. 应付债券利息按摊余成本和实际利率计算

　　D. 长期借款利息均计入当期损益

三、判断题

1. 采用实际利率法对应付债券折溢价进行摊销时,应付债券账面价值逐期减少或增加,应负担的利息费用也随之逐期减少或增加。　　　　　　　　　　　　(　　)

2. 企业核算分期付息到期还本的长期借款计提的利息,应增加长期借款的账面价值。
　　　　　　　　　　　　　　　　　　　　　　　　　　　　　　　　(　　)

3. 一年内到期的非流动负债,在资产负债表中应作为流动负债列示。　(　　)

4. 企业计提的长期借款利息,无论是否符合资本化条件,均应计入财务费用。(　　)

5. 应付债券的账面价值等于债券面值加上利息调整账户余额。　　　　(　　)

四、业务题

　　甲公司为增值税一般纳税人,发生与非流动负债相关业务如下:

　　1. 2023年1月1日,为建造一条新的生产线,向银行专门借款1 000万元,期限为3年,年利率为6%,每年年末付息,到期还本。

　　2. 2023年1月1日,以银行存款支付工程款800万元,工程于当日开工。该生产线预计2年完工。

　　3. 2023年12月31日,计提并支付当年借款利息。

　　4. 2024年1月1日,因工程物资供应问题,工程被迫停工5个月。期间甲公司将闲置资金300万元用于短期投资,月收益率0.4%,获得投资收益存入银行。

　　5. 2024年6月1日,工程恢复施工,以银行存款支付剩余工程款200万元。

　　6. 2024年12月31日,计提并支付当年借款利息。

　　7. 2025年1月1日,生产线达到预定可使用状态。

　　8. 2025年12月31日,计提并支付当年借款利息。

9. 2026年1月1日,甲公司偿还该笔借款本金。

请根据上述业务,编制甲公司相关会计分录。(单位:元)

 **项目评价**

根据本项目学习情况,在表 9-1 中进行评价,"A"为优良,"B"为一般,"C"为需要帮助。

表 9-1 项目九学习评价表

序号	学习重点	自我评价 (在方框内打钩)	教师反馈与评价
1	长期借款归还	A□B□C□	
2	长期借款持有	A□B□C□	
3	长期借款归还	A□B□C□	
4	应付债券发行	A□B□C□	
5	应付债券持有	A□B□C□	
6	应付债券偿还	A□B□C□	
	总体评价	A□B□C□	

项目十 所有者权益业务核算

学习目标

知识目标

○ 理解所有者权益的种类。
○ 掌握实收资本和资本公积的来源及会计核算原理。
○ 掌握留存收益的会计核算原理。

能力目标

○ 能够根据实收资本和资本公积相关原始凭证编制记账凭证。
○ 能够根据盈余公积、利润形成与分配相关原始凭证编制记账凭证。

素质目标

○ 通过学习所有者权益概念及内涵相关知识,培养学生对企业所有者权益保护法规的基本理解能力。
○ 通过学习所有者权益的构成及业务处理相关知识,培养学生在公司成立及日常运营过程中的基本法律意识。
○ 通过学习所有者权益变动影响因素相关知识,培养学生基本投资行为的法律意识和维护投资者合法权益的社会责任感。

项目十
行业前沿

知识脉络

所有者权益业务核算
- 实收资本核算
  - 认识实收资本
  - 实收资本的账务处理
- 资本公积核算
  - 认识资本公积
  - 资本公积的账务处理
- 留存收益核算
  - 认识留存收益
  - 留存收益的账务处理

任务一 实收资本核算

【任务发布 10-1】

（1）2025 年 6 月 28 日，新科门业接受甲公司投资入股 2 000 000 元、乙公司投资入股一项非专利技术（合同约定价值 2 300 000 元），取得的增值税专用发票标明的进项税额为 138 000 元，甲公司和乙公司注资后，分别享有新科门业增资后 20% 和 24.38% 的资本份额。新科门业增资后注册资本为 10 000 000 元。

（2）2025 年 6 月 30 日，新科门业（假设为该公司为股份有限公司）发行在外的普通股股票为 20 000 000 股（面值为 1 元），资本公积（股本溢价）为 1 800 000 元，盈余公积为 1 400 000 元，未分配利润为 6 500 000 元。经股东大会决议回购股票 3 000 000 股，以每股 2 元回购，共支付价款 6 000 000 元。

请为新科门业作以上业务的账务处理。

知识准备

微课 10-1
实收资本

一、认识实收资本

实收资本是指按照企业章程规定或合同、协议约定，接受投资者投入企业的资本。实收资本的构成比例或股东的股份比例，是确定所有者在企业所有者权益中份额的基础，也是企业进行利润或股利分配的主要依据。

《中华人民共和国公司法》规定，股东可以用货币出资，也可以用实物、知识产权、土地使用权等可以用货币估价并可以依法转让的非货币财产作价出资，但是法律、行政法规规定不得作为出资的财产除外。

企业应当对作为出资的非货币财产评估作价，不得高估或者低估作价。法律、行政法规对评估作价有规定的，从其规定。股东应当按期足额缴纳公司章程中规定的各自所认缴的出资额。股东以货币出资的，应当将货币出资足额存入公司在银行开设的账户；以非货币财产出资的，应当依法办理其财产权的转移手续。股东不按照规定缴纳出资的，除应向公司足额缴纳外，还应向已按期足额缴纳出资的股东承担违约责任。

二、实收资本的账务处理

实操 10-1
实收资本

股份有限公司应设置"股本"账户，其他各类企业应设置"实收资本"账户，"股本"账户和"实收资本"账户均属于所有者权益类账户，反映和监督企业实际收到的投资者投入资本的情况。

"实收资本"账户贷方登记企业收到投资者符合注册资本的出资额；借方登记企业按照法定程序报经批准减少的注册资本额；期末余额在贷方，反映企业实有的资本额。"实收资本"账户应按照投资者设置明细账进行核算。

"股本"账户贷方登记实际发行的股票票面总额,借方登记公司按法定程序经批准减少的股本数额,贷方余额反映期末股本总额。

(一)企业接受现金资产投资

股份有限公司以外的企业接受现金资产投资时,应按实际收到的金额或存入企业开户银行的金额,借记"银行存款"等账户;按投资合同或协议约定的投资者在企业注册资本中所占份额的部分,贷记"实收资本"账户;企业实际收到或存入开户银行的金额超过投资者在企业注册资本中所占份额的部分,贷记"资本公积——资本溢价"账户。

股份有限公司发行股票收到现金资产时,借记"银行存款"等账户;按每股股票面值和发行股份总数的乘积计算的金额,贷记"股本"账户;实际收到的金额与股本之间的差额,贷记"资本公积——股本溢价"账户。

(二)企业接受非现金资产投资

企业收到投资者以非现金资产投入资本时,应将投资合同或协议约定的价值作为非现金资产(不公允的除外)的入账价值,借记资产类账户;按投资合同或协议约定的投资者在企业注册资本或股本中所占份额的部分,贷记"实收资本"或"股本"账户;超过投资者在企业注册资本或股本中所占份额的部分,贷记"资本公积——资本溢价(或股本溢价)"账户。

(三)企业实收资本(或股本)增减变动

我国有关法律规定,企业的实收资本(或股本)除符合增减资条件并经有关部门批准外,不得随意变动。

1. 实收资本(股本)增加的核算

企业增资可通过接受投资者追加投资、资本公积转增资本和盈余公积转增资本实现。企业按规定接受投资者追加投资时,其核算方法与投资者初次投入时相同。实收资本(股本)增加的会计处理如表10-1所示。

表10-1　　　　　　　　实收资本(或股本)增加的会计处理

项目	资本公积转增资本	盈余公积转增资本
会计分录	借:资本公积 　　贷:实收资本(或股本)	借:盈余公积 　　贷:实收资本(或股本)
说明	企业只能用"资本公积——资本溢价"中的金额转增资本,而不能使用"资本公积——其他资本公积"转增资本	—

2. 实收资本(股本)减少的核算

企业按法定程序报经批准减少注册资本的,按减少的注册资本金额减少实收资本(或股本),借记"实收资本"(或"股本")账户,贷记"库存现金""银行存款"等账户。

股份有限公司采用收购本公司股票方式减资的,通过"库存股"账户核算回购股份的金额。减资时,按股票面值和注销股数计算的股票面值总额,借记"股本"账户;按注销库存股的账面余额,贷记"库存股"账户;按其差额,借记"资本公积——股本溢价"账户。股本溢价不足冲减的,应借记"盈余公积""利润分配——未分配利润"账户。如果回购股票支付的价款低于面值总额的,应按股票面值总额,借记"股本"账户;按所注销的库存股账面余额,贷记"库存股"账户;按其差额,贷记"资本公积——股本溢价"账户。实收资本(或股本)减少的会计处理如表10-2所示。

表 10-2　　　　　　　　　实收资本(或股本)减少的会计处理

情形		会计处理
(1) 回购股票时		借：库存股 　　贷：银行存款
(2) 注销库存股时	回购价＞股本	借：股本 　　资本公积——股本溢价 　　盈余公积 　　利润分配——未分配利润 　　贷：库存股
	回购价＜股本	借：股本 　　贷：库存股 　　　　资本公积——股本溢价

【任务实施 10-1】

(1) 2025 年 6 月 28 日，企业接受现金和非现金资产投资核算时：

甲公司认缴注册资本份额＝10 000 000×20％＝2 000 000(元)

乙公司认缴注册资本份额＝10 000 000×24.38％＝2 438 000(元)

2025 年 6 月 28 日接受新投资者投资时的会计分录为：

借：银行存款	2 000 000
无形资产	2 300 000
应交税费——应交增值税(进项税额)	138 000
贷：实收资本——甲公司	2 000 000
——乙公司	2 438 000

(2) 2025 年 6 月 30 日，企业实收资本(或股本)增减变动核算时的会计分录为：

回购时的会计分录为：

借：库存股	6 000 000
贷：银行存款	6 000 000

注销时的会计分录为：

借：股本	3 000 000
资本公积——股本溢价	1 800 000
盈余公积	1 200 000
贷：库存股	6 000 000

任务二　资本公积核算

【任务发布 10-2】

(1) 2024 年 6 月 29 日，新科门业(假设为股份有限公司)接受新投资者智能科技股份有限公司(简称智能科技)投资入股 2 780 000 元资金，智能科技注资后，享有新科门业增资后21%的资本份额。新科门业增资后注册资本为12 780 000元。

(2) 2024年6月30日,新科门业(假设为股份有限公司)公开发行普通股股票6 000 000股(面值1元),发行价格为每股6元,发行费用为460 000元,款项已收到存入银行。

(3) 2024年6月30日,新科门业经批准,将资本公积400 000元转增资本,甲公司和乙公司出资比例分别为40%和60%。

请为新科门业作以上业务的账务处理。

知识准备

一、认识资本公积

(一) 资本公积的概念

资本公积是企业收到投资者出资额超出其在注册资本(或股本)中所占份额的部分,以及其他资本公积等。资本公积包括资本(或股本)溢价和其他资本公积等。

(二) 资本公积与实收资本(或股本)的区别

实收资本(或股本)是投资者按照企业章程或合同、协议的约定,实际投入企业并依法进行注册的资本,其构成比例是确定投资者参与企业经营决策的基础,也是企业进行利润分配或股利分配的依据。资本公积是投资者出资额超出其在注册资本中所占份额的部分,不作为投资者参与企业经营决策或利润分配的依据,其用途主要是转增资本或股本。

二、资本公积的账务处理

为反映和监督企业资本公积增减变动情况,企业应设置"资本公积"账户。该账户贷方登记资本公积增加额,借方登记资本公积减少额,期末贷方余额反映资本公积余额。"资本公积"账户设置"资本溢价"(或"股本溢价")和"其他资本公积"明细账户进行核算。

(一) 资本溢价和股本溢价的核算

1. 资本溢价的核算

除股份有限公司外其他类型的企业,在创立时投资者认缴的出资额一般与注册资本一致,不会产生资本溢价;在企业重组或有新的投资者加入时,常常会出现资本溢价。

企业在收到投资者投入的资金时,按实际收到的金额或投资合同(协议)约定的价值,借记"银行存款""固定资产""无形资产"等账户;按其在注册资本中所享有的份额,贷记"实收资本"账户;差额贷记"资本公积——资本溢价"账户。

2. 股本溢价的核算

股份有限公司是以发行股票的方式筹集股本的,股票可平价发行,也可溢价发行,我国目前不允许折价发行。股本溢价的数额等于公司发行股票时实际收到的金额超过股本总额的部分。股份有限公司溢价发行股票,在收到现金等资产时,按照实际收到的金额,借记"银行存款"等账户;按股票面值和发行股份总额的乘积,贷记"股本"账户;按溢价部分,贷记"资本公积——股本溢价"账户。

发行股票相关的手续费、佣金等交易费用,若是溢价发行股票的,应从溢价中抵扣,冲减"资本公积——股本溢价"账户;若是溢价金额不足以抵扣或平价发行股票的,应将不足抵扣的部分冲减"盈余公积"账户,"盈余公积"账户不足抵扣的冲减"利润分配——未分配利润"账户。

(二)其他资本公积的核算

其他资本公积是指除资本溢价或股本溢价以外项目形成的资本公积,一般是指企业非日常经营活动形成的,直接计入所有者权益的利得和损失。

(三)资本公积转增资本的核算

经股东大会或类似机构决议,用资本公积转增资本时,借记"资本公积"账户;按转增资本前实收资本或股本的比例,贷记"实收资本"或"股本"账户下各所有者的明细账。资本公积转增资本的会计处理如表 10-3 所示。

表 10-3 资本公积转增资本的会计处理

项目	情形	会计处理
资本溢价 (股本溢价)	接受投资者追加投资、增发股票	借:银行存款 　贷:实收资本(或股本) 　　　资本公积——资本溢价(或股本溢价)
	资本公积转增资本	借:资本公积——资本溢价(或股本溢价) 　贷:实收资本(或股本)
其他资本公积	直接计入所有者权益的利得和损失	借:长期股权投资——其他权益变动 　贷:资本公积——其他资本公积

【任务实施 10-2】

(1) 智能科技认缴的注册资本份额为 2 683 800 元(12 780 000×21％)。

2024 年 6 月 29 日,新科门业新投资者加入时的会计分录为:

借:银行存款　　　　　　　　　　　　　　　　　　　　　　2 780 000
　贷:实收资本——智能科技　　　　　　　　　　　　　　　　2 683 800
　　　资本公积——资本溢价　　　　　　　　　　　　　　　　　96 200

(2) 2024 年 6 月 30 日,新科门业公开发行普通股股票时的会计分录为:

借:银行存款　　　　　　　　　　　　　　　　　　　　　　35 540 000
　贷:股本　　　　　　　　　　　　　　　　　　　　　　　　6 000 000
　　　资本公积——股本溢价　　　　　　　　　　　　　　　　29 540 00

(3) 2024 年 6 月 30 日,新科门业将资本公积转增股本时的会计分录为:

借:资本公积——资本溢价　　　　　　　　　　　　　　　　　400 000
　贷:实收资本——甲公司　　　　　　　　　　　　　　　　　　160 000
　　　　　　　——乙公司　　　　　　　　　　　　　　　　　　240 000

任务三　留存收益核算

【任务发布 10-3】

2024 年度新科门业实现净利润 7 000 000 元(以前年度没有亏损),经股东会决议,按净利润的10%提取法定盈余公积,按净利润的6%提取任意盈余公积,向投资者宣告并发放400 000元现金股利。

请为新科门业作以上业务的账务处理。

知识准备

一、认识留存收益

留存收益是指企业从历年实现的利润中提取或形成的留存于企业的内部积累。它包括盈余公积和未分配利润。

(一)盈余公积的概念

盈余公积是指企业按照有关规定从净利润中提取的积累资金。它包括法定盈余公积和任意盈余公积。

1. 法定盈余公积

企业应当按照净利润的10%提取法定盈余公积,累计达到注册资本的50%时可不再提取。若以前年度未分配利润有盈余,在计算提取法定盈余公积基数时,不包括企业年初未分配利润;若以前年度有亏损,应先弥补以前年度亏损后再提取盈余公积。

2. 任意盈余公积

任意盈余公积是指企业按照股东会或类似机构决议提取的盈余公积,其计提比例由企业自行决定。

企业提取的盈余公积经批准可用于弥补亏损、转增资本或发放现金股利或利润等。

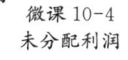
微课10-3 盈余公积

(二)未分配利润的概念

未分配利润是指企业实现的净利润经过弥补亏损、提取盈余公积和向投资者分配利润后留存在企业的、历年结存的利润。

可供分配利润的计算公式如下:

$$可供分配利润 = \frac{当年实现净利润}{(或净亏损)} + \frac{年初未分配利润}{(或一年初未弥补亏损)} + 其他转入$$

利润分配的顺序依次是:①提取法定盈余公积。②提取任意盈余公积。③向投资者分配利润。

微课10-4 未分配利润

二、留存收益的账务处理

(一)盈余公积的核算

为反映和监督盈余公积形成和使用情况,企业设置"盈余公积"账户,按来源分设"法定盈余公积"和"任意盈余公积"明细账户进行核算。

企业提取盈余公积时,借记"利润分配——提取法定盈余公积""利润分配——提取任意盈余公积"账户,贷记"盈余公积——法定盈余公积""盈余公积——任意盈余公积"账户。

企业用盈余公积弥补亏损时,借记"盈余公积"账户,贷记"利润分配——盈余公积补亏"账户。

企业用盈余公积转增资本时,按实际用于转增的金额,借记"盈余公积"账户,贷记

实操10-3 盈余公积

"实收资本"或"股本"账户。

企业用盈余公积发放现金股利或利润时，借记"盈余公积"账户，贷记"应付股利""应付利润"账户。

（二）未分配利润的核算

实操10-4
未分配利润

为反映利润分配（或弥补亏损）和历年未分配利润（或未弥补亏损），企业设置"利润分配"账户，按用途分设"提取法定盈余公积""提取任意盈余公积""应付现金股利或利润""盈余公积补亏""未分配利润"等明细账户进行核算。企业未分配利润通过"利润分配——未分配利润"明细账户进行核算。年度终了，企业应将全年实现的净利润或发生的净亏损，自"本年利润"账户转入"利润分配——未分配利润"明细账户；将"利润分配"账户所属其他明细账户的余额，转入"利润分配——未分配利润"明细账户；结转后，"利润分配——未分配利润"账户如为贷方余额，表示累积未分配的利润，如为借方余额，表示累积未弥补的亏损。

【任务实施10-3】

（1）结转2024年实现净利润时的会计分录为：

借：本年利润　　　　　　　　　　　　　　　　　7 000 000
　　贷：利润分配——未分配利润　　　　　　　　　　　7 000 000

（2）提取盈余公积时的会计分录为：

借：利润分配——提取法定盈余公积（7 000 000×10%）　　700 000
　　　　　　　——提取任意盈余公积（7 000 000×6%）　　420 000
　　贷：盈余公积——法定盈余公积　　　　　　　　　　　700 000
　　　　　　　　——任意盈余公积　　　　　　　　　　　420 000

（3）向投资者分配现金股利时的会计分录为：

借：利润分配——应付现金股利　　　　　　　　　　　400 000
　　贷：应付股利　　　　　　　　　　　　　　　　　　400 000

借：应付股利　　　　　　　　　　　　　　　　　　　400 000
　　贷：银行存款　　　　　　　　　　　　　　　　　　400 000

（4）结转利润分配明细账时的会计分录为：

借：利润分配——未分配利润　　　　　　　　　　　1 520 000
　　贷：利润分配——提取法定盈余公积　　　　　　　　700 000
　　　　　　　　——提取任意盈余公积　　　　　　　　420 000
　　　　　　　　——应付现金股利　　　　　　　　　　400 000

🔍 思政学堂

项目十
思政启示

完善制度建设保护投资者权益

中国证监会、财政部联合发布的《关于证券违法行为人财产优先用于承担民事赔偿责任有关事项的规定》,明确行政罚没款可用于承担民事赔偿,将民事赔偿责任优先原则在证券领域落地,对保护投资者合法权益具有十分重要的意义。

截至2022年2月,我国境内证券市场投资者数量已突破2亿元,其中90%以上是中小投资者。中小投资者在参与证券投资时,市场风险的识别能力和判断能力较弱,自我保护能力不强,合法权益容易受到侵害。当不法分子在资本市场中"联手坐庄""欺诈发行""财务造假",侵害投资者合法权益时,除需要监管部门从严监管、运用行政处罚手段打击证券违法违规乱象外,还需要让违法违规者承担相应的民事赔偿责任,提高违法违规成本。从这个角度看,民事赔偿责任优先原则在证券领域落地,保护了投资者合法权益的现实需要。

证券监管部门已在多起案件中开出"数亿元""数十亿元"级别大罚单,对证券违法违规行为形成较强威慑。不过,在实践中由于行政处罚决定往往先于民事判决,在一些行政处罚案件尤其是大额行政罚没款案件中,违法行为人缴纳罚没款后,可能会出现剩余财产难以支付民事赔偿款的新问题。

因此,需要从制度层面不断完善,以保障投资者合法权益。通过将违法行为人已缴纳的行政罚没款作退库处理,用于承担民事赔偿责任,是一种可行的机制安排。违法行为人缴纳罚没款后,剩余财产不足以承担民事赔偿责任的,投资者在向人民法院提起诉讼,获得胜诉判决或者调解书,并经人民法院强制执行或者破产清算程序分配仍未获得足额赔偿后,可提出书面申请将违法行为人已缴纳的罚没款用于承担民事赔偿责任。

民事赔偿优先原则并不会减少违法者的应尽责任。违法行为人缴纳的罚没款用于承担民事赔偿责任的,违法行为人应当继续履行相关罚没款缴纳义务。证监会应当及时完善执行制度规则和程序,对退库之后又发现违法行为人财产的,应当继续履行收缴职责,将违法行为人财产收缴入库。

除民事赔偿责任优先原则在证券领域落地外,近年来在保护投资者合法权益方面,我国资本市场制度建设取得突破性进展。证券法全面修订,为资本市场改革提供了坚实的法律保障。此外,相关法规也大幅提高了欺诈发行、信息披露造假等证券期货犯罪的刑罚力度。

资料来源:经济日报

学以致用

项目十
初级精练

一、单项选择题

1. 甲、乙公司均为增值税一般纳税人,适用的增值税税率为13%,甲公司接受乙公司投入生产设备一台,账面价值为50 000元,投资协议约定价值为60 000元,假定投资协议约定的价值与公允价值相符,该项投资没有产生资本溢价。甲公司实收资本应增加的金额为(　　)元。
   A. 50 000　　　　B. 60 000　　　　C. 56 500　　　　D. 67 800

2. A有限责任公司(简称A公司)由两位投资者各出资300万元成立,2年后扩大生产经营,将实收资本增加到900万元,并吸收第三位投资者加入,按照协议规定,新投资者需要缴纳资金400万元,同时享有A公司1/3的股份,A公司吸收第三位投资者加入时的会计分录正确的是( )。

  A. 借：银行存款   4 000 000
    贷：实收资本   4 000 000

  B. 借：银行存款   4 000 000
    贷：实收资本   1 000 000
      资本公积——资本溢价   3 000 000

  C. 借：银行存款   4 000 000
    贷：实收资本   3 000 000
      资本公积——资本溢价   1 000 000

  D. 借：银行存款   4 000 000
    贷：实收资本   3 000 000
      营业外收入   1 000 000

3. MK 公司 2022 年年初所有者权益总额为 526 万元,当年实现净利润 450 万元,提取盈余公积 45 万元,向投资者分配现金股利 200 万元,以资本公积转增资本 50 万元,投资者追加现金投资 30 万元。该公司 2022 年年末所有者权益总额为( )万元。
  A. 976   B. 776   C. 806   D. 826

4. 下列各项中,不属于所有者权益的是( )。
  A. 实收资本   B. 资本公积   C. 盈余公积   D. 应付股利

5. 企业接受投资者投入的一项固定资产,应按( )作为入账价值。
  A. 公允价值
  B. 投资方的账面原值
  C. 投资合同或协议约定的价值(但合同或协议约定价值不公允的除外)
  D. 投资方的账面价值

6. 某公司"盈余公积"账户的年初余额为 100 万元,本期提取 135 万元,转增资本 80 万元,该公司"盈余公积"账户的年末余额为( )万元。
  A. 95   B. 155   C. 175   D. 235

7. 甲股份有限公司委托乙证券公司发行普通股,股票面值总额为 4 000 万元,发行总额 16 000 万元,发行费按发行总额的 2% 计算(不考虑其他因素),股票发行净收入全部收到。甲股份有限公司该笔业务记入"资本公积"账户的金额为( )万元。
  A. 4 000   B. 11 680   C. 11 760   D. 12 000

8. 下列各项中,会导致留存收益总额发生增减变动的是( )。
  A. 资本公积转增资本   B. 盈余公积补亏
  C. 盈余公积转增资本   D. 以当年净利润弥补以前年度亏损

9. 某企业年初未分配利润为 100 万元,本年净利润为 1 000 万元,按 10% 计提法定盈余公积,按 5% 计提任意盈余公积,宣告发放现金股利为 80 万元,该企业年末未分配利润为( )万元。
  A. 855   B. 867   C. 870   D. 874

10. 下列关于所有者权益的表述中,不正确的是( )。

A. 所有者权益是企业资产扣除负债后剩余权益
B. 所有者权益包括实收资本、资本公积、盈余公积和未分配利润等
C. 所有者权益的金额为资产减去负债后的余额
D. 所有者权益是所有者对企业资产的全部要求权

二、多项选择题

1. 下列各项说法中,正确的有(   )。
   A. 股东的股份比例是企业进行股利分配的主要依据
   B. 股东可以用货币出资
   C. 股东不可以用实物、知识产权、土地使用权等可以用货币估价并可以依法转让的非货币财产作价出资
   D. 投资者投入的非现金资产,如果投资合同或协议约定的价值不公允,则按照公允价值入账

2. 下列关于盈余公积用途的说法中,恰当的有(   )。
   A. 弥补亏损   B. 转增资本
   C. 实际发放现金股利   D. 发放利润

3. 下列各项中,会导致所有者权益总额减少的有(   )。
   A. 实际发放股票股利   B. 宣告分派现金股利
   C. 企业发生亏损   D. 投资者撤资

4. 甲公司属于增值税小规模纳税人,2024 年 9 月 1 日收到乙公司作为资本投入原材料一批,该批原材料的合同约定价值是 1 500 万元,增值税进项税额为 195 万元,假设合同约定的价值与公允价值相符,同时不考虑其他因素,则甲公司的以下会计处理中,正确的有(   )。
   A. 应该计入原材料的金额是 1 500 万元
   B. 应该计入原材料的金额是 1 695 万元
   C. 甲公司实收资本的数额是 1 500 万元
   D. 甲公司实收资本的数额是 1 695 万元

5. 下列关于资本公积和留存收益区别的说法中,正确的有(   )。
   A. 资本公积主要来自资本溢价(股本溢价)
   B. 留存收益主要来源于企业生产经营活动实现的利润
   C. 资本公积来源于企业实现的利润
   D. 留存收益包括资本公积和未分配利润

三、判断题

1. 实收资本是所有者投入资本形成的,而资本公积、留存收益属于经营过程中形成的。(   )

2. 一般纳税人企业接受的原材料投资,其进项税额不能计入实收资本。(   )

3. 股份有限公司发行股票等发生的手续费、佣金等交易费用,应从溢价中扣除,即冲减资本公积,溢价不足冲减的,应该计入财务费用。(   )

4. 除股份有限公司以外的其他类型的企业,在企业创立时,投资者认缴的出资额与注册资本一致,一般不会产生资本溢价。(   )

四、业务题

甲股份有限公司(简称甲公司)2024年发生有关所有者权益的业务如下:

1. 年初股本为5 000万股,每股面值为1元,资本公积(股本溢价)为1 000万元,盈余公积为1 500万元,未分配利润为2 000万元。

2. 3月1日,经股东会批准,增发普通股1 000万股,每股面值为1元,每股发行价格为5元,按照发行收入的3%向证券公司支付发行费用,发行款项已存入银行。

3. 5月10日,经股东会批准,以资本公积800万元转增股本。

4. 9月30日,公司实现净利润3 000万元。

5. 11月15日,股东会决定按净利润的10%提取法定盈余公积,按净利润的5%提取任意盈余公积。

6. 12月20日,股东会决定向普通股股东每10股派发现金股利0.5元(含税)。

请根据上述资料,不考虑其他因素,编制甲公司相关的会计分录,并计算年末所有者权益各项目的金额。

项目评价

根据本项目学习情况,在表 10-4 中进行评价,"A"为优良,"B"为一般,"C"为需要帮助。

表 10-4　　　　　　　　　　项目十学习评价表

序号	学习重点	自我评价 (在方框内打钩)	教师反馈与评价
1	能够根据实收资本相关原始凭证编制记账凭证	A□ B□ C□	
2	能够根据资本公积相关原始凭证编制记账凭证	A□ B□ C□	
3	根据盈余公积相关原始凭证编制记账凭证	A□ B□ C□	
4	能够根据利润形成与分配相关原始凭证编制记账凭证	A□ B□ C□	
	总体评价	A□ B□ C□	

项目十一 收入、费用和利润业务核算

学习目标

知识目标

- 理解并掌握收入的确认和计量的方法。
- 理解并掌握收入核算涉及的账户。
- 理解费用的含义、特征及分类。
- 理解利润的含义及构成。
- 掌握利润的计算方法和原理。

项目十一
行业前沿

能力目标

- 能够填制并审核收入、费用相关的原始凭证。
- 能够根据费用的相关原始凭证编制记账凭证。
- 能够根据损益类账户发生额编制结转利润的记账凭证。
- 能够编制分配利润的记账凭证。

素质目标

- 通过学习收入相关知识,培养学生对促进会计服务业国际化发展的社会使命感。
- 通过学习费用核算的相关知识,培养学生对建设节约型社会的政策理解能力。
- 通过学习利润核算的相关知识,培养学生运用企业资源创造社会价值的责任感。

知识脉络

收入、费用和利润业务核算
- 收入核算
  - 收入的确认和计量
  - 在某一时段内履行履约义务的收入核算
  - 在某一时点履行履约义务的收入核算
  - 合同成本
- 费用核算
  - 认识费用
  - 费用的账务处理
- 利润核算
  - 认识利润
  - 营业外收入的核算
  - 营业外支出的核算
  - 所得税费用的核算
  - 本年利润结转的核算
  - 利润分配的核算

任务一　收入核算

【任务发布11-1】

新科门业2024年发生主要收入业务如下：

（1）1月4日，新科门业向贵州物资销售产品开具的（不含增值税）增值税专用发票注明的销售价格为15 000元，增值税税额为1 950元。单位成本为300元，增值税税率为13%。产品已经发出，价税款已经通过银行收到。

（2）1月10日，新科门业向华阳商贸销售一批产品开出的增值税专用发票上注明的销售价格为300 000元，增值税税额为39 000元，款项尚未收到。该批产品的成本为120 000元。新科门业在产品已经发出后得知，华阳商贸由于决策失误造成重大损失，财务发生困难，该批产品货款近期难以收回。

（3）2月6日，新科门业向贵州机械销售一批产品，开出的增值税专用发票上注明的销售价格为200 000元，增值税税额为26 000元，款项尚未收到。为及早收回货款，新科门业提供的现金折扣条件为"2/10,1/20,N/30"。假定现金折扣不考虑增值税。

（4）3月15日，新科门业向贵州房产销售一批产品开出的增值税专用发票上注明的销售价款为800 000元，增值税税额为54 000元，款项尚未收到。该批产品的成本为640 000元。贵州房产在验收过程中发现产品外观上存在瑕疵，要求新科门业在价格上（不含增值税）给予5%的折让。此时新科门业已确认收入，销售折让经税务部门核准增值税允许冲减。

（5）4月20日，新科门业向贵州建材有限公司（简称贵州建材）销售一批产品开出的增值税专用发票上注明的销售价格为400 000元，增值税税额为52 000元，款项尚未收到。该批产品的成本为220 000元。新科门业于10日后收到价税额。5月5日，该批产品因质量原因被退回，新科门业当即支付有关款项，并按规定向贵州建材开具了增值税专用发票（红字）。

（6）5月12日，新科门业委托贵州五金有限公司（简称贵州五金）销售商品300件，商品已经发出，单位成本为120元。合同约定每件按150元对外销售，新科门业按售价的10%支付手续费。31日，收到贵州五金的代销清单注明销售100件，对外开具的增值税专用发票注明的销售价格为15 000元，增值税税额为1 950元。6月1日新科门业收到代销货款净额，同时向贵州五金开具同等金额的增值税专用发票。

（7）12月1日，新科门业接手一项安装工程，期限为3个月，合同总收入为600 000元，截至年底已预收安装费140 000元，实际发生安装费用120 000元（假定均为安装人员工资），预计还会发生安装费用380 000元。假定按实际发生的成本占总成本的比例确定劳务的完工进度。

请为新科门业作以上业务的账务处理。

知识准备

微课 11-1
收入认知

一、收入的确认和计量

（一）收入确认的原则及前提条件

收入是指企业在日常活动中形成的、会导致所有者权益增加的、与所有者投入资本无关的经济利益的总流入。

企业应当在履行了合同中的履约义务，即在客户取得相关商品控制权时确认收入。

客户是指与企业订立合同以向该企业购买其日常活动产出的商品或服务（简称商品）并支付对价的一方。

取得相关商品控制权是指能够主导该商品的使用并从中获得几乎全部的经济利益，也包括有能力阻止其他方主导该商品的使用并从中获得经济利益。取得商品控制权同时包括下列三项要素：一是客户拥有现时权利；二是客户有能力主导该商品的使用；三是客户能够获得商品几乎全部的经济利益。

合同是指双方或多方之间订立有法律约束力的权利义务的协议。合同有书面形式、口头形式和其他形式。当企业与客户之间的合同同时满足下列条件时，企业应当在客户取得相关商品控制权时确认收入。

（1）合同各方已批准该合同并承诺将履行各自义务。

（2）该合同明确了合同各方与所转让商品或提供劳务（简称转让商品）相关的权利和义务。

（3）该合同有明确的与所转让商品相关的支付条款。

（4）该合同具有商业实质，即履行该合同将改变企业未来现金流量的风险、时间分布或金额。

（5）企业因向客户转让商品而有权取得的对价很可能收回。

在合同开始日即满足上述条件的合同，企业在后续期间无须对其进行重新评估，除非有迹象表明相关事实和情况发生重大变化；在合同开始日不符合上述规定的合同，企业应当对其进行持续评估，以判断其能否满足这些条件。合同开始日通常是指合同生效日。

对于不符合上述规定的合同，企业只有在不再负有向客户转让商品的剩余义务，且已向客户收取的对价无须退回时，才能将已收取的对价确认为收入；否则，应当将已收取的对价作为负债进行会计处理。没有商业实质的非货币性资产交换，不确认收入。

微课 11-2
收入确认
计量

（二）收入确认和计量的步骤

收入确认是一份业务合同成立后，判断能否确认收入以及在什么时点或期间确认收入的过程，而收入计量则是在各个时点或期间确定多少收入的过程。

根据《企业会计准则第 14 号——收入》，收入确认和计量大致分为五步。

第一步：识别与客户订立的合同。合同的存在是企业确认客户合同收入的前提，企业与客户的合同一经签订，企业即享有从客户取得与转移商品和服务对价的权利，同时负有向客户转移商品和服务的履约义务。

第二步：识别合同中的单项履约义务。合同开始日，企业应当对合同进行评估，识别该合同所包含的各项履约义务。

履约义务是指合同中企业向客户转让可明确区分商品的承诺。下列情况下，企业应当将向客户转让商品的承诺作为单项履约义务。

(1) 企业向客户转让可明确区分商品（或商品的组合）的承诺。

(2) 企业向客户转让一系列实质相同且转让模式相同的、可明确区分商品的承诺。

第三步：确定交易价格。企业应当首先确定合同的交易价格，再按照分摊至各单项履约义务的交易价格计量收入。

交易价格是指企业因向客户转让商品而预期有权收取的对价金额。企业代第三方收取的款项以及企业预期将退还给客户的款项，应当作为负债进行会计处理，不计入交易价格。

合同标价并不一定代表交易价格，企业应当根据合同条款，并结合其以往的习惯做法确定交易价格。在确定交易价格时，企业应当考虑可变对价、合同中存在的重大融资成分、非现金对价、应付客户对价等因素的影响。

第四步：将交易价格分摊至各单项履约义务。当合同中包含两项或多项履约义务时，需要将交易价格分摊至各单项履约义务，分摊的方法是在合同开始日，按照各单项履约义务所承诺商品的单独售价（企业向客户单独销售商品的价格）的相对比例，将交易价格分摊至各单项履约义务。单独售价无法直接观察的，企业应当综合考虑其能够合理取得的全部相关信息，采用市场调整法、成本加成法、余值法等方法合理估计单独售价。当各单项履约义务履行时，按分摊至该履约义务的交易价格计量收入。

第五步：履行各单项履约义务时确认收入。当企业将商品转移给客户，客户取得了相关商品的控制权，意味着企业履行了合同履约义务，此时，企业应确认收入。企业将商品控制权转移给客户，可能是在某一时段内（即履行履约义务的过程中）发生，也可能在某一时点（即履约义务完成时）发生。企业应当根据实际情况，首先判断履约义务是否满足在某一时段内履行的条件，如不满足，则该履约义务属于在某一时点履行的履约义务。

收入确认和计量五个步骤中，第一步、第二步和第五步主要与收入的确认有关，第三步和第四步主要与收入的计量有关。

一般而言，确认和计量任何一项合同收入应考虑全部的五个步骤。但履行某些合同义务确认收入不一定都经过五个步骤，如企业按照第二步确定某项合同仅为单项履约义务时，可以从第三步直接进入第五步确认收入，不需要第四步。

二、在某一时段内履行履约义务的收入核算

(一) 在某一时段内履行履约义务的收入确认条件及方法

1. 在某一时段内履行履约义务的收入确认条件

满足下列条件之一的，属于在某一时段内履行的履约义务；否则，属于在某一时点履行的履约义务。

(1) 客户在企业履约的同时即取得并消耗企业履约所带来的经济利益。

(2) 客户能够控制企业履约过程中在建的商品。

(3) 企业履约过程中所产出的商品具有不可替代用途，且该企业在整个合同期间内

微课 11-3
某一时段
履行履约
义务

有权就累计至今已完成的履约部分收取款项。

2. 在某一时段内履行履约义务的收入确认方法

对于在某一时段内履行的履约义务,企业应当在该段时间内按照履约进度确认收入,但是,履约进度不能合理确定的除外。

企业应当考虑商品的性质,采用产出法或投入法确定恰当的履约进度,并且在确定履约进度时,应当扣除那些控制权尚未转移给客户的商品和服务。

企业按照履约进度确认收入时,通常应当在资产负债表日按照合同的交易价格总额乘以履约进度扣除以前会计期间累计已确认的收入后的金额,确认为当期收入。本期确认收入计算公式如下:

本期确认收入 = 合同交易价格总额 × 履约进度 - 以前期间累计已确认收入

(1) 产出法。产出法是根据已转移给客户的商品对于客户的价值确定履约进度的方法,通常可采用实际测量的完工进度、评估已实现的结果、已达到的里程碑、时间进度、已完工或交付的产品等产出指标确定履约进度。企业在评估是否采用产出法确定履约进度时,应当考虑具体的事实和情况,并选择能够如实反映企业履约进度和向客户转移商品控制权的产出指标。当选择的产出指标无法计量控制权已转移给客户的商品时,不应采用产出法。产出法下有关产出指标的信息有时可能无法直接观察获得,企业为获得这些信息需要花费很高的成本,这就可能需要采用投入法来确定履约进度。

(2) 投入法。投入法是根据企业履行履约义务的投入确定履约进度的方法,通常可采用投入的材料数量、花费的人工工时或机器工时、发生的成本和时间进度等投入指标确定履约进度。当企业从事的工作或发生的投入是在整个履约期间内平均发生时,企业也可以按照直线法确认收入。

对于类似情况下的类似履约义务,企业应当采用相同的方法确定履约进度。当履约进度不能合理确定时,企业已经发生的成本预计能够得到补偿的,应当按照已经发生的成本金额确认收入,直到履约进度能够合理确定为止。

(二) 在某一时段内履行履约义务的收入的账务处理

为反映企业与客户之间的合同产生的收入及相关的成本费用,一般需要设置"主营业务收入""其他业务收入""主营业务成本""其他业务成本""合同取得成本""合同履约成本""合同资产""合同负债"等账户进行核算。

企业在向客户转让商品之前,客户已经支付了合同对价或企业已经取得了无条件收取合同对价权利的,企业应当在客户实际支付款项与到期应支付款项孰早时点,按照已收或应收的金额,借记"银行存款""应收账款""应收票据"等账户,贷记"合同负债"账户;企业向客户转让相关商品时,借记"合同负债"账户,贷记"主营业务收入""其他业务收入"等账户。涉及增值税的,还应进行相应的处理。企业因转让商品收到的预收款适用收入准则进行会计处理时,不再使用"预收账款"账户及"递延收益"账户。

企业发生服务成本或工程施工等合同履约成本时,借记"合同履约成本"账户,贷记"银行存款""应付职工薪酬""原材料"等账户;对合同履约成本进行摊销时,借记"主营业务成本""其他业务成本"等账户,贷记"合同履约成本"账户。涉及增值税的,还应进行相应的处理。

三、在某一时点履行履约义务的收入核算

(一) 在某一时点履行履约义务的收入确认

对于不属于在某一时段内履行的履约义务,应当属于在某一时点履行的履约义务,企业应当在客户取得相关商品控制权时点确认收入。在判断客户是否已取得商品控制权(即客户是否能够主导该商品的使用并从中获得几乎全部的经济利益)时,企业应当考虑下列迹象。

(1) 企业就该商品享有现时收款权利,即客户就该商品负有现时付款义务。当企业就该商品享有现时收款权利时,可能表明客户已经有能力主导该商品的使用并从中获得几乎全部经济利益。

(2) 企业已将该商品的法定所有权转移给客户,即客户已拥有该商品的法定所有权。当客户取得了商品的法定所有权时,可能表明其已经有能力主导该商品的使用并从中获得几乎全部的经济利益,或者能够阻止其他企业获得这些经济利益,即客户已取得对该商品的控制权。如果企业仅仅是为了确保到期收回货款而保留商品的法定所有权,那么该权利通常不会对客户取得对该商品的控制权构成障碍。

(3) 企业已将该商品实物转移给客户,即客户已占有该商品实物。客户如果已经占有商品实物,则可能表明其有能力主导该商品的使用并从中获得其几乎全部的经济利益,或者使其他企业无法获得这些利益。客户占有某项商品实物并不意味着其就一定取得了该商品的控制权,反之亦然。

(4) 企业已将该商品所有权上的主要风险和报酬转移给客户,即客户已取得该商品所有权上的主要风险和报酬。企业向客户转移了商品所有权上的主要风险和报酬,可能表明客户已经取得了主导该商品的使用并从中获得其几乎全部经济利益的能力。但是,在评估商品所有权上的主要风险和报酬是否转移时,不应考虑导致企业在除所转让商品之外产生其他单项履约义务的风险。

(5) 客户已接受该商品。如果客户已经接受企业提供的商品,可能表明客户已经取得该商品的控制权。合同中有关客户验收的条款,可能允许客户在商品不符合约定规格的情况下解除合同或要求企业采取补救措施。因此,企业在评估是否已经将商品的控制权转移给客户时,应当考虑此类条款。当企业能够客观地确定其已经按照合同约定的标准和条件将商品的控制权转移给客户时,客户验收只是一项例行程序,并不影响企业判断客户取得该商品控制权的时点。

(6) 其他表明客户已取得商品控制权的迹象。

(二) 一般销售商品业务收入的核算

企业在履行合同中单项履约义务时,应按已收或应收的合同价款,加上应收取的增值税税额,借记"银行存款""应收账款""应收票据"等账户;按应确认的收入金额,贷记"主营业务收入""其他业务收入"等账户;按应收取的增值税税额,贷记"应交税费——应交增值税(销项税额)"等账户。期末,企业应根据本期销售各种商品、材料、提供各种服务等实际成本,计算应结转的成本,借记"主营业务成本""其他业务成本"等账户,贷记"库存商品""合同履约成本""原材料"等账户。

(三) 销售商品不符合收入确认条件的核算

如果企业售出商品不符合销售商品收入确认条件中的任何一项,均不应确认收入。企业按合同发出商品,合同约定客户只有在商品售出取得价款后才支付货款。企业向客户转让商品的对价未达到"很可能收回"收入确认条件,在发出商品时不应确认收入,按发出商品的成本借记"发出商品"账户,贷记"库存商品"账户。如已发出的商品被客户退回,应编制相反的会计分录。当收到货款或取得收取货款权利时,确认收入,借记"银行存款""应收账款"等账户,贷记"主营业务收入""应交税费——应交增值税(销项税额)"账户,同时结转已销商品成本,借记"主营业务成本"账户,贷记"发出商品"账户。

(四) 销售商品涉及商业折扣、销售退回和可变对价的核算

微课 11-4
可变对价

商业折扣是指企业为促进商品销售而给予的价格扣除。商业折扣在销售前即已发生,并不构成最终成交价格的一部分,企业应当按照扣除商业折扣后的金额确定商品销售价格和销售收入金额。

微课 11-5
销售折让
与销售退回

销售退回是指企业因售出商品在质量、规格等方面不符合销售合同规定条款的要求,客户要求企业予以退货。企业销售商品发生退货,表明企业履约义务的减少和客户商品控制权及其相关经济利益的丧失。未确认收入的销售商品发生销售退回的,企业应按已记入"发出商品"账户的商品成本金额,借记"库存商品"账户,贷记"发出商品"账户,涉及增值税的还应进行相应会计处理。已确认销售商品收入的售出商品发生销售退回的,除属于资产负债表日后事项外,企业收到退回商品时,应退回货款、冲减应收账款,并冲减主营业务收入和增值税销项税额,借记"主营业务收入""应交税费——应交增值税(销项税额)"等账户,贷记"银行存款""应收票据""应收账款"等账户。收到退回商品验收入库,按照商品成本,借记"库存商品"账户,贷记"主营业务成本"账户。

可变对价是指企业与客户在合同中约定的对价金额可能会因折扣、价格折让、返利、退款、奖励积分、激励措施、业绩奖金、索赔等因素而变化。此外,根据一项或多项或有事项的发生而收取不同对价金额的合同,也属于可变对价的情形。企业在判断合同中是否存在可变对价时,不仅应当考虑合同条款的约定,还应当考虑企业已公开宣布的政策、特定声明、以往的习惯做法、销售战略以及客户所处的环境等相关因素,以确定合同的对价金额是否可变,即企业是否会以折扣、返利等形式提供价格折让。

若合同中存在可变对价,企业应当按照期望值或最可能发生金额确定可变对价的最佳估计数,以对计入交易价格的可变对价进行估计。但这并不意味着企业可以在两种方法之间随意进行选择,而是应当选择能够更好地预测其有权收取的对价金额的方法,并且对于类似的合同,应当采用相同的方法进行估计。期望值是按照各种可能发生的对价金额及相关概率计算确定的金额。

此外,需要注意的是,企业确定可变对价金额之后,计入交易价格的可变对价金额还应满足限制条件,即包含可变对价的交易价格,应当不超过在相关不确定性消除时,累计已确认的收入极可能不会发生重大转回的金额。

(五) 销售材料等存货的核算

企业在日常活动中会发生对外销售不需用的原材料、随同商品对外销售单独计价的包装物等业务。企业销售原材料、包装物等存货取得收入的确认和计量原则比照商品销售。企业销售原材料、包装物等存货应按已收或应收的合同价款,加上应收取的增值税

税额,借记"银行存款""应收账款""应收票据"等账户;按应确定的收入金额,贷记"其他业务收入"等账户;按应收取的增值税税额,贷记"应交税费——应交增值税(销项税额)"等账户。期末,企业应根据本期销售原材料、包装物等存货的实际成本,计算应结转的成本,借记"其他业务成本"等账户,贷记"原材料"等账户。

四、合同成本

(一) 合同取得成本

企业为取得合同发生的增量成本预期能够收回的,应作为合同取得成本,确认为一项资产。增量成本是指企业不取得合同就不会发生的成本,也就是企业发生的与合同直接相关,但又不是所签订合同的对象或内容(如建造商品或提供服务)本身所直接发生的费用,如销售佣金,若预期可通过未来的相关服务收入予以补偿,该销售佣金(即增量成本)应在发生时确认为一项资产,即合同取得成本。

企业取得合同发生的增量成本已经确认为资产的,应当采用与该资产相关的商品收入确认相同的基础进行摊销,计入当期损益。为简化实务操作,该资产摊销期限不超过1年的,可以在发生时计入当期损益。

企业取得合同发生的、除预期能够收回的增量成本之外的其他支出,应当在发生时计入当期损益,除非这些支出明确由客户承担。

企业应当按照为取得合同发生的预期能够收回的增量成本,借记"合同取得成本"账户;按照支付的除增量成本之外的其他支出,借记"管理费用"等账户;按实际支付的金额,贷记"银行存款"等账户。摊销为取得合同发生的增量成本,借记"销售费用"等账户,贷记"合同取得成本"账户。

(二) 合同履约成本

合同履约成本是指企业为履行当前或预期取得的合同所发生的、属于《企业会计准则第14号——收入》规范范围并且按照该准则应当确认为一项资产的成本。

企业为履行合同可能会发生各种成本,企业在确认收入的同时应当对这些成本进行分析,属于《企业会计准则第14号——收入》规范范围且同时满足下列条件的,应当作为合同履约成本确认为一项资产:

(1) 该成本与一份当前或预期取得的合同直接相关,包括:①与合同直接相关的成本,如直接人工(如支付给直接为客户提供所承诺服务的人员的工资、奖金等)、直接材料(如履行合同耗用的原材料、辅助材料、构配件、零件、半成品的成本和周转材料的摊销及租赁费用等)、制造费用或类似费用(如组织和管理相关生产、施工、服务等活动发生的费用,车间管理人员的职工薪酬、劳动保护费、固定资产折旧费及修理费、物料消耗、取暖费、水电费、办公费、差旅费、财产保险费、工程保修费、临时设施摊销费等)。②明确由客户承担的成本以及仅因该合同而发生的其他成本(如支付给分包商的成本、机械使用费、设计和技术援助费用、施工现场二次搬运费、生产工具和用具使用费、检验试验费、工程定位复测费、工程点交费用、场地清理费等)。

(2) 该成本增加了企业未来用于履行(包括持续履行)履约义务的资源。

(3) 该成本预期能够收回。

企业应当在下列支出发生时,将其计入当期损益:①管理费用,除非这些费用明确由客户承担。②非正常消耗的直接材料、直接人工和制造费用(或类似费用),这些支出为履行合同发生,但未反映在合同价格中。③与履约义务中已履行(包括已全部履行或部分履行)部分相关的支出,即该支出与企业过去的履约活动相关。④无法在尚未履行的与已履行(或已部分履行)的履约义务之间区分的相关支出。

企业发生合同履约成本时,借记"合同履约成本"账户,贷记"银行存款""应付职工薪酬""原材料"等账户;对合同履约成本进行摊销时,借记"主营业务成本""其他业务成本"等账户,贷记"合同履约成本"账户。涉及增值税的,还应进行相应的处理。

实操 11-1
收入业务
核算

【任务实施 11-1】

新科门业 2024 年发生主要收入业务及相关账务处理如下:

(1) 1 月 4 日,向贵州物资销售产品时的会计分录为:

借:银行存款　　　　　　　　　　　　　　　　　　　　17 400
　　贷:主营业务收入　　　　　　　　　　　　　　　　15 000
　　　　应交税费——应交增值税(销项税额)　　　　　2 400
借:主营业务成本　　　　　　　　　　　　　　　　　　9 000
　　贷:库存商品　　　　　　　　　　　　　　　　　　9 000

(2) 1 月 10 日,向华阳商贸销售产品时的会计分录为:

借:发出商品　　　　　　　　　　　　　　　　　　　120 000
　　贷:库存商品　　　　　　　　　　　　　　　　　120 000
借:应收账款　　　　　　　　　　　　　　　　　　　48 000
　　贷:应交税费——应交增值税(销项税额)　　　　48 000

(3) 2 月 6 日,向贵州机械销售产品时的会计分录为:

借:应收账款——贵州机械　　　　　　　　　　　　232 000
　　贷:主营业务收入　　　　　　　　　　　　　　200 000
　　　　应交税费——应交增值税(销项税额)　　　32 000

若贵州机械 2 月 16 日前付款时的会计分录为:

借:银行存款　　　　　　　　　　　　　　　　　　228 000
　　主营业务收入(200 000×2%)　　　　　　　　　4 000
　　贷:应收账款——贵州机械　　　　　　　　　　232 000

若贵州机械 2 月 16—26 日间付款时的会计分录为:

借:银行存款　　　　　　　　　　　　　　　　　　230 000
　　主营业务收入(200 000×1%)　　　　　　　　　2 000
　　贷:应收账款——贵州机械　　　　　　　　　　232 000

借:银行存款　　　　　　　　　　　　　　　　　　232 000
　　贷:应收账款——贵州机械　　　　　　　　　　232 000

(4) 3 月 15 日,向贵州房产销售产品时的会计分录为:

借：应收账款——贵州房产　　　　　　　　　　　　　　　　　　928 000
　　贷：主营业务收入　　　　　　　　　　　　　　　　　　　　800 000
　　　　应交税费——应交增值税（销项税额）　　　　　　　　128 000

借：主营业务成本　　　　　　　　　　　　　　　　　　　　　640 000
　　贷：库存商品　　　　　　　　　　　　　　　　　　　　　　640 000

给予5‰的折扣后的会计分录为：

折扣额＝800 000×5‰＝40 000（元）

借：应收账款——贵州房产　　　　　　　　　　　　　　　　　 46 800
　　贷：主营业务收入——销售折让　　　　　　　　　　　　　 40 000
　　　　应交税费——应交增值税（销项税额）　　　　　　　　　6 800

(5) 4月20日，向贵州建材销售产品时的会计分录为：

借：应收账款——贵州建材　　　　　　　　　　　　　　　　　452 000
　　贷：主营业务收入　　　　　　　　　　　　　　　　　　　400 000
　　　　应交税费——应交增值税（销项税额）　　　　　　　　 52 000

借：主营业务成本　　　　　　　　　　　　　　　　　　　　　220 000
　　贷：库存商品　　　　　　　　　　　　　　　　　　　　　　220 000

4月30日，收到货款时的会计分录为：

借：银行存款　　　　　　　　　　　　　　　　　　　　　　　452 000
　　贷：应收账款——贵州建材　　　　　　　　　　　　　　　452 000

5月5日，因质量原因被退回的会计分录为：

借：主营业务收入　　　　　　　　　　　　　　　　　　　　　400 000
　　应交税费——应交增值税（销项税额）　　　　　　　　　　 52 000
　　贷：银行存款　　　　　　　　　　　　　　　　　　　　　452 000

借：库存商品　　　　　　　　　　　　　　　　　　　　　　　220 000
　　贷：主营业务成本　　　　　　　　　　　　　　　　　　　220 000

(6) 5月12日，委托贵州五金销售产品时的会计分录为：

发出代销商品时：

借：发出商品　　　　　　　　　　　　　　　　　　　　　　　 36 000
　　贷：库存商品　　　　　　　　　　　　　　　　　　　　　　36 000

5月31日，收到代销清单时：

借：应收账款——贵州五金　　　　　　　　　　　　　　　　　 16 950
　　贷：主营业务收入　　　　　　　　　　　　　　　　　　　 15 000
　　　　应交税费——应交增值税（销项税额）　　　　　　　　　1 950

借：主营业务成本　　　　　　　　　　　　　　　　　　　　　 12 000
　　贷：发出商品　　　　　　　　　　　　　　　　　　　　　　12 000

借:销售费用——代销手续费　　　　　　　　　　　　　　　　　　　　　1 500
　　贷:应收账款　　　　　　　　　　　　　　　　　　　　　　　　　　　　　1 500

6月1日,收到代销货款金额时的会计分录为:

借:银行存款　　　　　　　　　　　　　　　　　　　　　　　　　　　　15 450
　　贷:应收账款　　　　　　　　　　　　　　　　　　　　　　　　　　　　15 450

(7) 计算完工进度=120 000÷(120 000+380 000)=24%
年末确认的劳务收入=600 000×24%-0=144 000(元)
年末确认的劳务成本=(120 000+380 000)×24%-0=120 000(元)

12月1日,接手工程时的会计分录为:

实际发生安装费用时:

借:合同履约成本　　　　　　　　　　　　　　　　　　　　　　　　　120 000
　　贷:应付职工薪酬　　　　　　　　　　　　　　　　　　　　　　　　　120 000

预收劳务款时:

借:银行存款　　　　　　　　　　　　　　　　　　　　　　　　　　　140 000
　　贷:合同结算——价款结算　　　　　　　　　　　　　　　　　　　　　140 000

年末确认劳务收入,结转劳务成本时:

借:合同结算——价款结算　　　　　　　　　　　　　　　　　　　　　144 000
　　贷:主营业务收入　　　　　　　　　　　　　　　　　　　　　　　　　144 000

借:主营业务成本　　　　　　　　　　　　　　　　　　　　　　　　　120 000
　　贷:合同履约成本　　　　　　　　　　　　　　　　　　　　　　　　　120 000

任务二　费用核算

【任务发布11-2】

新科门业2024年发生主要费用业务如下:

(1) 2024年1月1日向银行借入生产经营用短期借款360 000元,期限为6个月,年利率为5%,该借款本金到期后一次归还,利息分月预提,按季支付。假定在1月份将其中的120 000元暂时作为闲置资金存入银行,并获得利息收入400元,假定所有利息均不符合资本化条件。

(2) 公司筹建期间发生办公费、差旅费、注册费等开办费35 000元,均用银行存款支付。

(3) 3月5日,为宣传新产品发生广告费,取得的增值税专用发票上列明广告费为50 000元,增值税税额为3 000元,款项用银行存款支付。

(4) 3月20日，专设销售机构9月份共发生费用230 000元，其中：销售人员薪酬为100 000元，销售部专用办公设备折旧费为60 000元，业务费为70 000元。上述费用均用银行存款支付。

(5) 9月10日，销售一批产品，销售过程中取得的运输费增值税专用发票上列明运输费为5 000元、增值税税额为450元；取得装卸费增值税专用发票上列明的装卸费为2 000元、增值税税额为120元，均用银行存款支付。

(6) 6月2日，用银行存款支付所销产品保险费合计10 600元，取得的增值税专用发票上注明的保险费为10 000元，增值税税额为600元。

(7) 8月7日，聘请法律顾问，以银行存款支付咨询费2 120元，取得的增值税专用发票上列明的咨询费为2 000元，增值税税额为120元。

(8) 9月，为拓展产品销售市场，以银行存款支付住宿费15 900元，取得的增值税专用发票上列明的住宿费为15 000元，增值税税额为900元。

请为新科门业作以上业务的账务处理。

知识准备

一、认识费用

（一）费用的含义

费用是企业在日常活动中发生的会导致所有者权益减少的、与向所有者分配利润无关的经济利益的总流出。

（二）费用的特征

1. 费用是企业在日常活动中产生的经济利益的总流出

日常活动是指企业为完成其经营目标所从事的经营性活动以及与之相关的其他活动。例如，企业支付日常水电费、支付工资、缴纳各项税费等经济活动中产生的经济利益的总流出都是费用。

费用的这一特征使其与损失相区别。损失是企业非日常活动中形成的经济利益的流出。例如，企业报废固定资产、支付罚款、对外捐赠等属于损失。

2. 费用会导致所有者权益减少

费用表现为企业资产的减少或负债的增加，从而导致企业所有者权益减少。企业经济活动中的某些支出并不能使企业的所有者权益减少，也就不是费用。例如，企业以银行存款支付应付账款，是资产和负债的等额减少，对所有者权益没有影响，因此该项支出不是费用。

3. 费用与向所有者分配利润无关

向所有者分配利润或股利属于企业利润分配的内容，是投资者的回报，不构成企业的费用。

（三）费用的分类

费用按经济用途分为营业成本、期间费用、税金及附加。

1. 营业成本

营业成本是指与营业收入直接相关的、已经确定了归属期和归属对象的各种费用，包括企业销售商品或者提供劳务的成本等。营业成本分为主营业务成本和其他业务成本。

主营业务成本是指企业因销售商品、提供劳务或让渡资产使用权等日常活动而发生的实际成本。

其他业务成本是指企业除主营业务活动以外的其他日常经营活动所发生的支出。

2. 期间费用

期间费用是指企业日常活动发生的不能计入特定核算对象成本,而应计入发生当期损益的费用。期间费用包括管理费用、销售费用和财务费用。

(1) 管理费用。管理费用是指企业行政管理部门为组织和管理生产经营活动而发生的各种费用,包括企业在筹建期间内发生的开办费、董事会和行政管理部门在企业经营管理中发生的以及应由企业统一负担的公司经费(包括行政管理部门职工薪酬、物料消耗、低值易耗品摊销、办公费和差旅费等)、行政管理部门负担的工会经费、董事会费(包括董事会成员津贴、会议费和差旅费等)、聘请中介机构费、咨询费(含顾问费)、诉讼费、业务招待费、技术转让费、研究费用、排污费等。

(2) 销售费用。销售费用是指企业在销售商品和材料、提供劳务的过程中发生的各种费用,包括在销售过程中发生的包装费、保险费、展览费、广告费、运输费、装卸费、商品维修费、预计产品质量保证损失,以及为销售本企业商品而专设的销售机构(含销售网点、售后服务网点等)的职工薪酬、业务费、折旧费等经营费用,企业发生的与专设销售机构相关的固定资产修理费用等后续支出。

(3) 财务费用。财务费用是指企业筹集生产经营所需资金等而发生的筹资费用,包括利息净支出(利息支出减利息收入后的差额)、汇兑净损失(汇兑损失减汇兑收益的差额)及金融机构手续费等。

3. 税金及附加

税金及附加是指企业从事经营活动应负担的相关税费,包括消费税、城市维护建设税、教育费附加、资源税、房产税、城镇土地使用税、车船税、印花税等。

二、费用的账务处理

(一) 营业成本的核算

实操11-2
费用业务
核算

1. 主营业务成本

企业一般在确认销售商品、提供劳务等主营业务收入时,或在月末,将已销售商品、已提供劳务的成本转入主营业务成本。

企业应当设置"主营业务成本"账户,按主营业务的种类进行明细核算。企业发生主营业务成本,借记"主营业务成本"账户,贷记"库存商品""劳务成本"等账户。期末,将"主营业务成本"账户余额转入"本年利润"账户,借记"本年利润"账户,贷记"主营业务成本"账户,结转后"主营业务成本"账户无余额。

2. 其他业务成本

其他业务成本包括销售材料的成本、出租固定资产的折旧额、出租无形资产的摊销额、出租包装物的成本或摊销额等。采用成本模式计量投资性房地产的,其投资性房地产计提的折旧额或摊销额,也构成其他业务成本。

企业应当设置"其他业务成本"账户,按其他业务的种类进行明细核算。企业发生其他业务成本,借记"其他业务成本"账户,贷记"原材料""周转材料""累计折旧""累计摊销""应付职工薪酬""银行存款"等账户。期末,将"其他业务成本"账户余额转入"本年利润"账户,借记"本年利润"账户,贷记"其他业务成本"账户,结转后"其他业务成本"账户无余额。

(二)期间费用的核算

1. 管理费用

企业设置"管理费用"账户,按费用项目的种类进行明细核算,企业发生管理费用,借记"管理费用"账户,贷记"银行存款""应付职工薪酬"等账户。期末,将"管理费用"账户余额转入"本年利润"账户,借记"本年利润"账户,贷记"管理费用"账户,结转后"管理费用"账户无余额。

微课 11-6
期间费用
核算

2. 销售费用

企业设置"销售费用"账户,按费用项目的种类进行明细核算,企业发生销售费用,借记"销售费用"账户,贷记"银行存款""应付职工薪酬"等账户。期末,将"销售费用"账户余额转入"本年利润"账户,借记"本年利润"账户,贷记"销售费用"账户,结转后"销售费用"账户无余额。

3. 财务费用

企业设置"财务费用"账户,按费用项目的种类进行明细核算,企业发生财务费用,借记"财务费用"账户,贷记"银行存款""应付利息"等账户。期末,将"财务费用"账户余额转入"本年利润"账户,借记"本年利润"账户,贷记"财务费用"账户,结转后"财务费用"账户无余额。

(三)税金及附加的核算

企业设置"税金及附加"账户,按企业经营活动发生的消费税、城市维护建设税、教育费附加、房产税、城镇土地使用税、车船税、印花税、资源税等进行明细核算。企业发生各项税费,借记"税金及附加"账户,贷记"银行存款""应交税费"等账户。期末,将"税金及附加"账户余额转入"本年利润"账户,借记"本年利润"账户,贷记"税金及附加"账户,结转后"税金及附加"账户无余额。

【任务实施 11-2】

新科门业 2024 年发生主要费用业务及相关账务处理如下:

(1) 1 月末,预提当月应计利息 1 500 元(360 000×5‰÷12)时的会计分录为:

借:财务费用		1 500
贷:应付利息		1 500

1 月,取得的利息收入 400 元时的会计分录为:

借:银行存款		400
贷:财务费用		400

(2) 公司筹建期发生费用时的会计分录为:

借：管理费用　　　　　　　　　　　　　　　　　　　　　　　　35 000
　　贷：银行存款　　　　　　　　　　　　　　　　　　　　　　　35 000

(3) 3月5日，宣传新产品时发生费用的会计分录为：

借：销售费用　　　　　　　　　　　　　　　　　　　　　　　　50 000
　　应交税费——应交增值税(进项税额)　　　　　　　　　　　　3 000
　　贷：银行存款　　　　　　　　　　　　　　　　　　　　　　　53 000

(4) 3月20日，销售机构生产费用的会计分录为：

借：销售费用　　　　　　　　　　　　　　　　　　　　　　　　230 000
　　贷：应付职工薪酬　　　　　　　　　　　　　　　　　　　　　100 000
　　　　累计折旧　　　　　　　　　　　　　　　　　　　　　　　60 000
　　　　银行存款　　　　　　　　　　　　　　　　　　　　　　　70 000

(5) 9月10日，销售产品时的会计分录为：

借：销售费用　　　　　　　　　　　　　　　　　　　　　　　　7 000
　　应交税费——应交增值税(进项税额)　　　　　　　　　　　　570
　　贷：银行存款　　　　　　　　　　　　　　　　　　　　　　　7 570

(6) 6月2日，支付产品保险费的会计分录为：

借：销售费用　　　　　　　　　　　　　　　　　　　　　　　　10 000
　　应交税费——应交增值税(进项税额)　　　　　　　　　　　　600
　　贷：银行存款　　　　　　　　　　　　　　　　　　　　　　　10 600

(7) 8月7日，聘请法律顾问的会计分录为：

借：管理费用　　　　　　　　　　　　　　　　　　　　　　　　2 000
　　应交税费——应交增值税(进项税额)　　　　　　　　　　　　120
　　贷：银行存款　　　　　　　　　　　　　　　　　　　　　　　2 120

(8) 9月，拓展市场时的会计分录为：

借：管理费用　　　　　　　　　　　　　　　　　　　　　　　　15 000
　　应交税费——应交增值税(进项税额)　　　　　　　　　　　　900
　　贷：银行存款　　　　　　　　　　　　　　　　　　　　　　　15 900

任务三　利润核算

【任务发布 11-3】

新科门业2024年损益类账户发生额汇总如表11-1所示，请根据相关业务进行账务处理。

表 11-1　　　　　　　　　损益类账户发生额汇总表

单位：元

账户名称	结账前余额(方向)
主营业务收入	6 000 000(贷)
其他业务收入	700 000(贷)
公允价值变动损益	150 000(贷)
投资收益	400 000(贷)
资产处置损益	200 000(贷)
营业外收入	50 000(贷)
主营业务成本	4 000 000(借)
其他业务成本	400 000(借)
税金及附加	80 000(借)
销售费用	500 000(借)
管理费用	770 000(借)
财务费用	200 000(借)
信用减值损失	20 000(借)
资产减值损失	80 000(借)
营业外支出	250 000(借)
所得税费用	280 000(借)

请为新科门业作以上业务的账务处理。

知识准备

一、认识利润

（一）利润的概念

利润是指企业在一定会计期间的经营成果，包括收入减去费用后的净额、直接计入当期利润的利得和损失。未计入当期利润的利得和损失扣除所得税影响后的净额计入其他综合收益项目。净利润与其他综合收益项目的合计金额为综合收益总额。

利得是指由企业非日常活动所形成的、会导致所有者权益增加、与所有者投入资本无关的经济利益的流入。

损失是指由企业非日常活动所发生的、会导致所有者权益减少、与向所有者分配利润无关的经济利益的净流出。

微课 11-7
利润构成

（二）利润的构成

利润分为营业利润、利润总额、净利润。

1. 营业利润

营业利润是企业利润的主要来源，营业利润的计算公式如下。

营业利润 = 营业收入 − 营业成本 − 税金及附加 − 销售费用 − 管理费用 − 财务费用 −
　　　　　资产减值损失 − 信用减值损失 + 公允价值变动收益(−公允价值变动损失) +
　　　　　投资收益(−投资损失) + 资产处置收益(−资产处置损失) + 其他收益

营业收入是指企业经营业务所确认的收入总额，包括主营业务收入和其他业务收入。

营业成本是指企业经营业务所发生的实际成本总额，包括主营业务成本和其他业务成本。

资产减值损失是指企业计提各项资产减值准备所形成的损失。

公允价值变动收益（或损失）是指交易性金融资产等公允价值变动形成的应计入当期损益的利得（或损失）。

投资收益（或损失）是指企业以各种方式对外投资所得的收益（或发生的损失）。

资产处置收益（或损失）反映企业出售划分为持有待售的非流动资产（金融工具、长期股权投资和投资性房地产除外）或处置时确认的处置利得或损失，以及处置未划分为持有待售的固定资产、在建工程、生产性生物资产及无形资产而产生的处置利得或损失。债务重组中因处置非流动资产产生的利得或损失和非货币性资产交换产生的利得或损失也包括在本项目内。

其他收益主要是指与企业日常活动相关，除冲减相关成本费用以外的政府补助。

2. 利润总额

利润总额的计算公式如下。

$$利润总额 = 营业利润 + 营业外收入 - 营业外支出$$

营业外收入是指企业发生的与其日常活动无直接关系的各项利得。

营业外支出是指企业发生的与其日常活动无直接关系的各项损失。

3. 净利润

净利润是指企业当期利润总额减去所得税后的金额，即企业的税后利润。净利润的计算公式如下。

$$净利润 = 利润总额 - 所得税费用$$

所得税费用是指企业确认的应从当期利润总额中扣除的所得税费用。

二、营业外收入的核算

营业外收入是指与企业日常营业活动无直接关系的各项利得，包括非流动资产毁损、报废收益、与日常活动无关的政府补助、盘盈利得（仅限于无法查明原因的现金盘盈）、捐赠利得、确实无法支付而按规定程序经批准后转作营业外收入的应付款项等。

企业设置"营业外收入"账户，按项目种类进行明细核算，企业发生营业外收入，借记"银行存款""待处理财产损溢"等账户，贷记"营业外收入"账户。期末，将"营业外收入"账户发生额转入"本年利润"账户，借记"营业外收入"账户，贷记"本年利润"账户，结转后"营业外收入"账户无余额。

三、营业外支出的核算

营业外支出是指企业发生的与其日常活动无直接关系的各项损失，包括非流动资产处置损失、盘亏损失、公益性捐赠支出、罚款支出等。

企业设置"营业外支出"账户,按支出项目的种类进行明细核算,企业发生营业外支出,借记"营业外支出"账户,贷记"银行存款""待处理财产损溢"等账户。期末,将"营业外支出"账户余额转入"本年利润"账户,借记"本年利润"账户,贷记"营业外支出"账户,结转后"营业外支出"账户无余额。

四、所得税费用的核算

企业所得税费用包括当期所得税和递延所得税两个部分。当期所得税是指当期应交所得税,递延所得税包括递延所得税资产和递延所得税负债。

微课 11-9
所得税费用

(一)应交所得税的计算

应交所得税是指企业按照企业所得税法规定计算确定的针对当期发生的交易和事项,应缴纳给税务部门的所得税金额,即当期应交所得税,应交所得税的计算公式如下:

$$应交所得税 = 应纳税所得额 \times 所得税税率$$

应纳税所得额是在企业税前会计利润(即利润总额)的基础上调整确定的,应纳税所得额的计算公式如下:

$$应纳税所得额 = 税前会计利润(即利润总额) + 纳税调整增加额 - 纳税调整减少额$$

纳税调整增加额主要包括税法规定允许扣除项目中,企业已计入当期费用但超过税法规定扣除标准的金额。例如,超过税法规定标准的职工福利费(职工工资及薪金)、工会经费、职工教育经费、业务招待费、公益性捐赠支出、广告费和业务宣传费,以及企业已计入当期损失但税法规定不允许扣除项目的金额,如税收滞纳金、罚金、罚款。

纳税调整减少额主要包括税法规定允许弥补的亏损和准予免税的项目,如前5年内未弥补亏损和国债利息收入等。

(二)所得税费用核算

企业应根据会计准则规定,计算当期所得税和递延所得税之和,即当期所得税费用,所得税费用的计算公式及递延所得税的计算公式如下:

$$所得税费用 = 当期所得税 + 递延所得税$$

$$递延所得税 = (递延所得税负债期末余额 - 递延所得税负债期初余额) - (递延所得税资产期末余额 - 递延所得税资产期初余额)$$

企业设置"所得税费用"账户,企业发生所得税费用,借记"所得税费用"账户,贷记"应交税费"账户。期末,将"所得税费用"账户余额转入"本年利润"账户,借记"本年利润"账户,贷记"所得税费用"账户,结转后"所得税费用"账户无余额。

五、本年利润结转的核算

本年利润是指企业某个会计年度净利润(或净亏损),由企业利润组成内容计算确定,是企业从公历年1月至12月逐步累计而形成的一个动态指标。

实操 11-3
利润业务核算

(一)本年利润结转的方法

企业期末结转利润(亏损)时,可以采用表结利润的方法或账结利润的方法,两种结转方法的区别在于结转时间有所不同。

1. 表结法

表结法下，各损益类账户每月月末只需结计出本月发生额和月末累计余额，不结转到"本年利润"账户，只有在年末时才将全年累计余额转入"本年利润"账户。但每月月末要将损益类账户本月发生额合计数填入利润表本月数栏，同时将本月末累计余额填入利润表本年累计数栏，通过利润表计算反映各期利润（或亏损）。

表结法下，年终损益类账户无须结转入"本年利润"账户，从而减少了转账环节和工作量，同时并不影响利润表的编制及有关损益指标的利用。

2. 账结法

账结法下，每月月末均需编制转账凭证，将在账上结计出的各损益类账户的余额转入"本年利润"账户。结转后"本年利润"账户本月合计数反映当月实现的利润或发生的亏损，"本年利润"账户本年累计数反映本年累计实现的利润或发生的亏损。

账结法在各月均可通过"本年利润"账户提供当月及本年累计的利润（或亏损）额，但增加了转账环节和工作量。

（二）结转本年利润核算

企业应设置"本年利润"账户，核算本年实现的净利润或发生的净亏损。期末，将各收入类账户余额转入该账户贷方，将各费用类账户余额转入该账户借方。

结转后"本年利润"若为贷方余额，为当期实现的净利润；若为借方余额，为当期实现的净亏损。

六、利润分配的核算

微课 11-10
利润分配

利润分配是指企业实现的净利润，按照国家财务制度规定的分配形式和分配顺序，在企业和投资者之间进行的分配。

（一）利润分配的方法

根据现行规定，企业当年实现的净利润，一般应按下列内容、顺序和金额进行分配。

1. 计算可供分配的利润

将本年净利润（或亏损）与年初未分配利润（或亏损）合并，计算出可供分配的利润。如果可供分配的利润为负数，则不能进行后续分配；如果可供分配利润为正数，则进行后续分配。

2. 提取法定盈余公积金

在不存在年初累计亏损的前提下，法定盈余公积金按照税后净利润的 10% 提取，法定盈余公积金已达到注册资本的 50% 时可不再提取。提取的法定盈余公积金用于弥补以前年度亏损或转增资本金，但转增资本金后留存的法定盈余公积金不得低于注册资本的 25%。

3. 提取任意盈余公积金

任意盈余公积金计提标准由股东会确定，如确有需要，经股东会同意后，也可用于分配。

4. 向股东(投资者)支付股利(分配利润)

企业弥补亏损和提取盈余公积金后所剩余的税后利润,可按照股东的出资比例分配利润,但全体股东有约定或公司章程有规定的除外。

(二)利润分配的账务处理

企业应设置"利润分配"账户,核算企业利润的分配(或亏损的弥补)和历年分配(或弥补)后的积存余额。"利润分配"账户借方登记实际分配的利润数,或年终时从"本年利润"账户贷方转来的当年亏损总额;贷方登记年终时从"本年利润"账户借方转来的当年实现的净利润总额。年终"利润分配"账户如为贷方余额表示历年积存的未分配利润,如为借方余额,则表示历年积存的未弥补亏损。

"利润分配"账户应按"提取法定盈余公积""提取任意盈余公积""应付现金股利或利润"和"未分配利润"等进行明细核算。

(1) 年度终了,企业应将全年实现的净利润,自"本年利润"账户转入"利润分配——未分配利润"账户。

(2) 企业按规定提取的盈余公积,借记"利润分配——提取法定盈余公积""利润分配——提取任意盈余公积"账户,贷记"盈余公积——法定盈余公积""盈余公积——任意盈余公积"账户。

(3) 经股东会或类似机构决议,分配给股东或投资者的现金股利或利润,借记"利润分配——应付现金股利(利润)"账户,贷记"应付股利(利润)"账户。

分配给股东的股票股利,应在办理增资手续后,借记"利润分配——转作股本的股利"账户,贷记"股本"账户。

(4) 用盈余公积弥补亏损,借记"盈余公积——法定盈余公积""盈余公积——任意盈余公积"账户,贷记"利润分配——盈余公积补亏"账户。

(5) 将"利润分配"账户下其他明细账户余额,转入"未分配利润"明细账户。结转后,"未分配利润"明细账户若贷方余额,为累积未分配的利润数额;若为借方余额,为累积未弥补的亏损数额。结转后,本账户除"未分配利润"明细账户外,其他明细账户应无余额。

【任务实施11-3】

新科门业2024年有关损益类账户的账务处理如下:

(1) 将各损益类账户年末余额结转入"本年利润"账户:

结转各项收入、利得的会计分录为:

借:主营业务收入	6 000 000
其他业务收入	700 000
公允价值变动损益	150 000
投资收益	400 000
资产处置损益	200 000
营业外收入	50 000
贷:本年利润	7 500 000

结转各项费用、损失的会计分录为：

借：本年利润　　　　　　　　　　　　　　　　　　　　6 300 000
　　贷：主营业务成本　　　　　　　　　　　　　　　　　　4 000 000
　　　　其他业务成本　　　　　　　　　　　　　　　　　　　400 000
　　　　税金及附加　　　　　　　　　　　　　　　　　　　　 80 000
　　　　销售费用　　　　　　　　　　　　　　　　　　　　　500 000
　　　　管理费用　　　　　　　　　　　　　　　　　　　　　770 000
　　　　财务费用　　　　　　　　　　　　　　　　　　　　　200 000
　　　　信用减值损失　　　　　　　　　　　　　　　　　　　 20 000
　　　　资产减值损失　　　　　　　　　　　　　　　　　　　 80 000
　　　　营业外支出　　　　　　　　　　　　　　　　　　　　250 000

(2) 结转所得税费的会计分录为：

借：本年利润　　　　　　　　　　　　　　　　　　　　　280 000
　　贷：所得税费用　　　　　　　　　　　　　　　　　　　280 000

(3) 结转本年利润的会计分录为：

借：本年利润　　　　　　　　　　　　　　　　　　　　　920 000
　　贷：利润分配——未分配利润　　　　　　　　　　　　　920 000

🔍 思政学堂

华为公司的研发投入与利润增长

华为公司每年投入巨额资金用于研发新产品、新技术。例如，在5G通信技术研发阶段，投入大量研发费用，组建庞大的科研团队。通过持续高强度的研发投入，华为成功推出一系列具有行业领先水平的5G通信设备和解决方案。这些创新成果不仅满足了全球市场对高速、稳定通信的需求，还为华为公司带来了丰厚的收入和利润。华为公司的5G设备在全球多个国家和地区广泛应用，市场份额大幅提升，2018年销售收入达到7 212亿元，2022年虽受外部环境影响，仍保持较高规模为6 423亿元，虽然销售收入有所下降，但净利润在2022年达到了356亿元。

这种研发投入与利润增长的良性循环，展示了企业通过技术创新实现可持续发展的强大能力，体现了企业勇于创新、追求卓越的精神，以及对知识和技术的高度尊重。华为的经历告诉我们在企业经营中，不能短视，要有长远规划，明白创新是推动企业发展、实现收入和利润增长的核心动力。同时，华为公司在面对外部压力时，依然坚持自主研发，展现了民族企业的担当和坚韧。

💡 学以致用

项目十一
初级精练

一、单项选择题

1. 收入确认的基本原则是(　　)。
   A. 收到现金时确认　　　　　　　　B. 商品或服务交付时确认
   C. 合同签订时确认　　　　　　　　D. 客户下单时确认

2. 下列各项中,不属于企业的费用的是( )。
   A. 销售成本   B. 管理费用   C. 营业收入   D. 财务费用
3. 利润表中的"营业利润"是指( )。
   A. 营业收入减去营业成本
   B. 营业收入减去营业成本、销售费用和管理费用
   C. 营业收入减去所有费用
   D. 营业收入减去营业成本和财务费用
4. 下列各项中,属于企业的其他收入的是( )。
   A. 销售收入   B. 利息收入   C. 服务收入   D. 租金收入
5. 下列各项中,属于企业的期间费用的是( )。
   A. 生产成本   B. 销售费用   C. 制造费用   D. 直接材料费用
6. 企业在确认收入时,必须满足的条件是( )。
   A. 商品或服务已经交付   B. 客户已经支付款项
   C. 合同已经签订   D. 商品或服务已经生产完成
7. 下列各项中,不属于企业的营业外收入的是( )。
   A. 政府补助   B. 投资收益   C. 罚款收入   D. 销售收入
8. 企业的净利润是指( )。
   A. 营业利润减去所得税   B. 营业利润加上营业外收入
   C. 营业利润减去营业外支出   D. 营业利润加上投资收益
9. 下列各项中,属于企业的固定成本的是( )。
   A. 原材料成本   B. 直接人工成本
   C. 租金费用   D. 销售佣金
10. 2023年12月1日,甲公司与乙公司签订一项为期6个月的装修合同,合同约定装修价款为1 000 000元,增值税税额为90 000元,装修费用每月末按完工进度支付。2023年12月30日,经专业测量师测量后,确认完工进度为20%。截至2023年12月31日,甲公司为完成该合同累计发生劳务成本100 000元(假定为装修人员薪酬),估计还将发生劳务成本400 000元。下列甲公司的做法中,正确的是( )。
    A. 发生劳务成本时,借记"主营业务成本"账户,贷记"合同履约成本"账户
    B. 应确认劳务收入100 000元
    C. 应确认劳务收入200 000元
    D. 应确认劳务收入218 000元
11. 2024年8月2日,甲公司向乙公司赊销一批商品,开具的增值税专用发票上注明的价款为3 000 000元,增值税税额为390 000元,符合收入确认条件。9月15日,乙公司发现该批商品有瑕疵,要求按不含税价款给予5%的折让,甲公司同意并开具增值税专用发票(红字),同日收到乙公司支付的货款。下列关于甲公司销售折让会计处理结果的表述中,不正确的是( )。
    A. 冲减应交税费19 500元   B. 冲减主营业务收入150 000元
    C. 增加销售费用169 500元   D. 冲减应收账款169 500元
12. 下列各项业务中,应记入"管理费用"账户核算的是( )。

A. 企业发生的广告费 B. 罚款支出
C. 计提的存货跌价准备 D. 财务部门固定资产的折旧费

13. 下列各项中,应记入"营业外支出"账户核算的是(　　)。
A. 银行存款利息收入 B. 企业发生的业务招待费
C. 无法收回的应收账款 D. 产品质量保证损失

14. 下列各项中,不会影响企业当期利润表中营业利润的是(　　)。
A. 产品销售成本 B. 管理部门发生的差旅费
C. 缴纳的城市维护建设税 D. 对希望小学的捐款

15. 下列各项中,应记入"财务费用"账户核算的是(　　)。
A. 短期借款利息支出 B. 企业发生的法律诉讼费
C. 财务部门人员工资 D. 销售产品负担的运输费

16. 下列各项中,应记入"销售费用"账户核算的是(　　)。
A. 税收滞纳金　　B. 产品促消费　　C. 企业研究费用　　D. 销售折让金额

二、多项选择题

1. 在收入确认和计量的五个步骤中,下列各项中,主要与收入确认相关的步骤有(　　)。
A. 识别与客户订立的合同
B. 识别合同中的单项履约义务
C. 将交易价格分摊至各单项履约义务
D. 履行各单项履约义务时确认收入

2. 下列选项中,可能影响主营业务收入确认金额的有(　　)。
A. 商业折扣　　B. 销售折让　　C. 销售退回　　D. 销售商品的数量

3. 下列各项中,应通过"销售费用"账户核算的有(　　)。
A. 销售部门人员工资 B. 销售部门人员职工教育经费
C. 销售部门人员发生的差旅费 D. 销售部门发生的业务招待费

4. 下列各项中,不影响当期营业利润的有(　　)。
A. 无法查明原因的现金短缺 C. 固定资产处置净损失
B. 公益性捐赠支出 D. 支付的合同违约金

5. 下列各项中,影响企业利润总额的有(　　)。
A. 当期固定资产的折旧费 B. 无法查明原因的现金溢余
C. 当期未缴纳的资源税 D. 当期应交的所得税

6. 下列各项中,影响利润表所得税费用项目的有(　　)。
A. 当期应交所得税 B. 递延所得税资产
C. 递延所得税负债 D. 代扣代缴的个人所得税

7. 下列账户中,年度终了需要将余额转入"利润分配——未分配利润"账户的有(　　)。
A. "本年利润" C. "利润分配——盈余公积补亏"
B. "利润分配——应付现金股利" D. "利润分配——提取法定盈余公积"

8. 收入确认的条件包括(　　)。
A. 企业已将商品或服务的主要风险和报酬转移给客户
B. 企业保留了对商品或服务的继续管理权

C. 收入的金额能够可靠地计量
D. 相关的经济利益很可能流入企业
9. 下列各项中,属于企业费用的有(   )。
    A. 销售费用   B. 管理费用
    C. 财务费用   D. 营业外支出
10. 下列各项中,属于利润表中的"营业利润"项目的有(   )。
    A. 营业收入   B. 营业成本
    C. 销售费用   D. 投资收益
11. 下列各项中,属于企业的其他收入的有(   )。
    A. 利息收入   B. 租金收入
    C. 政府补助   D. 销售收入
12. 下列各项中,会影响企业净利润的有(   )。
    A. 营业外收入   B. 营业外支出
    C. 所得税费用   D. 营业收入
13. 下列各项中,属于企业期间费用的有(   )。
    A. 销售费用   B. 管理费用
    C. 财务费用   D. 制造费用
14. 下列各项中,属于企业固定成本的有(   )。
    A. 租金费用   B. 折旧费用
    C. 原材料成本   D. 直接人工成本

三、判断题

1. 确认和计量任何一项合同收入都应考虑收入确认和计量的全部步骤。 (   )
2. 企业为取得合同发生的、除预期能够收回的增量成本之外的其他支出,如由客户承担的差旅费,应当在发生时计入当期损益。 (   )
3. 企业取得合同发生的增量成本已经确认为资产的,应当采用与该资产相关的商品收入确认相同的基础进行摊销,计入当期损益。 (   )
4. "合同取得成本"账户核算企业履行当前或预期取得的合同所发生的、不属于其他企业会计准则规范范围且按照收入准则应当确认为一项资产的成本。 (   )
5. "合同负债"账户核算企业已收或应收客户对价而应向客户转让商品的义务。 (   )
6. "所得税费用"账户期末结转后无余额。 (   )
7. 营业外收入不会影响企业的营业利润。 (   )
8. 费用和损失的含义是相同的。 (   )
9. 企业期末进行库存现金清查时发现无法查明原因的现金短缺应计入营业外支出账户。 (   )
10. 年度终了,无论企业盈利还是亏损,都需要将"本年利润"账户的本年累计余额转入"利润分配——未分配利润"账户。 (   )

四、业务题

1. 新科门业在2023年12月1日销售一批商品,售价为100 000元,成本为60 000元。合同约定买方在2024年1月15日支付货款。企业采用权责发生制确认收入。

请问：

(1) 2023 年 12 月 1 日是否需要确认收入？如果需要,金额是多少？

(2) 2023 年 12 月 31 日是否需要确认收入？如果需要,金额是多少？

(3) 2024 年 1 月 15 日是否需要确认收入？如果需要,金额是多少？

2. 新科门业在 2023 年 12 月支付了 2024 年全年的办公室租金 120 000 元。该公司采用权责发生制确认费用。请问：

(1) 2023 年 12 月是否需要确认费用？如果需要,金额是多少？

(2) 2024 年每月是否需要确认费用？如果需要,金额是多少？

3. 新科门业2023年12月发生以下业务：
   （1）销售商品收入200 000元，成本120 000元。
   （2）支付广告费20 000元。
   （3）支付员工工资30 000元。
   （4）收到银行存款利息5 000元。
   （5）计提所得税费用10 000元。
   请计算该企业2023年12月的营业利润、利润总额和净利润。

项目评价

根据本项目学习情况，在表11-2中进行评价，"A"为优良，"B"为一般，"C"为需要帮助。

表11-2　　　　　　　　　项目十一学习评价表

序号	学习重点	自我评价（在方框内打钩）	教师反馈与评价
1	能够填制并审核收入相关的原始凭证	A□ B□ C□	
2	能够填制并审核费用的原始凭证	A□ B□ C□	
3	能够根据费用的相关原始凭证编制记账凭证	A□ B□ C□	
4	能够根据损益类账户发生额编制结转利润的记账凭证	A□ B□ C□	
5	能够编制分配利润的记账凭证	A□ B□ C□	
	总体评价	A□ B□ C□	

项目十二 财务会计报告编制

项目十二
行业前沿

学习目标

知识目标

- 理解财务报表的编制原理。
- 掌握资产负债表的编制方法。
- 掌握利润表的编制方法。
- 掌握现金流量表的编制方法。

能力目标

- 能够根据账簿资料编制资产负债表。
- 能够根据账簿资料编制利润表。
- 能够根据账簿资料编制现金流量表。

素质目标

- 通过财务报表相关知识学习,培养学生专业、耐心、与时俱进的职业精神。
- 通过报表编写相关知识学习,培养学生从事会计工作缜密、细致的逻辑思维。

知识脉络

```
                    ┌─ 资产负债表编制 ┬─ 认识资产负债表
                    │                 └─ 资产负债表的编制方法
                    │
财务会计报告编制 ─┼─ 利润表编制 ┬─ 认识利润表
                    │              └─ 利润表的编制方法
                    │
                    └─ 现金流量表编制 ┬─ 认识现金流量表
                                     ├─ 现金流量表的编制方法
                                     └─ 现金流量表项目的填列
```

任务一 资产负债表编制

【任务发布 12-1】

新科门业为一般纳税人，适用的增值税税率为13％，所得税税率为25％，原材料采用计划成本法核算。新科门业2023年12月31日的资产负债表如表12-1所示。"交易性金融资产"账户的期末借方余额为150 000元，其中"交易性金融资产——公允价值变动"账户明细账借方余额为20 000元；"应收账款"账户的期末余额为4 000 000元；"坏账准备"账户的期末贷方余额为9 000元，其他诸如存货、长期股权投资、固定资产、无形资产等资产都没有计提资产减值准备；固定资产原值为11 000 000元，累计折旧3 000 000元；"应付职工薪酬"账户贷方余额为1 100 000元，其中记入"在建工程"账户的人员工资及福利费为300 000元。

表 12-1　　　　　　　　　　　　　资产负债表

编制单位：新科门业　　　　　2023年12月31日　　　　　　　　　　　　单位：元

资产	期末余额	上年年末余额	负债和所有者权益	期末余额	上年年末余额
流动资产：			流动负债：		
货币资金	14 063 000		短期借款	3 000 000	
交易性金融资产	150 000		交易性金融负债	0	
衍生金融资产	0		衍生金融负债	0	
应收票据	2 460 000		应付票据	2 000 000	
应收账款	3 991 000		应付账款	9 548 000	
预付账款	1 000 000		预收款项		
应收款项融资	0		合同负债		
其他应收款	3 055 000		应付职工薪酬	1 100 000	
合同资产	0		应交税费	366 000	
存货	25 800 000		其他应付款	500 000	
持有待售资产			持有待售负债	0	
一年内到期的非流动资产	0		一年内到期的流动负债	10 000 000	
其他流动资产			其他流动负债		
流动资产合计	50 519 000		流动负债合计	26 514 000	
非流动资产：			非流动负债：		
债权投资	0		长期借款	6 000 000	
其他债权投资	0		应付债券	0	
长期应收款	0		其中：优先股	0	
长期股权投资	2 500 000		永续债	0	
其他权益工具投资	0		租赁负债		

(续表)

资产	期末余额	上年年末余额	负债和所有者权益	期末余额	上年年末余额
其他非流动金融资产	0		长期应付款	0	
投资性房地产	0		预计负债	0	
固定资产	8 000 000		递延收益	0	
在建工程	15 000 000		递延所得税负债	5 000	
生产性生物资产	0		其他非流动负债	0	
汽油资产	0		非流动负债合计	6 005 000	
使用权资产	0		负债合计	32 519 000	
无形资产	6 000 000		所有者权益:		
开发支出	0		实收资本(或股本)	50 000 000	
商誉			其他权益工具		
长期待摊费用	0		其中：优先股		
递延所得税资产	0		永续债		
其他非流动资产	2 000 000		资本公积	0	
非流动资产合计	33 500 000		减：库存股	0	
			其他综合收益	0	
			专项储备	0	
			盈余公积	1 000 000	
			未分配利润	500 000	
			所有者权益合计	51 500 000	
资产总计	84 019 000		负债和所有者权益总计	84 019 000	

2024年，新科门业共发生如下经济业务：

(1) 收到银行通知，用银行存款支付到期的商业承兑汇票1 000 000元。

(2) 购入原材料一批，收到的增值税专用发票上注明的价款为1 500 000元，增值税税额为195 000元，款项已通过银行转账支付，材料尚未验收入库。

(3) 收到在途材料一批，实际成本为1 000 000元，计划成本为950 000元，材料已验收入库。

(4) 用银行汇票支付采购材料价款，收到开户银行转来银行汇票多余款收账通知，通知上填写的多余款为2 500元，购入材料及运费998 000元(其中材料费992 000元，运费6 000元)，支付的增值税进项税额为129 500元，原材料已验收入库，该批原材料计划价格为1 000 000元。

(5) 销售产品一批，开出的增值税专用发票上注明的销售价款为3 000 000元，增值税税额为390 000元，产品已发出，货款尚未收到(已满足收入确认条件)。

(6) 公司将交易性金融资产(股票投资)兑现165 000元，该投资的成本为130 000元，公允价值变动为增值20 000元，投资收益为15 000元，均存入银行(假设不考虑相关税费)。

(7) 购入不需要安装的设备一台，收到的增值税专用发票上注明的设备价款为854 700元，增值税税额为111 111元，支付运费10 900元(其中增值税900元)。价款及运费均以银行存款支付。设备已交付使用。

(8) 购入工程物资一批(用于建造厂房),收到的增值税专用发票上注明物资价款为1 500 000元,增值税税额为195 000元,款项已通过银行转账支付。

(9) 提取工程应付薪酬2 280 000元(其中,在建工程人员工资为2 000 000元,福利费为280 000元)。

(10) 一项工程完工,交付生产使用,已办理竣工手续,固定资产价值为14 000 000元。

(11) 基本生产车间一台机床报废,原价为2 000 000元,已提折旧1 800 000元,清理费用为5 000元,残值收入为8 000元,均通过银行存款收支。该项固定资产已清理完毕。不考虑增值税。

(12) 从银行借入3年期借款10 000 000元,借款已存入银行账户。税额为910 000元,款项已存入银行。

(13) 销售一批产品,开出的增值税专用发票上注明的销售价款为7 000 000元,增值税税额为910 000元,款项已存入银行。

(14) 将要到期的一张面值为2 000 000元的无息银行承兑汇票,连同结账通知和进账单交银行办理转账。收到银行盖章退回的进账单一联。款项银行已收妥。

(15) 公司出售一台不需要用的设备,收到价款3 000 000元,该设备原价为4 000 000元,已提折旧1 500 000元。该项设备已由购入单位运走。不考虑增值税。

(16) 取得一项交易性金融资产(股票投资),价款为1 030 000元,交易费用为20 000元,已用银行存款支付。不考虑增值税。

(17) 支付工资5 000 000元,其中包括支付在建工程人员的工资2 000 000元。

(18) 分配应支付的职工工资3 000 000元(不包括在建工程应负担的工资),其中生产人员薪酬为2 750 000元,车间管理人员薪酬为100 000元,行政管理部门人员薪酬为150 000元。

(19) 提取职工福利费420 000元(不包括在建工程应负担的福利费280 000元),其中生产工人福利费为385 000元,车间管理人员福利费为14 000元,行政管理部门人员福利费为21 000元。

(20) 基本生产领用原材料,计划成本为7 000 000元,领用低值易耗品,计划成本为500 000元,采用一次摊销法摊销。

(21) 结转领用原材料和周转材料应分摊的材料成本差异。材料成本差异率为5%。

(22) 计提无形资产摊销600 000元,以银行存款支付基本生产车间电费900 000元(不考虑增值税)。

(23) 计提固定资产折旧1 000 000元,其中计入制造费用800 000元、管理费用200 000元。计提固定资产减值准备300 000元。

(24) 收到应收账款510 000元,存入银行。计提应收账款坏账准备9 000元。

(25) 用银行存款支付产品展览费106 000元,取得的增值税专业发票上注明的价款为100 000元,增值税税额为6 000元。

(26) 计算并结转本期完工产品成本12 824 000元。没有期初在产品,本期生产的产品全部完工入库。

(27) 用银行存款支付广告费106 000元,取得的增值税专业发票上注明的价款为

100 000 元,增值税税额为 6 000 元。

(28) 公司采用商业承兑汇票结算方式销售一批产品,开出的增值税专用发票上注明销售价款为 2 500 000 元,增值税税额为 325 000 元,收到 2 825 000 元的商业承兑汇票一张。

(29) 公司将上述承兑汇票到银行办理贴现,贴现利息为 200 000 元。

(30) 公司本期产品销售应缴纳的教育费附加为 20 000 元。

(31) 用银行存款缴纳本月增值税 1 000 000 元、教育费附加 20 000 元。

(32) 本期在建工程应负担的长期借款利息费用为 2 000 000 元,长期借款为分期付息。

(33) 提取应计入本期损益的长期借款利息费用为 100 000 元,长期借款为分期付息。

(34) 归还短期借款本金 2 500 000 元。

(35) 支付长期借款利息 2 100 000 元。

(36) 偿还长期借款 10 000 000 元。

(37) 2023 年度销售一批产品,开出的增值税专用发票上注明的销售价款为 100 000 元,增值税销项税额为 13 000 元,购货方开出商业承兑汇票。本期由于购货方发生财务困难,无法按合同规定偿还债务,经双方协商,甲股份公司同意购货方用产品抵偿该应收票据,放弃应收票据的公允价值为 90 400 元。用于抵债的产品市价为 80 000 元,增值税税率为 13%。

(38) 持有的交易性金融资产的公允价值为 1 050 000 元。

(39) 结转本期产品销售成本 7 500 000 元。

(40) 将各收支账户结转本年净利润。

(41) 假设本业务中,除计提固定资产减值准备 300 000 元造成固定资产账面价值与其计税基础,以及交易性金融资产账面价值与其计税基础存在差异外,其他资产和负债项目的账面价值均等于其计税基础,不存在其他暂时性差异。假定甲公司未来很可能获得足够的应纳税所得额用来抵扣可抵扣暂时性差异。企业按照税法规定计算确定的应交所得税为 943 850 元,递延所得税资产为 75 000 元,递延所得税负债 5 000 元。

(42) 按照净利润的 10% 提取法定盈余公积,向企业所有者宣告分配利润 500 000 元。

(43) 将利润分配各明细账户的余额转入"未分配利润"明细账户,结转本年利润。

(44) 用银行存款缴纳当年应交所得税。

请为新科门业作以上业务的账务处理,并编制 2024 年度资产负债表。

知识准备

一、认识资产负债表

资产负债表是反映企业在某一特定日期财务状况的报表,是企业经营活动的静态反映。资产负债表是根据"资产=负债+所有者权益"这一平衡公式,依照一定的分类标准和次序,将某一特定日期资产、负债、所有者权益的具体项目予以适当排列编制而成。资产负债表主要反映资产、负债和所有者权益三方面内容。资产负债表可以反映企业在某一特定日期所拥有或控制的经济资源、所承担的现时义务和所有者对净资产的要求权,帮助财务报表使用者全面了解企业财务状况、分析企业偿债能力等情况,从而为其作出经济决策提供依据。

资产负债表一般由表头、表体两部分组成。表头应列明报表名称、编制单位名称、资产负债表日、报表编号和计量单位;表体是资产负债表的主体,列示了用以说明企业财务状况的各个项目。资产负债表的表体格式一般有报告式和账户式两种。报告式资产负债表是上下结构,上半部分列示资产各项目,下半部分列示负债和所有者权益各项目。账户式资产负债表是左右结构,左边列示资产各项目,反映全部资产的分布及存在状态;右边列示负债和所有者权益各项目,反映全部负债和所有者权益的内容及构成情况。无论采用哪种格式,资产各项目合计数一定等于负债和所有者权益各项目合计数。

我国企业资产负债表采用账户式结构,左边为资产项目,按资产流动性大小排列,流动性大的资产排在前面,流动性小的资产排在后面。右边为负债和所有者权益项目,按照求偿权益顺序排列。根据《中华人民共和国公司法》等相关法律规定,负债必须清偿,属第一序位,在企业清算之前不需要偿还的所有者权益属第二序位。

二、资产负债表的编制方法

(一)资产负债表项目的填列方法

资产负债表各项目均须填列"期末余额"和"年初余额"两栏。资产负债表"年初余额"栏内各项数字,应根据上年年末资产负债表"期末余额"栏内所列数字填列。如果上年度资产负债表规定的各个项目名称和内容与本年度不一致,应按照本年度规定对上年年末资产负债表各项目名称和数字进行调整,填入本表"年初余额"栏内。

(二)资产负债表主要项目的填列说明

1. 资产项目的填列说明

(1)"货币资金"项目,反映企业库存现金、银行结算户存款、外埠存款、银行汇票存款、银行本票存款、信用卡存款、信用证保证金存款等的合计数。本项目应根据"库存现金""银行存款""其他货币资金"账户期末余额的合计数填列。

(2)"交易性金融资产"项目,反映资产负债表日企业分类为以公允价值计量且其变动计入当期损益的金融资产,以及企业持有的指定为以公允价值计量且其变动计入当期损益的金融资产的期末账面价值。本项目应根据"交易性金融资产"相关明细账户期末余额分析填列。自资产负债表日起超过1年到期且预期持有超过1年的以公允价值计量且其变动计入当期损益的非流动金融资产的期末账面价值,在"其他非流动金融资产"项目反映。

(3)"应收票据"项目,反映资产负债表日以摊余成本计量的、企业因销售商品、提供服务等收到的商业汇票,包括银行承兑汇票和商业承兑汇票。本项目应根据"应收票据"账户期末余额,减去"坏账准备"账户相关坏账准备期末余额后的金额分析填列。

(4)"应收账款"项目,反映资产负债表日以摊余成本计量的、企业因销售商品、提供服务等经营活动应收取的款项。本项目应根据"应收账款"账户和"预收账款"账户所属各明细账户期末借方余额合计数,减去"坏账准备"账户相关应收账款计提的坏账准备期末余额后的金额分析填列。

(5)"预付款项"项目,反映企业按照购货合同规定预付给供应单位的款项等。

本项目应根据"预付账款"和"应付账款"账户所属各明细账户期末借方余额合计数,减去"坏账准备"账户有关预付账款计提的坏账准备期末余额后的净额填列。例如,"预付账款"账户所属各明细账户期末为贷方余额的,应在资产负债表"应付账款"项目内填列。

(6)"其他应收款"项目,反映企业除应收票据、应收账款、预付账款等经营活动以外的其他各种应收、暂付的款项。本项目应根据"应收利息""应收股利"和"其他应收款"账户期末余额合计数,减去"坏账准备"账户相关坏账准备期末余额后的金额填列。其中的"应收利息"仅反映相关金融工具已到期可收取但资产负债表日尚未收到的利息;基于实际利率法计提的金融工具的利息应包含在相应金融工具的账面余额中。

(7)"存货"项目,反映企业期末在库、在途和在加工中的各种存货的可变现净值或成本(成本与可变现净值孰低)。存货包括各种材料、商品、在产品、半成品、包装物、低值易耗品、发出商品等。本项目应根据"材料采购""原材料""库存商品""周转材料""委托加工物资""发出商品""生产成本""受托代销商品"等账户期末余额合计数,减去"受托代销商品款""存货跌价准备"账户期末余额后的净额填列。材料采用计划成本核算,以及库存商品采用计划成本核算或售价核算的企业,还应按加或减材料成本差异、商品进销差价后的金额填列。

(8)"合同资产"项目,反映企业按照《企业会计准则第 14 号——收入》的相关规定,根据本企业履行履约义务与客户付款之间的关系在资产负债表中列示合同资产。"合同资产"项目应根据"合同资产"账户相关明细账户期末余额分析填列,同一合同下的合同资产和合同负债应当以净额列示,其中净额为借方余额的,应根据其流动性在"合同资产"或"其他非流动资产"项目中填列,已计提减值准备的,还应以减去"合同资产减值准备"账户中相关期末余额后的金额填列;其中净额为贷方余额的,应根据其流动性在"合同负债"或"其他非流动负债"项目中填列。

(9)"持有待售资产"项目,反映资产负债表日划分为持有待售类别的非流动资产及划分为持有待售类别的处置组中的流动资产和非流动资产的期末账面价值。本项目应根据"持有待售资产"账户期末余额,减去"持有待售资产减值准备"账户末余额后的金额填列。

(10)"一年内到期的非流动资产"项目,反映企业 1 年内变现的非流动资产。本项目应根据有关账户的期末余额分析填列。

(11)"其他流动资产"项目,反映企业除以上流动项目外的其他流动资产,本项目应根据有关账户期末余额填列。如其他流动资产价值较大,应在会计报表附注中披露其内容和金额。

(12)"债权投资"项目,反映资产负债表日企业以摊余成本计量的长期债权投资的期末账面价值。本项目应根据"债权投资"账户的相关明细账户期末余额,减去"债权投资减值准备"账户中相关减值准备的期末余额后的金额分析填列。

(13)"其他债券投资"项目,反映资产负债表日企业分类为以公允价值计量且其变动计入其他综合收益的长期债权投资的期末账面价值。本项目应根据"其他债权投资"账户的相关明细账户期末余额分析填列。

(14)"长期应收款"项目,反映企业租赁产生的应收款项和采用递延方式分期收款、实质上具有融资性质的销售商品和提供劳务等经营活动产生的应收款项。本项目应根据"长期应收款"账户的期末余额,减去相应的"未实现融资收益"账户和"坏账准备"账户所属相关明细账户期末余额后的金额填列。

(15) "长期股权投资"项目,反映投资方对被投资单位实施控制、重大影响的权益性投资,以及对其合营企业的权益性投资。本项目应根据"长期股权投资"账户的期末余额,减去"长期股权投资减值准备"账户的期末余额后的净额填列。

(16) "其他权益工具投资"项目,反映资产负债表日企业指定为以公允价值计量且其变动计入其他综合收益的非交易性权益工具投资的期末账面价值。本项目应根据"其他权益工具投资"账户的期末余额填列。

(17) "投资性房地产"项目,反映企业为赚取租金或资本增值,或两者兼有而持有的房地产的成本或公允价值,包括已出租的土地使用权、持有并准备增值后转让的土地使用权及已出租的建筑物等。本项目应根据"投资性房地产"账户的期末余额,减去"投资性房地产累计折旧(摊销)"和"投资性房地产减值准备"账户期末余额后的金额填列。

(18) "固定资产"项目,反映资产负债表日企业固定资产的期末账面价值和企业尚未清理完毕的固定资产清理净损益。本项目应根据"固定资产"账户的期末余额,减去"累计折旧"和"固定资产减值准备"账户的期末余额后的金额,以及"固定资产清理"账户的期末余额填列。

(19) "在建工程"项目,反映资产负债表日企业尚未达到预定可使用状态的在建工程的期末账面价值和企业为在建工程准备的各种物资的期末账面价值。本项目应根据"在建工程"账户的期末余额,减去"在建工程减值准备"账户的期末余额后的金额,以及"工程物资"账户的期末余额,减去"工程物资减值准备"账户的期末余额后的金额填列。

(20) "使用权资产"项目,反映资产负债表日承租人企业持有的使用权资产的期末账面价值。本项目应根据"使用权资产"账户的期末余额,减去"使用权资产累计折旧"和"使用权资产减值准备"账户的期末余额后的金额填列。

(21) "无形资产"项目,反映企业持有的专利权、非专利技术、商标权、著作权、土地使用权等无形资产的成本减去累计摊销和减值准备后的净值。本项目应根据"无形资产"账户的期末余额,减去"累计摊销"和"无形资产减值准备"账户期末余额后的净额填列。

(22) "开发支出"项目,反映企业开发无形资产过程中能够资本化形成无形资产成本的支出部分。本项目应根据"研发支出"账户所属的"资本化支出"明细账户期末余额填列。

(23) "长期待摊费用"项目,反映企业已经发生但应由本期和以后各期负担的分摊期限在1年以上的各项费用。本项目应根据"长期待摊费用"账户的期末余额,减去将于1年内(含1年)摊销的数额后的金额分析填列。但长期待摊费用的摊销年限只剩1年或不足1年的,或预计在1年内(含1年)进行摊销的部分,不得归类为流动资产,仍在各该非流动资产项目中填列,不转入"1年内到期的非流动资产"项目。

(24) "递延所得税资产"项目,反映企业根据《企业会计准则第18号——所得税》确认的可抵扣暂时性差异产生的所得税资产。本项目应根据"递延所得税资产"账户的期末余额填列。

(25) "其他非流动资产"项目,反映企业除上述非流动资产以外的其他非流动资产。本项目应根据有关账户的期末余额填列。

2. 负债项目的填列说明

(1)"短期借款"项目,反映企业向银行或其他金融机构等借入的期限在1年以下(含1年)的各种借款。本项目应根据"短期借款"账户的期末余额填列。

(2)"交易性金融负债"项目,反映企业资产负债表日承担的交易性金融负债,以及企业持有的直接指定为以公允价值计量且其变动计入当期损益的金融负债的期末账面价值。本项目应根据"交易性金融负债"账户的相关明细账户期末余额填列。

(3)"应付票据"项目,反映资产负债表日以摊余成本计量的、企业因购买材料、商品和接受服务等开出、承兑的商业汇票,包括银行承兑汇票和商业承兑汇票。该项目应根据"应付票据"账户的期末余额填列。

(4)"应付账款"项目,反映资产负债表日以摊余成本计量的、企业因购买材料、商品和接受服务等经营活动应支付的款项。本项目应根据"应付账款"和"预付账款"账户所属各相关明细账户的期末贷方余额合计数填列。

(5)"预收款项"项目,反映企业按照合同规定预收的款项。本项目应根据"预收账款"和"应收账款"账户所属各明细账户的期末贷方余额合计数填列。如"预收账款"账户所属明细账户期末为借方余额的,应在资产负债表"应收账款"项目内填列。

(6)"合同负债"项目,反映企业按照《企业会计准则第14号——收入》的相关规定,根据本企业履行履约义务与客户付款之间的关系在资产负债表中列示的合同负债。"合同负债"项目应根据"合同负债"账户所属各相关明细账户期末余额分析填列。

(7)"应付职工薪酬"项目,反映企业为获得职工提供的服务或解除劳动关系而给予的各种形式的报酬或补偿。本项目应根据"应付职工薪酬"账户所属各明细账户的期末贷方余额分析填列。外商投资企业按规定从净利润中提取的职工奖励及福利基金,也在本项目列示。

(8)"应交税费"项目,反映企业按照税法规定计算应缴纳的各种税费,包括增值税、消费税、城市维护建设税、教育费附加、企业所得税、资源税、土地增值税、房产税、城镇土地使用税、车船税等。企业代扣代缴的个人所得税,也通过本项目列示。企业所缴纳的税金不需要预计应交数的,如印花税、耕地占用税等,不在本项目列示。本项目应根据"应交税费"账户的期末贷方余额填列。

(9)"其他应付款"项目,反映企业除应付票据、应付账款、预收账款、应付职工薪酬、应交税费等经营活动以外的其他各项应付、暂收的款项。本项目应根据"应付利息""应付股利""其他应付款"账户的期末余额合计数填列。其中,"应付利息"账户仅反映相关金融工具已到期应支付但于资产负债表日尚未支付的利息;基于实际利率法计提的金融工具的利息应包含在相应金融工具的账面余额中。

(10)"持有待售负债"项目,反映资产负债表日处置组中与划分为持有待售类别的资产直接相关的负债的期末账面价值。本项目应根据"持有待售负债"账户的期末余额填列。

(11)"一年内到期的非流动负债"项目,反映企业非流动负债中将于资产负债表日后1年内到期部分的金额,如将于1年内偿还的长期借款。本项目应根据有关账户的期末余额分析填列。

(12)"长期借款"项目,反映企业向银行或其他金融机构借入的期限在1年以上(不含1年)的各项借款。本项目应根据"长期借款"账户的期末余额,扣除"长期借款"账户所属的各明细账户中将在资产负债表日起1年内到期且企业不能自主地将清偿义务展期的长期借款后的金额计算填列。

(13)"应付债券"项目,反映企业为筹集长期资金而发行的债券本金及应付的利息。本项目应根据"应付债券"账户的期末余额分析填列。对于资产负债表日企业发行的金融工具,分类为金融负债的,应在本项目填列,对于优先股和永续债还应在本项目下的"优先股"项目和"永续债"项目分别填列。

(14)"租赁负债"项目,反映资产负债表日承租人企业尚未支付的租赁付款额的期末账面价值。该项目应根据"租赁负债"账户的期末余额填列。自资产负债表日起1年内到期应予以清偿的租赁负债的期末账面价值,在"一年内到期的非流动负债"项目反映。

(15)"长期应付款"项目,应根据"长期应付款"账户的期末余额,减去相关的"未确认融资费用"账户的期末余额后的金额,以及"专项应付款"账户的期末余额填列。

(16)"预计负债"项目,反映企业根据或有事项等相关准则确认的各项预计负债,包括对外提供担保、未决诉讼、产品质量保证、重组义务以及固定资产和矿区权益弃置义务等产生的预计负债。本项目应根据"预计负债"账户的期末余额填列。企业按照《企业会计准则第22号——金融工具确认和计量》的相关规定,对贷款承诺等项目计提的损失准备,应当在本项目中填列。

(17)"递延收益"项目,反映尚待确认的收入或收益。本项目核算包括企业根据政府补助准则确认的应在以后期间计入当期损益的政府补助金额、售后租回形成融资租赁的售价与资产账面价值差额等其他递延性收入。

(18)"递延所得税负债"项目,反映企业根据所得税准则确认的应纳税暂时性差异产生的所得税负债。本项目应根据"递延所得税负债"账户的期末余额填列。

(19)"其他非流动负债"项目,反映企业除以上非流动负债以外的其他非流动负债。本项目应根据有关账户期末余额,减去将于1年内(含1年)到期偿还数后的余额分析填列。

3. 所有者权益项目的填列说明

(1)"实收资本(或股本)"项目,反映企业各投资者实际投入的资本(或股本)总额。本项目应根据"实收资本(或股本)"账户的期末余额填列。

(2)"其他权益工具"项目,反映资产负债表日企业发行在外的除普通股以外分类为权益工具的金融工具的期末账面价值,并下设"优先股"和"永续债"两个项目,分别反映企业发行的分类为权益工具的优先股和永续债的账面价值。

(3)"资本公积"项目,反映企业收到投资者出资超出其在注册资本或股本中所占的份额以及直接计入所有者权益的利得和损失等。本项目应根据"资本公积"账户的期末余额填列。

(4)"其他综合收益"项目,反映企业其他综合收益的期末余额。本项目应根据"其他综合收益"账户的期末余额填列。

(5)"专项储备"项目,反映高危行业企业按国家规定提取的安全生产费的期末账面价值。本项目应根据"专项储备"账户的期末余额填列。

(6)"盈余公积"项目,反映企业盈余公积的期末余额。本项目应根据"盈余公积"账户的期末余额填列。

(7)"未分配利润"项目,反映企业尚未分配的利润。本项目应根据"本年利润"账户和"利润分配"账户的余额计算填列。未弥补的亏损在本项目内以"一"号填列。

【任务实施12-1】

新科门业相关业务的会计分录为:

(1) 借:应付票据　　　　　　　　　　　　　　　　　　1 000 000
　　　贷:银行存款　　　　　　　　　　　　　　　　　　　1 000 000

(2) 借:材料采购　　　　　　　　　　　　　　　　　　1 500 000
　　　　应交税费——应交增值税(进项税额)　　　　　　195 000
　　　贷:银行存款　　　　　　　　　　　　　　　　　　　1 695 000

　　 借:原材料　　　　　　　　　　　　　　　　　　　　950 000
　　　　材料成本差异　　　　　　　　　　　　　　　　　50 000
　　　贷:材料采购　　　　　　　　　　　　　　　　　　　1 000 000

(3) 借:材料采购　　　　　　　　　　　　　　　　　　998 000
　　　　银行存款　　　　　　　　　　　　　　　　　　　2 500
　　　　应交税费——应交增值税(进项税额)　　　　　　129 500
　　　贷:其他货币资金　　　　　　　　　　　　　　　　1 130 000

(4) 借:原材料　　　　　　　　　　　　　　　　　　　1 000 000
　　　贷:材料采购　　　　　　　　　　　　　　　　　　　998 000
　　　　　材料成本差异　　　　　　　　　　　　　　　　2 000

(5) 借:应收账款　　　　　　　　　　　　　　　　　　3 390 000
　　　贷:主营业务收入　　　　　　　　　　　　　　　　3 000 000
　　　　　应交税费——应交增值税(销项税额)　　　　　390 000

(6) 借:银行存款　　　　　　　　　　　　　　　　　　165 000
　　　贷:交易性金融资产——成本　　　　　　　　　　　130 000
　　　　　　　　　　　　——公允价值变动　　　　　　　20 000
　　　　　投资收益　　　　　　　　　　　　　　　　　　15 000

(7) 借:固定资产　　　　　　　　　　　　　　　　　　864 700
　　　　应交税费——应交增值税(进项税额)　　　　　　112 011
　　　贷:银行存款　　　　　　　　　　　　　　　　　　　976 711

(8) 借:工程物资　　　　　　　　　　　　　　　　　　1 500 000
　　　　应交税费——应交增值税(进项税额)　　　　　　195 000
　　　贷:银行存款　　　　　　　　　　　　　　　　　　　1 695 000

(9) 借:在建工程　　　　　　　　　　　　　　　　　　2 280 000
　　　贷:应付职工薪酬——工资　　　　　　　　　　　　2 000 000
　　　　　　　　　　　——职工福利费　　　　　　　　　280 000

(10) 借：固定资产 14 000 000
　　　贷：在建工程 14 000 000

(11) 借：固定资产清理 200 000
　　　累计折旧 1 800 000
　　　贷：固定资产 2 000 000
　　借：固定资产清理 5 000
　　　贷：银行存款 5 000
　　借：银行存款 8 000
　　　贷：固定资产清理 8 000
　　借：营业外支出——处置固定资产净损失 197 000
　　　贷：固定资产清理 197 000

(12) 借：银行存款 10 000 000
　　　贷：长期借款 10 000 000

(13) 借：银行存款 7 910 000
　　　贷：主营业务收入 7 000 000
　　　　应交税费——应交增值税(销项税额) 910 000

(14) 借：银行存款 2 000 000
　　　贷：应收票据 2 000 000

(15) 借：固定资产清理 2 500 000
　　　累计折旧 1 500 000
　　　贷：固定资产 4 000 000
　　借：银行存款 3 000 000
　　　贷：固定资产清理 3 000 000
　　借：固定资产清理 500 000
　　　贷：资产处置损益 500 000

(16) 借：交易性金融资产 1 030 000
　　　投资收益 20 000
　　　贷：银行存款 1 050 000

(17) 借：应付职工薪酬——工资 5 000 000
　　　贷：银行存款 5 000 000

(18) 借：生产成本 2 750 000
　　　制造费用 100 000
　　　管理费用 150 000
　　　贷：应付职工薪酬——工资 3 000 000

(19) 借：生产成本 385 000
　　　制造费用 14 000
　　　管理费用 21 000
　　　贷：应付职工薪酬——职工福利费 420 000

(20) 借：生产成本 7 000 000
　　　贷：原材料 7 000 000

　　借：制造费用 500 000
　　　贷：周转材料 500 000

(21) 借：生产成本 350 000
　　　　制造费用 25 000
　　　贷：材料成本差异 375 000

(22) 借：管理费用——无形资产摊销 600 000
　　　贷：累计摊销 600 000

　　借：制造费用 900 000
　　　贷：银行存款 900 000

(23) 借：制造费用——折旧费 800 000
　　　　管理费用——折旧费 200 000
　　　贷：累计折旧 1 000 000

　　借：资产减值损失——固定资产减值 300 000
　　　贷：固定资产减值准备 300 000

(24) 借：银行存款 510 000
　　　贷：应收账款 510 000

　　借：信用减值损失——计提的坏账准备 9 000
　　　贷：坏账准备 9 000

(25) 借：销售费用——展览费 100 000
　　　　应交税费——应交增值税(进项税额) 6 000
　　　贷：银行存款 106 000

(26) 借：生产成本 2 339 000
　　　贷：制造费用 2 339 000

　　借：库存商品 12 824 000
　　　贷：生产成本 12 824 000

(27) 借：销售费用——广告费 100 000
　　　　应交税费——应交增值税(进项税额) 6 000
　　　贷：银行存款 106 000

(28) 借：应收票据 2 825 000
　　　贷：主营业务收入 2 500 000
　　　　　应交税费——应交增值税(销项税额) 325 000

(29) 借：财务费用 200 000
　　　　银行存款 2 625 000
　　　贷：应收票据 2 825 000

(30) 借：税金及附加 20 000
　　　贷：应交税费——应交教育费附加 20 000

(31) 借：应交税费——应交增值税(已交税金) 1 000 000
　　　　　　　——应交教育费附加 20 000
　　　贷：银行存款 1 020 000

(32) 借：在建工程 2 000 000
　　　贷：应付利息 2 000 000

(33) 借：财务费用 1 000 000
　　　贷：应付利息 1 000 000

(34) 借：短期借款 2 500 000
　　　贷：银行存款 2 500 000

(35) 借：应付利息 2 100 000
　　　贷：银行存款 2 100 000

(36) 借：长期借款 10 000 000
　　　贷：银行存款 10 000 000

(37) 借：库存商品 80 000
　　　应交税费——应交增值税(进项税额) 10 400
　　　投资收益 22 600
　　　贷：应收票据 113 000

(38) 借：交易性金融资产——公允价值变动 20 000
　　　贷：公允价值变动损益 20 000

(39) 借：主营业务成本 7 500 000
　　　贷：库存商品 7 500 000

(40) 借：主营业务收入 12 500 000
　　　资产处置损益 500 000
　　　公允价值变动损益 20 000
　　　贷：本年利润 13 020 000

　　借：本年利润 9 524 600
　　　贷：主营业务成本 7 500 000
　　　　　税金及附加 20 000
　　　　　销售费用 200 000
　　　　　管理费用 971 000
　　　　　财务费用 300 000
　　　　　资产减值损失 300 000
　　　　　信用减值损失 9 000
　　　　　投资收益 27 600
　　　　　营业外支出 197 000

(41) 借：所得税费用　　　　　　　　　　　　　　　　　　　　　943 850
　　　　贷：应交税费——应交所得税　　　　　　　　　　　　　　　　　　943 850

　　　借：递延所得税资产　　　　　　　　　　　　　　　　　　　　75 000
　　　　贷：所得税费用　　　　　　　　　　　　　　　　　　　　　　　　75 000

　　　借：所得税费用　　　　　　　　　　　　　　　　　　　　　　5 000
　　　　贷：递延所得税负债　　　　　　　　　　　　　　　　　　　　　　5 000

　　　借：本年利润　　　　　　　　　　　　　　　　　　　　　　873 850
　　　　贷：所得税费用　　　　　　　　　　　　　　　　　　　　　　　873 850

利润总额＝13 020 000－9 524 600＝3 495 400(元)
净利润＝3 495 400－873 850＝2 621 550(元)

(42) 借：利润分配——提取法定盈余公积　　　　　　　　　　　262 155
　　　　　　　　——应付现金股利　　　　　　　　　　　　　　500 000
　　　　贷：盈余公积——法定盈余公积　　　　　　　　　　　　　　　　262 155
　　　　　　应付股利　　　　　　　　　　　　　　　　　　　　　　500 000

法定盈余公积＝2 621 550×10%＝262 155(元)

(43) 借：利润分配——未分配利润　　　　　　　　　　　　　　762 155
　　　　贷：利润分配——提取法定盈余公积　　　　　　　　　　　　　262 155
　　　　　　　　　　——应付现金股利　　　　　　　　　　　　　　500 000

　　　借：本年利润　　　　　　　　　　　　　　　　　　　　　2 621 550
　　　　贷：利润分配——未分配利润　　　　　　　　　　　　　　　　2 621 550

(44) 借：应交税费——应交所得税　　　　　　　　　　　　　　943 850
　　　　贷：银行存款　　　　　　　　　　　　　　　　　　　　　　　943 850

新科门业根据年初资产负债表和上述账务处理资料编制的2024年12月31日的资产负债表如表12-2所示。

表12-2　　　　　　　　　　　　资产负债表
编制单位：新科门业　　　　　2024年12月31日　　　　　　　　　　单位：元

资产	期末余额	上年年末余额	负债和所有者权益	期末余额	上年年末余额
流动资产：			流动负债：		
货币资金	10 055 939	14 063 000	短期借款	500 000	3 000 000
交易性金融资产	1 050 000	150 000	交易性金融负债	0	0
衍生金融资产	0	0	衍生金融负债	0	0
应收票据	347 000	2 460 000	应付票据	1 000 000	2 000 000
应收账款	6 862 000	3 991 000	应付账款	9 548 000	9 548 000
预付账款	1 000 000	1 000 000	预收款项	0	0
应收款项融资	0	0	合同负债	0	0
其他应收款	3 055 000	3 055 000	应付职工薪酬	1 800 000	1 100 000
合同资产	0	0	应交税费	337 089	366 000

(续表)

资产	期末余额	上年年末余额	负债和所有者权益	期末余额	上年年末余额
存货	25 827 000	25 800 000	其他应付款	1 000 000	500 000
持有待售资产	0	0	持有待售负债	0	0
一年内到期的非流动资产	0	0	一年内到期的流动负债	10 000 000	10 000 000
其他流动资产	0	0	其他流动负债	0	0
流动资产合计	48 196 939	50 519 000	流动负债合计	24 185 089	26 514 000
非流动资产：			非流动负债：		
债权投资	0	0	长期借款	6 000 000	6 000 000
其他债权投资	0	0	应付债券	0	0
长期应收款	0	0	其中：优先股	0	0
长期股权投资	2 500 000	2 500 000	永续债	0	0
其他权益工具投资	0	0	租赁负债	0	0
其他非流动金融资产	0	0	长期应付款	0	0
投资性房地产	0	0	预计负债	0	0
固定资产	18 864 700	8 000 000	递延收益	0	0
在建工程	6 780 000	15 000 000	递延所得税负债	5 000	5 000
生产性生物资产	0	0	其他非流动负债	5 000	0
汽油资产	0	0	非流动负债合计	6 010 000	6 005 000
使用权资产	0	0	负债合计	30 195 089	32 519 000
无形资产	5 400 000	6 000 000	所有者权益：		
开发支出	0	0	实收资本（或股本）	50 000 000	50 000 000
商誉	0	0	其他权益工具	0	0
长期待摊费用	0	0	其中：优先股	0	0
递延所得税资产	75 000	0	永续债	0	0
其他非流动资产	2 000 000	2 000 000	资本公积	0	0
非流动资产合计	35 619 700	33 500 000	减：库存股	0	0
			其他综合收益	0	0
			专项储备	0	0
			盈余公积	1 262 155	1 000 000
			未分配利润	2 359 395	500 000
			所有者权益合计	53 621 550	51 500 000
资产总计	83 816 639	84 019 000	负债和所有者权益总计	83 816 639	84 019 000

任务二　利润表编制

【任务发布 12-2】

承[任务发布 12-1]，请根据新科门业经济业务编制 2024 年度利润表。

微课 12-3
利润表

知识准备

一、认识利润表

利润表又称损益表,是反映企业在一定会计期间经营成果的报表。

利润表可以反映企业在一定会计期间收入、费用、利润(或亏损)的金额和构成情况,为财务报表使用者全面了解企业的经营成果、分析企业的获利能力及盈利增长趋势、作出经济决策提供依据。

利润表的结构有单步式和多步式两种。单步式利润表是将当期所有的收入列在一起,所有的费用列在一起,然后将两者相减得出当期净损益。我国企业的利润表采用多步式格式,即通过对当期的收入、费用、支出项目按性质加以归类,按利润形成的主要环节列示一些中间性利润指标,分步计算当期净损益,以便财务报表使用者理解企业经营成果的不同来源。

利润表一般由表头、表体两部分组成。表头部分应列明报表名称、编制单位名称、编制日期、报表编号和计量单位。表体部分为利润表的主体,列示形成经营成果的各个项目和计算过程。

二、利润表的编制方法

利润表按"收入-费用=利润"的会计平衡公式及收入与费用的配比原则来编制。企业在生产经营中不断地取得各项收入,同时发生各种费用,收入减去费用剩余部分为企业的经营成果。将经营成果的核算过程和结果编成报表,即利润表。

(一)利润表项目的填列方法

第一步,以营业收入为基础,减去营业成本、税金及附加、销售费用、管理费用、研发费用、财务费用,加上其他收益、投资收益(或减去投资损失)、净敞口套期收益(或减去净敞口套期损失)、公允价值变动收益(或减去公允价值变动损失)、资产减值损失(损失以"-"号表示)、信用减值损失(损失以"-"号表示)、资产处置收益(或减去资产处置损失),计算出营业利润。

第二步,以营业利润为基础,加上营业外收入,减去营业外支出,计算出利润总额。

第三步,以利润总额为基础,减去所得税费用,计算出净利润(或净亏损)。

第四步,以净利润(或净亏损)为基础,计算出每股收益。

第五步,以净利润(或净亏损)和其他综合收益为基础,计算出综合收益总额。

利润表各项目均需填列"本期金额"和"上期金额"两栏。"上期金额"栏内各项数字,应根据上年该期利润表的"本期金额"栏内所列数字填列。"本期金额"栏内各项数字,除"基本每股收益"和"稀释每股收益"项目外,应当按照相关账户的发生额分析填列。

(二)利润表主要项目的填列说明

(1)"营业收入"项目,反映企业经营主要业务和其他业务所确认的收入总额。本项目应根据"主营业务收入"和"其他业务收入"账户的发生额分析填列。

(2)"营业成本"项目,反映企业经营主要业务和其他业务所发生的成本总额。本项目应根据"主营业务成本"和"其他业务成本"账户的发生额分析填列。

(3)"税金及附加"项目,反映企业经营业务应负担的消费税、城市维护建设税、教育费附加、资源税、土地增值税、房产税、车船税、城镇土地使用税、印花税等相关税费。本项目应根据"税金及附加"账户的发生额分析填列。

(4)"销售费用"项目,反映企业在销售商品过程中发生的包装费、广告费等费用和为销售本企业商品而专设的销售机构的职工薪酬、业务费等经营费用。本项目应根据"销售费用"账户的发生额分析填列。

(5)"管理费用"项目,反映企业为组织和管理生产经营发生的管理费用。本项目应根据"管理费用"账户的发生额分析填列。

(6)"研发费用"项目,反映企业进行研究与开发过程中发生的费用化支出以及计入管理费用的自行开发无形资产的摊销。本项目应根据"管理费用"账户下的"研发费用"明细账户的发生额以及"管理费用"账户下"无形资产摊销"明细账户的发生额分析填列。

(7)"财务费用"项目,反映企业为筹集生产经营所需资金等而发生的应予费用化的利息支出。本项目应根据"财务费用"账户的相关明细账户发生额分析填列。

(8)"其他收益"项目,反映计入其他收益的政府补助,以及其他与日常活动相关且计入其他收益的项目。本项目应根据"其他收益"账户的发生额分析填列。

(9)"投资收益"项目,反映企业以各种方式对外投资所取得的收益。本项目应根据"投资收益"账户的发生额分析填列,如投资损失,本项目以"一"号填列。

(10)"净敞口套期收益"项目,反映净敞口套期下被套期项目累计公允价值变动转入当期损益的金额或现金流量套期储备转入当期损益的金额。本项目应根据"净敞口套期损益"账户的发生额分析填列;如为套期损失,本项目以"一"号填列。

(11)"公允价值变动收益"项目,反映企业应当计入当期损益的资产或负债公允价值变动收益。本项目应根据"公允价值变动损益"账户的发生额分析填列,如为净损失,本项目以"一"号填列。

(12)"资产减值损失"项目,反映企业有关资产发生的减值损失。本项目应根据"资产减值损失"账户的发生额分析填列。

(13)"信用减值损失"项目,反映企业按照《企业会计准则第 22 号——金融工具确认和计量》(财会〔2017〕7 号)的要求计提的各项金融工具信用减值准备所确认的信用损失。本项目应根据"信用减值损失"账户的发生额分析填列。

(14)"资产处置收益"项目,反映企业出售划分为持有待售的非流动资产(金融工具、长期股权投资和投资性房地产除外)或处置组(子公司和业务除外)时确认的处置利得或损失,以及处置未划分为持有待售的固定资产、在建工程、生产性生物资产及无形资产而产生的处置利得或损失。本项目应根据"资产处置收益"账户的发生额分析填列;如为处置损失,本账户以"一"号填列。

(15)"营业利润"项目,反映企业实现的营业利润。如为亏损,本账户以"一"号填列。

(16)"营业外收入"项目,反映企业发生的除营业利润以外的收益,主要包括与企业日常活动无关的政府补助、盘盈利得、捐赠利得(企业接受股东或股东的子公司直接或间接的捐赠,经济实质属于股东对企业的资本性投入的除外)等。本项目应根据"营业外收入"账户的发生额分析填列。

(17)"营业外支出"项目,反映企业发生的除营业利润以外的支出,主要包括公益性捐赠支出、非常损失、盘亏损失、非流动资产毁损报废损失等。本项目应根据"营业外支出"账户的发生额分析填列。

（18）"利润总额"项目，反映企业实现的利润。如为亏损，本项目以"－"号填列。

（19）"所得税费用"项目，反映企业应从当期利润总额中扣除的所得税费用。本项目应根据"所得税费用"账户的发生额分析填列。

（20）"净利润"项目，反映企业实现的净利润。如为亏损，本项目以"－"号填列。

（21）"其他综合收益的税后净额"项目，反映企业根据企业会计准则规定未在损益中确认的各项利得和损失扣除所得税影响后的净额。

（22）"综合收益总额"项目，反映企业净利润与其他综合收益（税后净额）的合计金额。

（23）"每股收益"项目，包括基本每股收益和稀释每股收益两项指标，反映普通股或潜在普通股已公开交易的企业，以及正处在公开发行普通股或潜在普通股过程中企业的每股收益信息。

【任务实施12-2】

新科门业2024年度利润表如表12-3所示。

表 12-3　　　　　　　　　　利润表

编制单位：新科门业　　　　　2024年12月　　　　　　　　　　　　单位：元

项目	本期金额	上期金额
一、营业收入	12 500 000	（略）
减：营业成本	7 500 000	
税金及附加	20 000	
销售费用	200 000	
管理费用	971 000	
研发费用		
财务费用	300 000	
其中：利息费用	300 000	
利息收入		
加：其他收益		
投资收益（损失以"－"号填列）	－27 600	
其中：对联营企业和合营企业的投资收益		
以摊余成本计量的金融资产终止确认收益（损失以"－"号填列）		
净敞口套期收益（损失以"－"号填列）		
公允价值变动收益（损失以"－"号填列）	20 000	
资产减值损失（损失以"－"号填列）	300 000	
信用减值损失（损失以"－"号填列）	9 000	
资产处置收益（损失以"－"号填列）	500 000	
二、营业利润（亏损以"－"号填列）	3 715 000	
加：营业外收入		
减：营业外支出	197 000	

(续表)

项目	本期金额	上期金额
其中：非流动资产处置损失	（略）	
三、利润总额（亏损总额以"-"号填列）	3 495 400	
减：所得税费用	873 850	
四、净利润（净亏损以"-"号填列）	2 621 550	
（一）持续经营净利润（净亏损以"-"号填列）		
（二）终止经营净利润（净亏损以"-"号填列）		
五、其他综合收益的税后净额		
（一）不能重分类进损益的其他综合收益		
1. 重新计量设定受益计划变动额		
2. 权益法下不能转损益的其他综合收益		
3. 其他权益工具投资公允价值变动		
4. 企业自身信用风险公允价值变动		
……		
（二）将重分类进损益的其他综合收益		
1. 权益法下可转损益的其他综合收益		
2. 其他债权投资公允价值变动		
3. 金融资产重分类计入其他综合收益的金额		
4. 其他债权投资信用减值准备		
5. 现金流量套期储备		
6. 外币财务报表折算差额		
六、综合收益总额	2 621 550	
七、每股收益：	（略）	
（一）基本每股收益		
（二）稀释每股收益		

任务三　现金流量表编制

【任务发布12-3】

承[任务发布12-1]，请根据新科门业经济业务编制2024年度现金流量表。

知识准备

一、认识现金流量表

现金流量表是指反映企业一定会计期间现金和现金等价物流入和流出的报表。编制现金流量表的主要目的，是为财务报表使用者提供企业一定会计期间内现金和现金等价物流入和流出的信息，以便财务报表使用者了解和评价企业获取现金和现金等价物的

微课 12-4
现金流量表
认知

能力,并据以预测企业未来现金流量。现金流量表的作用主要体现在以下几个方面:一是有助于评价企业的支付能力、偿债能力和周转能力;二是有助于预测企业未来现金流量;三是有助于分析企业收益质量及影响现金净流量的因素,掌握企业经营活动、投资活动和筹资活动的现金流量,可以从现金流量的角度了解净利润的质量,为分析和判断企业的财务前景提供信息。

二、现金流量表的编制

微课12-5
现金流量表
的编制方法

现金流量表以现金及现金等价物为基础编制,划分为经营活动、投资活动和筹资活动,按照收付实现制原则编制,将权责发生制下的盈利信息调整为收付实现制下的现金流量信息。

(一)现金

现金是指企业库存现金以及可以随时用于支付的存款。不能随时用于支付的存款不属于现金。现金主要包括以下三种。

1. 库存现金

库存现金是指企业持有可随时用于支付的现金,与"库存现金"账户的核算内容一致。

2. 银行存款

银行存款是指企业存入金融机构、可以随时用于支取的存款,与"银行存款"账户核算内容基本一致,但不包括不能随时用于支付的存款。例如,不能随时支取的定期存款等不应作为现金,提前通知金融机构便可支取的定期存款则应包括在现金范围内。

3. 其他货币资金

其他货币资金是指存放在金融机构的外埠存款、银行汇票存款、银行本票存款、信用卡存款、信用证保证金存款和存出投资款等,与"其他货币资金"账户核算内容一致。

(二)现金等价物

现金等价物是指企业持有的期限短、流动性强、易于转换已知金额现金、价值变动风险很小的投资。其中,期限短一般是指从购买日起3个月内到期,如可在证券市场上流通的3个月内到期的短期债券等。权益性投资变现的金额通常不确定,因而不属于现金等价物。

现金等价物虽然不是现金,但其支付能力与现金的差别不大,可视为现金。例如,企业为保证支付能力,手持必要的现金,为了不使现金闲置,可以购买短期债券,在需要现金时,随时可以变现。

企业应当根据具体情况,确定现金等价物的范围,一经确定不得随意变更。接下来表述现金时,除非同时提及现金等价物,均包括现金和现金等价物。

三、现金流量表项目的填列

一般企业应按照《企业会计准则第31号——现金流量表》应用指南列示的现金流量表格式编制现金流量表。现金流量表的项目主要有:经营活动产生的现金流量、投资活动产生的现金流量、筹资活动产生的现金流量、汇率变动对现金及现金等价物的影响、现金及现金等价物净增加额、期末现金及现金等价物余额等项目。

在我国,企业现金流量应当采用直接法填列。现金流量一般应按现金流入和流出总额列报,但下列各项可以按照净额列报。

(1) 代客户收取或支付的现金。

(2) 周转快、金额大、期限短项目的现金流入和现金流出。

(3) 金融企业的有关项目,包括短期贷款发放与收回的贷款本金、活期存款的吸收与支付、同业存款和存放同业款项的存取、向其他金融企业拆借的资金,以及证券的买入与卖出等。

(4) 自然灾害损失、保险索赔等特殊项目,应当根据其性质,分别归并到经营活动、投资活动和筹资活动现金流量类别中单独列报。

(5) 外币现金流量以及境外子公司的现金流量,应当采用现金流量发生日的即期汇率或按照系统合理的方法确定的、与现金流量发生日即期汇率近似的汇率折算。汇率变动对现金的影响额应当作为调整项目,在现金流量表中单独列报"汇率变动对现金及现金等价物的影响"。

(一) 经营活动产生的现金流量有关项目的填列说明

1. 销售商品、提供劳务收到的现金

本项目反映企业销售商品、提供劳务实际收到的现金,包括销售收入和应向购买者收取的增值税销项税额,具体包括:本期销售商品、提供劳务收到的现金,前期销售商品、提供劳务本期收到的现金,以及本期预收的款项,减去本期销售本期退回的商品和前期销售本期退回的商品支付的现金。企业销售材料和代购代销业务收到的现金,也在本项目反映。本项目可以根据"库存现金""银行存款""应收票据""应收账款""预收账款""主营业务收入""其他业务收入"账户的记录分析填列。

2. 收到的税费返还

本项目反映企业收到返还的每种税费,如收到的增值税、所得税、消费税、关税和教育费附加返还款等。本项目可以根据"库存现金""银行存款""税金及附加""营业外收入"等账户的记录分析填列。

3. 收到的其他与经营活动有关的现金

本项目反映企业除上述各项目外,收到的其他与经营活动有关的现金,如罚款收入、经营租赁固定资产收到的现金、流动资产损失中由个人赔偿的现金收入、除税费返还外的其他政府补助收入等。其他与经营活动有关的现金,如果价值较大,则应单列项目反映。本项目可以根据"库存现金""银行存款""管理费用""销售费用"等账户的记录分析填列。

4. 购买商品、接受劳务支付的现金

本项目反映企业购买材料、商品、接受劳务实际支付的现金,包括支付的货款以及与货款一并支付的增值税进项税额,具体包括:本期购买商品、接受劳务支付的现金,以及本期支付前期购买商品、接受劳务的未付款项和本期预付款项,减去本期发生的购货退回收到的现金。

为购置存货而发生的借款利息资本化部分,应在"分配股利、利润或偿付利息支付的现金"项目中反映。本项目可以根据"库存现金""银行存款""应付票据""应付账款""预付账款""主营业务成本""其他业务支出"以及存货类等账户的记录分析填列。

5. 支付给职工以及为职工支付的现金

本项目反映企业实际支付给职工的现金以及为职工支付的现金，包括企业为获得职工提供的服务，本期实际给予各种形式的报酬以及其他相关支出，如支付给职工的工资、奖金、各种津贴和补贴等，以及为职工支付的其他费用，不包括支付给在建工程人员的工资。支付的在建工程人员的工资，在"购建固定资产、无形资产和其他长期资产所支付的现金"项目中反映。

企业为职工支付的医疗、养老、失业、工伤、生育等社会保险基金、补充养老保险、住房公积金，企业为职工缴纳的商业保险金，因解除与职工劳动关系给予的补偿，现金结算的股份支付，以及企业支付给职工或为职工支付的其他福利费用等，应根据职工的工作性质和服务对象，分别在"购建固定资产、无形资产和其他长期资产所支付的现金"和"支付给职工以及为职工支付的现金"项目中反映。本项目可以根据"库存现金""银行存款""应付职工薪酬"等账户的记录分析填列。

6. 支付的各项税费

本项目反映企业按规定支付的各项税费，包括本期发生并支付的税费，以及本期支付以前各期发生的税费和预交的税金，如支付的教育费附加、印花税、房产税、土地增值税、车船使用税、增值税、所得税等。本项目不包括本期退回的增值税、所得税。本期退回的增值税、所得税等，在"收到的税费返还"项目中反映。本项目可以根据"应交税费""库存现金""银行存款"等账户分析填列。

7. 支付的其他与经营活动有关的现金

本项目反映企业除上述各项目外支付的其他与经营活动有关的现金，如罚款支出、支付的差旅费、业务招待费、保险费、短期和低价值租赁支付的现金等。其他与经营活动有关的现金，如果金额较大，应单列项目反映。本项目可以根据有关账户的记录分析填列。

(二) 投资活动产生的现金流量有关项目的填列说明

1. 收回投资收到的现金

本项目反映企业出售、转让或到期收回除现金等价物以外的交易性金融资产、债权投资、其他债权投资、其他权益工具投资、长期股权投资、投资性房地产而收到的现金。本项目不包括债权性投资收回的利息、收回的非现金资产，以及处置子公司及其他营业单位收到的现金净额。债权性投资收回的本金，在本项目反映，债权性投资收回的利息，不在本项目中反映，而在"取得投资收益所收到的现金"项目中反映。处置子公司及其他营业单位收到的现金净额单设项目反映。本项目可以根据"交易性金融资产""债权投资""其他债权投资""其他权益工具投资""长期股权投资""投资性房地产""库存现金""银行存款"等账户的记录分析填列。

2. 取得投资收益收到的现金

本项目反映企业因股权性投资而分得的现金股利，从子公司、联营企业或合营企业分回利润而收到的现金，因债权性投资而取得的现金利息收入。股票股利不在本项目中反映；包括在现金等价物范围内的债券性投资，其利息收入在本项目中反映。本项目可以根据"应收股利""应收利息""投资收益""库存现金""银行存款"等账户的记录分析填列。

3. 处置固定资产、无形资产和其他长期资产收回的现金净额

本项目反映企业出售固定资产、无形资产和其他长期资产所取得的现金,减去为处置这些资产而支付的有关费用后的净额。处置固定资产、无形资产和其他长期资产所收到的现金,与处置活动支付的现金,两者在时间上比较接近,以净额更能准确反映处置活动对现金流量的影响。自然灾害等造成的固定资产等长期资产报废、毁损而收到的保险赔偿收入在本项目中反映。如果处置固定资产、无形资产和其他长期资产所收回的现金净额为负数,则应作为投资活动产生的现金流量,在"支付的其他与投资活动有关的现金"项目中反映。本项目可以根据"固定资产清理""资产处置损益""库存现金""银行存款"等账户的记录分析填列。

4. 处置子公司及其他营业单位收到的现金净额

本项目反映企业处置子公司及其他营业单位所取得的现金减去子公司或其他营业单位持有的现金和现金等价物以及相关处置费用后的净额。本项目可以根据有关账户的记录分析填列。

5. 收到的其他与投资活动有关的现金

本项目反映企业除上述各项目外,收到的其他与投资活动有关的现金。其他与投资活动有关的现金,如果价值较大的,应单列项目反映。本项目可以根据有关账户的记录分析填列。

6. 购建固定资产、无形资产和其他长期资产支付的现金

本项目反映企业本期购买、建造固定资产、取得无形资产和其他长期资产实际支付的现金,用现金支付的应由在建工程和无形资产负担的职工薪酬(不包括为购建固定资产而发生的借款利息资本化部分),以及融资租入固定资产支付的租赁费。企业支付的借款利息和融资租入固定资产支付的租赁费,在筹资活动产生的现金流量中反映。本项目可以根据"固定资产""在建工程""工程物资""无形资产""库存现金""银行存款"等账户的记录分析填列。

7. 投资支付的现金

本项目反映企业进行权益性投资、债权性投资和购买投资性房地产所支付的现金,包括企业取得的除现金等价物以外的交易性金融资产、债权投资、其他债权投资、其他权益工具投资、长期股权投资、投资性房地产而支付的现金,以及支付的佣金、手续费等交易费用,但取得子公司及其他营业单位支付的现金净额除外。企业购买债券的价款中含有债券利息的,以及溢价或折价购入的,均按实际支付的金额反映。

企业购买股票和债券时,实际支付的价款中包含的已宣告但尚未领取的现金股利或已到付息期但尚未领取的债券利息,应在"支付的其他与投资活动有关的现金"项目中反映;收回购买股票和债券时支付的已宣告但尚未领取的现金股利或已到付息期但尚未领取的债券利息,应在"收到的其他与投资活动有关的现金"项目中反映。

本项目可以根据"交易性金融资产""债权投资""其他债权投资""其他权益工具投资""投资性房地产""长期股权投资""库存现金""银行存款"等账户的记录分析填列。

8. 取得子公司及其他营业单位支付的现金净额

本项目反映企业购买子公司及其他营业单位购买出价中以现金支付的部分,减去子公司及其他营业单位持有的现金和现金等价物后的净额。本项目可以根据"长期股权投

资""库存现金""银行存款"等账户的记录分析填列。

9. 支付的其他与投资活动有关的现金

本项目反映企业除上述各项以外所支付的其他与投资活动有关的现金流出,如企业购买股票时实际支付的价款中包含的已宣告而尚未领取的现金股利,购买债券时支付的价款中包含的已到期尚未领取的债券利息等。若某项其他与投资活动有关的现金流出金额较大,则应单列项目反映。本项目可以根据"应收股利""应收利息""银行存款""库存现金"等账户的记录分析填列。

(三) 筹资活动产生的现金流量有关项目的填列说明

1. 吸收投资收到的现金

本项目反映企业以发行股票等方式筹集资金实际收到的款项净额(发行收入减去支付的佣金等发行费用后的净额)。以发行股票方式筹集资金而由企业直接支付的审计、咨询等费用,不在本项目中反映,而在"支付的其他与筹资活动有关的现金"项目中反映;由金融企业直接支付的手续费、宣传费、咨询费、印刷费等费用,从发行股票取得的现金收入中扣除,以净额列示。本项目可以根据"实收资本(或股本)""资本公积""库存现金""银行存款"等账户的记录分析填列。

2. 借款收到的现金

本项目反映企业发行债券、举借各种短期、长期借款实际收到的现金。以发行债券等方式筹集资金而由企业直接支付的审计、咨询等费用,不在本项目中反映,而在"支付的其他与筹资活动有关的现金"项目中反映;发行债券由金融企业直接支付的手续费、宣传费、咨询费、印刷费等费用,从发行股票、债券取得的现金收入中扣除,以净额列示。本项目可以根据"短期借款""长期借款""应付债券""库存现金""银行存款"等账户的记录分析填列。

3. 收到的其他与筹资活动有关的现金

本项目反映企业除上述各项外,收到的其他与筹资活动有关的现金。其他与筹资活动有关的现金,如果价值较大,则应单列项目反映。本项目可根据有关账户的记录分析填列。

4. 偿还债务所支付的现金

本项目反映企业以现金偿还债务的本金,包括归还金融企业的借款本金、偿付企业到期的债券本金等。企业偿还的借款利息、债券利息,在"分配股利、利润或偿付利息所支付的现金"项目中反映,不在本项目中反映。本项目可以根据"短期借款""长期借款""交易性金融负债""应付债券""库存现金""银行存款"等账户的记录分析填列。

5. 分配股利、利润或偿付利息支付的现金

本项目反映企业实际支付的现金股利、支付给其他投资单位的利润或用现金支付的借款利息、债券利息。不同用途的借款利息的开支渠道不同,如在建工程、财务费用等,均在本项目中反映。本项目可以根据"应付股利""应付利息""利润分配""财务费用""在建工程""制造费用""研发支出""库存现金""银行存款"等账户的记录分析填列。

6. 支付的其他与筹资活动有关的现金

本项目反映企业除上述各项外,支付的其他与筹资活动有关的现金,如以发行股票、债券等方式筹集资金而由企业直接支付的审计、咨询等费用,以分期付款方式购建固

定资产以后各期支付的现金等。其他与筹资活动有关的现金,如果价值较大的,应单列项目反映。本项目可以根据"管理费用""长期应付款""银行存款""库存现金"等账户的记录分析填列。

(四)汇率变动对现金的影响

编制现金流量表时,应当将企业外币现金流量以及境外子公司的现金流量折算成记账本位币。汇率变动对现金的影响额应当作为调节项目,在现金流量表中单独列报。

汇率变动对现金的影响是指企业外币现金流量及境外子公司的现金流量折算成记账本位币时,所采用的是现金流量发生日的汇率或即期汇率近似的汇率,而现金流量表"现金及现金等价物净增加额"项目中外币现金净增加额是按资产负债表日的即期汇率折算。这两者的差额即汇率变动对现金的影响。

在编制现金流量表时,对当期发生的外币业务,也可不必逐笔计算汇率变动对现金的影响,可以通过现金流量表补充资料中的"现金及现金等价物净增加额"数额与现金流量表中"经营活动产生的现金流量净额""投资活动产生的现金流量净额""筹资活动产生的现金流量净额"三项之和比较,其差额即"汇率变动对现金的影响额"。

(五)现金流量表的补充资料

1. 将净利润调节为经营活动现金流量

现金流量表采用直接法反映经营活动产生的现金流量,同时,企业还应采用间接法反映经营活动产生的现金流量。间接法是指以本期净利润(权责发生制)为起点,通过调整不涉及现金的收入、费用、营业外收支以及经营性应收应付等项目的增减变动,调整不属于经营活动的现金收支项目产生的损益,据此计算并列报经营活动产生的现金流量(收付实现制)的方法。在我国,现金流量表补充资料应采用间接法反映经营活动产生的现金流量情况,以对现金流量表中采用直接法反映的经营活动现金流量进行核对和补充说明。

采用间接法列报经营活动产生的现金流量时,需要对四大类项目进行调整:实际没有支付现金的费用(加);实际没有收到现金的收益(减);不属于经营活动的损益(加或减);经营性应收应付项目的增减变动(加或减)。具体调整项目包括:资产减值准备;信用减值准备;固定资产折旧;无形资产摊销;长期待摊费用摊销;处置固定资产、无形资产和其他长期资产的损失;固定资产报废损失;公允价值变动损益;财务费用;投资损益;递延所得税资产;递延所得税负债;存货;经营性应收项目;经营性应付项目和其他。

2. 不涉及现金收支的重大投资和筹资活动

我国企业现金流量表补充资料中列示的不涉及现金收支的重大投资和筹资活动项目主要包括:债务转资本,反映企业本期转资本的债务金额;1年内到期的可转换公司债券,反映企业1年内到期的可转换公司债券的本息。

3. 现金及现金等价物净变动情况

该项目的金额应与现金流量表"现金及现金等价物净增加额"项目的金额核对相符。

【任务实施12-3】

新科门业2024年度现金流量表如表12-4所示。

表 12-4　　　　　　　　　　现金流量表

编制单位：贵州新科门业有限公司　　2024 年 12 月　　　　　　　　　　单位：元

项目	本期金额	上期金额
一、经营活动产生的现金流量		（略）
销售商品、提供劳务收到的现金	13 045 000	
收到的税费返还	0	
收到其他与经营活动有关的现金	0	
经营活动现金流入小计	13 045 000	
购买商品、接受劳务支付的现金	4 722 500	
支付给职工以及职工支付的现金	3 000 000	
支付的各项税费	1 963 850	
支付其他与经营活动有关的现金	212 000	
经营活动现金流出小计	9 898 350	
经营活动产生的现金流量净额	3 146 650	
二、投资活动产生的现金流量		
收回投资收到的现金	165 000	
取得投资收益收到的现金	0	
处置固定资产、无形资产和其他长期资产收回的现金净额	3 003 000	
处置子公司及其他营业单位收到的现金净额	0	
收到其他与投资活动有关的现金	0	
投资活动现金流入小计	3 168 000	
购建固定资产、无形资产和其他长期资产支付的现金	4 671 711	
投资支付的现金	1 050 000	
取得子公司及其他营业单位支付的现金净额	0	
支付其他与投资活动有关的现金	0	
投资活动现金流出小计	5 721 711	
投资活动产生的现金流量净额	−2 553 711	
三、筹资活动产生的现金流量		
吸收投资收到的现金	0	
取得借款收到的现金	10 000 000	
收到其他与筹资活动有关的现金	0	
筹资活动现金流入小计	10 000 000	
偿还债务支付的现金	12 500 000	
分配股利、利润或偿付利息支付的现金	2 100 000	
支付其他与筹资活动有关的现金	0	
筹资活动现金流出小计	14 600 000	
筹资活动产生的现金流量净额	−4 600 000	
四、汇率变动对现金及现金等价物的影响	0	
五、现金及现金等价物净增加额	−4 007 061	
加：期初现金及现金等价物余额	14 063 000	
六、期末现金及现金等价物余额	10 055 939	

思政学堂

贵州茅台财务会计报告的透明度与投资者信任

贵州茅台酒股份有限公司(简称贵州茅台)作为A股市场备受关注的企业,其财务状况受投资者、消费者及社会各界高度关注,财务会计报告编制质量直接影响企业形象与市场信心。

贵州茅台在财务会计报告编制过程中,坚持高透明度原则,不仅严格按照会计准则披露财务数据,还对企业经营战略、市场环境、风险因素等进行详尽说明。例如,在年报中对白酒生产原料成本波动、市场销售渠道变化、消费税政策调整等影响因素进行深度分析,帮助投资者全面了解企业经营状况与潜在风险。同时,贵州茅台注重财务信息的及时性,定期发布季度、半年度报告,让投资者及时掌握企业动态。这种高质量财务会计报告的编制,使得贵州茅台多年来持续赢得投资者信任,股价稳定上升,市值长期位居A股前列,成为资本市场价值投资的标杆企业。

这体现了企业通过高质量财务会计报告编制赢得市场信任的重要性,诚信是企业立身之本,财务会计报告编制需秉持客观、公正、透明原则,为企业与社会创造长期价值。

资料来源:贵州茅台企业年报

项目十二
思政启示

学以致用

一、单项选择题

1. 2024年3月1日,甲公司"银行存款"账户余额为350万元,"库存现金"账户余额为0.2万元,"其他货币资金"账户余额为250万元。12日提取现金5万元,赊销商品120万元,收到银行承兑汇票120万元。则2024年3月31日甲公司资产负债表中"货币资金"项目填列的金额为(　　)万元。
   A. 600.2　　　　B. 720.2　　　　C. 595.2　　　　D. 725.2

2. 下列各项中,不属于利润表中应列示的项目是(　　)。
   A. "资产处置收益"　　　　　　　B. "所得税费用"
   C. "其他综合收益的税后净额"　　D. "递延收益"

3. 下列各项中,关于资产负债表的填列方法不正确的是(　　)。
   A. 货币资金应当根据"库存现金""银行存款"和"其他货币资金"总账账户的期末余额合计数填列
   B. 固定资产填列金额为固定资产的账面价值和企业尚未清理完毕的固定资产清理净损益之和
   C. 资本公积应当根据"资本公积"账户期末余额填列
   D. 应付债券应当根据"应付债券"账户期末余额填列

4. 2024年12月31日,"无形资产"账户借方余额为400万元,"累计摊销"账户贷方余额为120万元,"无形资产减值准备"账户贷方金额为140万元,不考虑其他因素,资产负债表中"无形资产"项目应填列的金额为(　　)万元。

项目十二
初级精练

A. 200　　　　　B. 140　　　　　C. 160　　　　　D. 180
5. 下列各项中,属于流动资产的是( )。
   A. 长期股权投资　　B. 应收账款　　C. 固定资产　　D. 无形资产
6. 下列各项中,不属于营业利润计算范围的是( )。
   A. 营业收入　　B. 营业成本　　C. 投资收益　　D. 销售费用
7. 下列各项中,属于经营活动产生的现金流量的是( )。
   A. 购买固定资产支付的现金　　　B. 支付给职工的现金
   C. 偿还借款支付的现金　　　　　D. 分配股利支付的现金
8. 下列各项中,不属于所有者权益变动表内容的是( )。
   A. 实收资本　　B. 资本公积　　C. 未分配利润　　D. 应收账款
9. 下列各项中,属于财务报表编制的首要依据的是( )。
   A. 企业会计准则　　　　　　　B. 税法
   C. 企业内部管理制度　　　　　D. 行业惯例

二、多项选择题

1. 下列各项中,属于企业"非流动资产"项目的有( )。
   A. 存货　　　　　　　　　　B. 债权投资
   C. 其他权益工具投资　　　　D. 投资性房地产
2. 下列各项中,在填列资产负债表时应当减去其备抵账户的有( )。
   A. 长期股权投资　　B. 固定资产　　C. 交易性金融资产　　D. 债权投资
3. 企业在编制资产负债表时,"未分配利润"项目应当根据( )账户计算填列。
   A. "本年利润"　　　　　　　C. "盈余公积"
   B. "利润分配"　　　　　　　D. "资本公积"
4. 下列会计账户中,期末余额应列入资产负债表"存货"项目的有( )。
   A. "库存商品"账户　　　　　B. "材料成本差异"账户
   C. "生产成本"账户　　　　　D. "原材料"账户
5. 下列各项中,属于流动负债的有( )。
   A. 短期借款　　B. 应付账款　　C. 长期借款　　D. 应付职工薪酬
6. 下列各项中,会影响营业利润的有( )。
   A. 营业收入　　B. 营业成本　　C. 销售费用　　D. 投资收益
7. 下列各项中,属于投资活动产生的现金流量的有( )。
   A. 购买固定资产支付的现金　　　B. 出售无形资产收到的现金
   C. 支付给职工的现金　　　　　　D. 分配股利支付的现金
8. 下列各项中,属于财务报表组成部分的有( )。
   A. 资产负债表　　　　　　　B. 利润表
   C. 现金流量表　　　　　　　D. 所有者权益变动表
9. 下列各项中,会影响资产负债表中"所有者权益"项目金额的有( )。
   A. 净利润　　B. 分配股利　　C. 资本公积　　D. 长期借款

三、判断题

1. 我国资产负债表采用账户式结构,按其资产与负债的流动性大小排列,流动性小的在

前面,流动性大的在后面。 （   ）
2. 资产负债表是反映企业在一定会计期间的经营成果的报表。 （   ）
3. 企业缴纳的印花税不通过"应交税费"账户核算,所以资产负债表中"应交税费"项目不包括印花税。 （   ）
4. 资产负债表反映的是企业某一时点的财务状况。 （   ）
5. 利润表中的"净利润"是指营业收入减去营业成本后的余额。 （   ）
6. 现金流量表中的"经营活动产生的现金流量"包括企业日常经营活动产生的现金流入和流出。 （   ）
7. 所有者权益变动表反映的是企业所有者权益各组成部分的增减变动情况。 （   ）
8. 财务报表编制的主要目的是满足税务机关的征税需求。 （   ）

四、业务题

1. 新科门业 2024 年 12 月 31 日有关数据如表 12-5 所示。

表 12-5　　　　　　　　　　新科门业有关数据

单位：万元

项目	金额
货币资金	100
应收账款	200
存货	300
固定资产	500
短期借款	150
应付账款	250
长期借款	200
实收资本	400
未分配利润	?

请计算新科门业 2024 年 12 月 31 日的总资产、总负债、所有者权益及未分配利润。

2. 新科门业 2024 年有关数据如表 12-6 所示。

表 12-6　　　　　　　　　新科门业有关数据

金额单位：万元

项目	金额
营业收入	1 000
营业成本	600
税金及附加	50
销售费用	100
管理费用	80
财务费用	20
投资收益	30
营业外收入	10
营业外支出	5
所得税税率	25%

请计算新科门业 2024 年的营业利润、利润总额、净利润。

3. 新科门业 2023 年和 2024 年有关数据如表 12-7 所示。

表 12-7　　　　　　　　　新科门业有关数据

单位：万元

项目	2023 年	2024 年
经营活动产生的现金流量净额	80	100
投资活动产生的现金流量净额	−50	−70
筹资活动产生的现金流量净额	20	100
现金及现金等价物净增加额	50	130

请分析新科门业 2024 年经营活动、投资活动、筹资活动产生的现金流量净额的变动情况及原因。

项目评价

根据本项目学习情况，在表 12-8 中进行评价，"A"为优良，"B"为一般，"C"为需要帮助。

表 12-8　　　　　　　　　项目十二学习评价表

序号	学习重点	自我评价 （在方框内打钩）	教师反馈与评价
1	能够根据账簿资料编制资产负债表	A□ B□ C□	
2	能够根据账簿资料编制利润表	A□ B□ C□	
3	能够根据账簿资料编制现金流量表	A□ B□ C□	
	总体评价	A□ B□ C□	